上海市哲社规划
中青班专项课题

基于组织期望理论的企业战略风险承担研究

郭蓉 著

郑州大学出版社

图书在版编目(CIP)数据

基于组织期望理论的企业战略风险承担研究 / 郭蓉著. -- 郑州 : 郑州大学出版社, 2024. 9. -- ISBN 978-7-5773-0724-4

Ⅰ. F272.35

中国国家版本馆 CIP 数据核字第 20240M82A4 号

基于组织期望理论的企业战略风险承担研究

JIYU ZUZHI QIWANG LILUN DE QIYE ZHANLÜE FENGXIAN CHENGDAN YANJIU

策划编辑	樊建伟	封面设计	苏永生
责任编辑	樊建伟	版式设计	苏永生
责任校对	王孟一	责任监制	李瑞卿

出版发行	郑州大学出版社	地　　址	郑州市大学路 40 号(450052)
出 版 人	卢纪富	网　　址	http://www.zzup.cn
经　　销	全国新华书店	发行电话	0371-66966070
印　　刷	郑州宁昌印务有限公司		
开　　本	710 mm×1 010 mm　1 / 16		
印　　张	16.5	字　　数	223 千字
版　　次	2024 年 9 月第 1 版	印　　次	2024 年 9 月第 1 次印刷

书　　号	ISBN 978-7-5773-0724-4	定　　价	78.00 元

前言

我们正站在新时代的新起点上，以新制造、新健康、新材料、新消费、新一代信息技术为代表的新经济，正在快速改造着每一个行业。经济主脉革故鼎新，高增速年代余音渐远，高增质年代序章初开。过去被奉为圭臬的“野蛮生长、做大规模”方法论已跌落神坛，不顾盈利的“故事大法”正失去特效。转型升级甚至是颠覆式的自我革命，正在成为中国企业家的普遍课题，而风险承担能力则是企业进行战略管理革命最核心的能力。

战略风险承担是企业应对变化的一种适应性行为，也是一种资源消耗型行为。当新技术、新模式对传统商业格局造成冲击之时，当经济转型、产业变迁、消费升级使企业面临前所未有的经营不确定性之时，战略风险承担对企业追求创新和持续成长有着至关重要的意义。

组织期望-业绩反馈理论为企业冒险行为的驱动力研究提供了理论解释。它认为，企业是目标导向型体系，现实与期望目标的差距所形成的压力是影响企业风险承担的重要驱动因素。

组织期望–业绩反馈决策模式的核心概念是期望目标。以期望目标为参考基准，企业决策者依据实际业绩与期望水平的差距进行企业状况的判断，并基于该状态采取相应的冒险行为以改变或者维持现状。

为此，本书聚焦于企业战略风险承担问题，基于组织期望理论，通过挖掘组织期望的反馈双向性、资源约束性、压力约束性、模糊性、内外性以及双重性等内涵，对企业创业投资、战略方向调整、适应性战略变革、战略背离等战略风险承担行为的驱动和影响因素进行理论与实证分析，从中探究和发现新时代背景下的企业发展路径，以期为组织战略管理学习者和实践者提供一定的理论参考和启示。本书中的图均由作者计算绘制，表格亦为作者计算整理。

本书是上海市哲学社会科学规划中青班专项课题“组织期望、战略风险承担与企业成长机制研究”(2016FZX010)的最终研究成果。感谢上海市哲学社会科学规划办公室的项目资助，给我提供了一个良好的研究机会。感谢郑州大学出版社的各位编辑老师，为本书的出版付出了大量的努力。感谢文巧甜师妹，本书的思想是我们多少个日日夜夜共同探讨的结果，一起研究的那些岁月成为我们永远难忘的记忆。感谢我的家人，没有家人无私的担当、付出与支持，我是无法完成本书的写作的。最后，我要将本书献给我亲爱的父亲，他一直秉承着人一定要好好读书的理念，没有父亲对我的谆谆教诲，我不可能成长为本书的作者，愿父亲安息！

文字的宿命就是遗憾。由于作者水平有限，本书难免有错漏之处，欢迎各位读者批评指正。

郭　蓉

2024 年 4 月 4 日于沪

目录

3 组织期望的资源约束性与企业战略调整

4 组织期望的压力约束性与企业战略调整

5 组织期望的模糊性与企业适应性战略性变革

1 引言

1.1 问题的提出及研究综述

我国已经从技术追赶阶段逐渐进入了前沿科技的"无人区",经济增长的动力也从"要素驱动""投资驱动"向"创新驱动"转变。创新即意味着冒险,因此战略风险承担成为企业面临的最经典课题。

1.1.1 问题的提出

随着市场竞争日趋激烈、新技术层出不穷、产业边界逐渐模糊,企业如何在复杂多变的经济环境下实现持续增长,引起了学术界和实践者的深度思考。在危机四伏而又处处生机的生存环境中,企业应对不确定性和模糊性的关键在于创新,而风险承担是追求创新的基石。正如奈特所述,风险的本质是一种不确定性,识别不确定性中蕴含的机会,勇于承担风险而追逐利润是企业经营的基本逻辑。然而,冒险创新作为战略性决策,存在很高的失败率,那么企业承担战略风险的驱动力是什么?影响企业实施创新性战略变革的因素有哪些?

从宏观经济背景看,纵观近十年中国企业发展轨迹,无论是联想、海尔等老牌企业,还是小米、滴滴等新兴企业都在不同程度上遭遇过挫折,这有企业自身的个性原因,也有背后的共性原因。其中的共性原因之一是,中国经济正在艰难地转型,中国企业正在艰难地转型。投资拉动经济增长的模式已不适用,新技术应用正在重构商业世界。在这样的历史坐标中,过去的成功经验正在失效,未来导向正深刻地影响着企业战略的形成,而通过承担战略风险来追求创新是企业接受新事物、挑战新困难、突破约束短板的必经之路。那么,企业的战略风险承担在多大程度上受内在的、历史的、经验的因素影响?又如何受外在的、前瞻性的、制度的因素制约?

从企业层面看,当前每个产业、每个领域都正在发生由技术推动的基础变革,不论是传统企业还是新兴企业,不论是零售商还是制造商,都面临着渠道模式、运营机制和价值创造方式的重大变化。如何在快速变化的环境中适应与生存是所有企业面临的问题。其中,高科技企业是这一波经济浪潮中积极寻求适应与发展的最前沿的代表,也是积极追求冒险与创新最典型的行为主体。由于技术和产品更迭加速,高科技企业对环境变化、信息反馈、前瞻性预测更为重视,战略风险承担是高科技上市公司适应环境变化与实现成长的重要方式。而且,高科技企业作为创新的重要主体,一直是学术界和实务界关注的重点。那么,对于高科技公司而言,如何配置有限的资源?如何权衡战略变革行为的风险性?何种因素能驱使其积极地承担战略风险?

由此,在中国经济转型时期、在倡导创新创业和供给侧改革的背景下,以高科技上市公司为研究对象,探究企业战略变革及其风险形式,以及其战略风险承担的驱动机制与影响机制,具有重要的理论意义和实践指导价值。

1.1.2 研究现状

战略风险承担是战略管理研究中一个永恒的主题。企业为何要承担风险?如何承担风险?承担风险的依据是什么?这些问题一直是组织与战略研究学者关注的焦点。

通常认为,企业的冒险行为有助于企业抓住更有利的投资项目和发展时机,提高经营业绩,促进企业成长[1]。然而,也有学者研究发现,风险承担虽然可能帮助企业获得高额的回报，但企业的经营风险也会随之提高，过度冒险的经营决策往往会导致企业陷入困境，过度的风险承担对企业的持续创新和未来成长带来毁灭性的影响[2]。由此可见，承担过多的战略风险可能会加重企业财务负担，甚至导致经营陷入危机，然而风险承担不足又可能使企业错失发展良机[3]。

关于企业战略风险承担的动力源问题，学者们从理论和实证方面进行了广泛的探讨。从企业总体决策思维和多样化决策规则运用的角度看，宏观社会层面、中观企业层面和微观个体层面这三个层面的因素会对企业战略风险承担产生重要的影响作用。表 1-1 归纳梳理了国内外学界的主要研究成果。

表 1-1　企业风险承担的影响因素

<table>
<tr><th colspan="3">影响因素</th><th>观点</th><th>代表性文献</th></tr>
<tr><td rowspan="5">社会层面</td><td colspan="2">宏观经济</td><td>宏观经济处于增长时期，政策不确定时，企业风险承担更高</td><td>Arif 和 Lee（2014），Mclean 和 Zhao（2014），罗党论等（2016），刘志远等（2017）</td></tr>
<tr><td rowspan="2">制度因素</td><td>产权制度</td><td>投资者保护有助于促进企业风险承担</td><td>John 等（2008），Paligorova（2010），Bargeron 等（2010），杨瑞龙等（2017）</td></tr>
<tr><td>契约制度</td><td>较强的债权人保护会降低企业风险承担</td><td>Chava 和 Roberts（2008），Nini 等（2009）</td></tr>
<tr><td colspan="2">资本市场</td><td>外部投资者情绪增强导致企业风险承担的提高</td><td>Mclean 和 Zhao（2014），Habib 和 Hasan（2015），贺小刚等（2015）</td></tr>
<tr><td colspan="2">文化环境</td><td>文化环境对企业风险承担有重要影响</td><td>Hilary 和 Hui（2008），Jiatao 和 Tang（2010），Li 等（2013），Griffin 等（2014）</td></tr>
</table>

续表 1-1

<table>
<tr><th colspan="4">影响因素</th><th>观点</th><th>代表性文献</th></tr>
<tr><td rowspan="15">企业层面</td><td rowspan="15">公司治理因素</td><td rowspan="4">股权结构</td><td>股权集中度</td><td>股权制衡度、大股东的存在会影响企业风险承担</td><td>Claessens 和 Fan (2002), Fan 和 Wong (2005), John 等 (2008), Guedhami 和 Mishra (2009), Paligorova (2010), Mishra (2011), Koerniadi 等 (2014), Faccio (2016)</td></tr>
<tr><td rowspan="3">股权构成</td><td>外资投资者持股比例与企业风险承担正相关</td><td>Nguyen(2012)</td></tr>
<tr><td>机构投资者持股比例与企业风险承担正相关</td><td>Morck 等 (1986), Wright 等 (1996), Gompers(2004)</td></tr>
<tr><td>机构投资者持股比例与企业风险承担负相关</td><td>Cheng 和 Reitenga(2009)</td></tr>
<tr><td rowspan="6">董事会</td><td rowspan="2">董事会规模</td><td>董事会规模增加导致企业风险承担降低</td><td>Cheng(2008),Wang(2012)</td></tr>
<tr><td>董事会规模增加导致企业风险承担水平上升</td><td>Westpha 和 Bednar (2005), Nakano 和 Nguyen(2012)</td></tr>
<tr><td>两职合一</td><td>董事长与 CEO 两职合一会降低企业风险承担</td><td>Kim 和 Buchanan(2008)</td></tr>
<tr><td>独立董事比例</td><td>独立董事比例增加有助于提高企业风险承担</td><td>Morck 等 (1988), Beasley (1996), Su 和 Lee(2013)</td></tr>
<tr><td>多样性</td><td>董事会多样性和持股机制降低了企业风险承担</td><td>Harjoto 等(2014),Desai(2015)</td></tr>
<tr><td>动态性</td><td>董事会成员离职水平越高,企业风险承担倾向越高</td><td>Dalton 等(2007),Karaevli 和 Zajac(2013)</td></tr>
<tr><td rowspan="3">管理层激励</td><td rowspan="2">股权激励</td><td>股权激励可以促进企业风险承担</td><td>Chen 和 Steiner(1999),Coles 等(2006),Wright 等(2007),吕长江等(2009),Low (2009),Kim 和 Lu(2011),解维敏和唐清泉(2013),Ederer 和 Manso(2013),李小荣和张瑞君(2014),苏坤(2015),王栋和吴德胜(2016)</td></tr>
<tr><td>股权激励不能促进企业风险承担</td><td>DeFusco 等(1991),Dong 等(2010),Hayes 等 (2012), Armstrong 和 Vashishtha (2012),李小荣和张瑞君(2014)</td></tr>
<tr><td>薪酬差额</td><td>CEO 薪酬差距在一定范围内可以促进企业风险承担</td><td>Kim 和 Lu (2011), Kini 和 Williams (2012),张瑞君等(2013),李小荣和张瑞君(2014),Chintrakarn 等(2015)</td></tr>
<tr><td colspan="2">管理自主权</td><td>管理自主权是影响承担风险的重要因素</td><td>Hambrick (2007), 苏文兵等 (2010), Crossland 和 Hambrick (2011),张三保和张志学(2012),连燕玲等(2015)</td></tr>
</table>

续表 1-1

影响因素			观点	代表性文献
企业层面	企业特征	业绩状况	绝对业绩不佳推动企业承担风险	Sitkin 和 Pablo(1992),Greve(1998)
			业绩下滑使企业倾向于规避风险	Staw 和 Dutton(1981),Wiseman 和 Bromiley(1996),Miller 和 Chen(2004)
		年龄、规模、冗余等	企业年龄越大,规模越大,风险承担程度越低;组织冗余越高,风险承担程度越高	Audia 和 Greve(2006),Chen 和 Miller(2007),Desai(2008)
		所有权性质	国有企业低于非国有企业的风险承担水平	李文贵和余明桂(2012),余明桂等(2013),杨瑞龙等(2017)
			家族企业倾向于风险规避	Schulze 等(2003),Su 和 Lee(2013),张远飞等(2013)
			经营困境的家族企业采取冒险行为策略	Gomez-Mejia 等(2010),Chrisman 和 Patel(2012)
		生命周期	发展期和衰退期时会承担较高的风险,成长成熟期会减少风险承担程度	Habib 和 Hasen(2015)
个人层面	管理者个体特征	人口统计学特征	CEO 年龄、性别、任期时间、教育背景、职业经历均影响企业风险承担	Finkelstein 等(2009),Elasaid 和 Ursel(2011),Troy 等(2011),Crossland(2014),Faccio 等(2014),Peltomäki 等(2015)
		个性心理特征	管理者认知模式影响企业风险承担水平	Chen(2008),Effer 和 Kaplan(2009),Effer 和 Kaplan(2013),Helfat 和 Peteraf(2015),Gamache(2015)
			管理者个性特征,如过度自信、自恋、自我核心评价等影响企业风险承担水平	Hiller 和 Hambrick(2005),Malmendier 和 Tate(2005,2008),Chatterjee 和 Hambrick(2007),Li 和 Tang(2010),Simsek 和 Veiga(2010),Jiatao 和 Tang(2010),Baker 和 Wurgler(2011),Gerstner(2013),余明桂等(2013),刘杏等(2014)
		社会属性特征	CEO 的社会阶层背景、CEO 权力、CEO 与高管团队的关系以及其他社会关联等影响企业风险承担水平	Cho 和 Hambrick(2006),Quigley 和 Hambrick(2009),权小锋(2010),Dowell 等(2011),Crossland 和 Hambrick(2011),Lewellyn 和 Muller-Kahle(2012),Mousa 和 Wales(2012),冯慧群和马连福(2013),Krause(2014),傅欣等(2014),陈收等(2014),Kshgephart(2015),张祥建等(2015),刘锦等(2015),李海霞和王振山(2015),李海霞(2017)

企业行为理论研究的出发点——组织内部目标的盈利性要求推动企业的冒险变革和调整,无疑是最值得关注的首要因素[4]。然而,业绩是如何影响企业冒险决策的?究竟是好的业绩还是差的业绩更能推动企业承担战略风险?前期研究对此问题的探讨尚未得到一致结论。

值得注意的是,企业行为理论所提出的组织期望-业绩反馈决策模型,以简化的决策规则为企业冒险行为的驱动力研究提供了重要的理论基础。该理论认为,企业在冒险决策过程中会设定一定的组织期望目标作为评估企业业绩为“满意”或“不满意”的分界点,决策者并不一定基于利润最大化来制定战略决策,而往往将企业实际业绩与期望目标的差距作为业绩评估和决策制定的重要依据。基于此,基于业绩期望的业绩反馈包括两种结果:当实际业绩高于组织期望水平时,企业经营被界定为获益状态,即业绩期望顺差(performance excesses);当实际业绩低于组织期望水平时,企业经营被界定为损失状态,即业绩期望落差(performance shortfalls)。基于组织期望-业绩反馈决策模型,期望目标是界定企业经营状态的关键,实际业绩与期望目标之间的差距则是判定企业成败的重要依据。

从组织期望视角探讨企业战略风险承担决策,学界持相反的两种观点。

主导观点认为,组织经营期望落差迫使企业家采取冒险行动,因为面对同等程度的损失和收益,企业往往对损失更敏感[5]。由于企业阻止损失的动机强于增加收益的动机,相对于业绩期望顺差,业绩期望落差将更能促使企业为改变现状而提高风险承担,进行搜寻、冒险和战略变革。经营期望落差的扩大会引发企业一系列不同形式的风险行为的产生[1,6],尤其是导致了创新行为的产生,比如 Ketchen 和 Palmer(1999)[7]研究表明,期望落差的出现将导致企业更加倾向于冒险创新。Greve(2003)[8]首先提出了企业研发创新的行为理论模型,他通过分析 1971—1996 年日本造船企业的创新活动,发现企业绩效越是低于期望,企业越有可能开展高强度的研发和创新活动,

Chen 和 Miller(2007)[9]利用美国不同产业上市公司的数据,也发现了类似的关系。苏依依和周长辉(2008)[10]将源自产业集群的社会期望称为集群期望(cluster aspiration)。基于中关村科技园区高新技术企业2002—2003年的年度数据,结果显示,企业绩效越是低于集群期望,集群企业越有可能采取高强度的研发战略,即当绩效接近于集群期望时,企业倾向于规避风险而不愿意进行包括技术创新在内的风险较大的战略投入;而那些绩效远远落后于集群期望的企业则有意愿进行高强度的创新活动,它们希望通过创新战略进行技术更新,改善企业的产品组合,以此达到提高企业绩效的目的。Chrisman等(2012)[11]的研究发现,当企业绩效达到或超过期望水平时家族企业的研发投入比非家族企业少,而一旦企业绩效低于期望水平时家族企业就会增加研发投入,与非家族企业之间的差距会显著缩小,期望落差的出现引致了组织从事高风险性的创新行为以解决困境。还有学者基于中国上市公司数据库分析了企业经营期望落差对于企业冒险行为中的败德行为的影响[12]。

持相反观点的学者们则提出,因为业绩低下的企业面临的财务问题更为严重,这就限制了企业进行冒险探索的力度。其中代表性的理论是Staw等(1981)[13]所提出的"威胁–刚性假说"(Model of threat-rigidity),该理论认为在外部威胁下由于企业组织内部存在信息流动限制等问题,在糟糕业绩背景下如果仍旧进行创新活动等风险性投资活动的话则很容易给企业带来严重的财务负担,所以此时企业应倾向于采取保守战略以规避额外的风险。其他一些实证研究也支持这种观点,如Wiseman和Bromiley(1996)[14]的研究发现,在业绩下滑的企业中更低绩效导致了更少的冒险行为。

March和Shapira(1987,1992)[15-16]的风险承担可变聚焦模型(Shifting-focus model of risk taking),以及Audia和Greve(2006)[17]的资源禀赋决定决策参考水平的观点在一定程度上解释了前期很多研究结果互为矛盾的困惑。March 和 Shapira(1987,1992)[15-16]认为,决策者在决策过程中除了关注期望水平之外,还受到生存参考点(survival point)的影响,决策者将在期望水平与生存水平之间转化他们的聚焦点。Audia 和 Greve(2006)[17]则进一步基于资源禀赋原理指出,资源存量是影响企业将聚焦点集中于生存点还是期望水平的关键性因素,即当企业拥有足够的资源禀赋时决策者将聚焦于期望水平,而资源禀赋不足的决策者则聚焦于生存水平。基于该假说,他们很有效地解释了处于期望落差状态下的企业组织为何在有些情景下(资源禀赋充足)可能更加倾向于冒险,而在另外一些情景下(资源禀赋不足)则可能更加倾向于规避风险。

然而,虽然很多学者都已关注到期望落差与企业战略风险承担之间的关系存在不确定性,但实际上很少有学者从理论上分析其背后的原因,而几乎都认为这是一个经验问题[9,17]。

1.1.3 研究现状述评

纵观以往关于组织期望理论的研究,大多基于"反馈-反应"范式,对业绩与组织期望的差距如何影响企业冒险战略决策的问题进行了探索。然而,组织的战略决策是一个涉及多重因素的过程,企业的组织期望也存在多种维度,很多因素都会干预反馈进而影响企业反应。那么,组织期望反馈究竟是如何作用于企业冒险决策的,还有一些理论和现实问题值得更进一步探究。

第一,组织行为是目标导向型、历史依赖型体系,组织的期望目标也并非单一性的,那么,多重的组织期望目标会如何影响企业的战略冒险决策?

经典的业绩期望反馈模型以历史业绩或行业业绩为期望目标,将现实与期望目标的比较作为企业后续决策的依据[8]。前期的研究也大多以单一期望目标为参照,考察组织的业绩期望差距对企业战略冒险决策的影响,而少有研究是同时基于多种期望目标而得到的反馈对企业冒险行为的作用机制进行探讨。然而,企业在战略冒险决策过程中往往同时存在多种期望目标,例如财务目标、市场目标、产品质量、企业声誉等。在这些目标中,既有企业来源于对自身历史认知的目标,又有来源于对自身未来认知的目标;既有来自企业内部的组织期望目标,又有来自企业外部的组织期望目标。

随着企业行为理论学者的不断拓展,前景理论、战略参考点理论的不断融合,以及高阶理论、委托代理理论、社会心理学等相关研究的不断融入,学者们开始关注多个期望目标参照下的业绩反馈在企业冒险决策过程中的作用,同时还对多个战略参考目标之间的互补性、冲突性,以及造成的模糊性进行深入探索[18-20]。从组织期望-业绩反馈的角度看,较多学者将多维战略参考目标置于组织期望-业绩反馈决策模型进行研究[21-23],但较少有学者考虑企业可能面对的外部现实性目标,因此,基于多个期望目标的反馈决策模型还有进一步探讨的空间。

第二,组织行为不仅受技术效率影响,也受制度环境制约,组织期望反馈如何作用于企业冒险决策?

在韦伯式的理性组织模式中,组织是一个技术的组合体,是为完成某种任务而建立的一个技术体系。然而,组织也是一个制度化的组织,其行为决策受技术压力、制度压力等共同作用影响。业绩期望反馈的相关研究较多地以上市公司为研究对象,从效率机制考察企业内部经营期望水平对冒险行为决策的影响,但往往忽视上市公司面临的一个最基本的制度环境就是资本市场运行规则。

基于组织期望理论,上市公司的行为决策既受到组织内部期望目标的影响,也受到外部制度框架下业绩预期的制约。一方面,未实现内部期望目标的组织期望落差将推动企业进行问题搜寻,在效率机制驱动下,企业为实现利润最大化目标而理性选择和行动,例如采用增加研发投入追求技术创新从而提升业绩。另一方面，资本市场要求企业行为要符合制度预期，例如，实现分析师预测的企业可以获得投资者认可，从而实现资源交往；而未实现分析师预测的企业将面临股价下跌、融资受限、声誉受损等威胁。然而，问题在于理性模式和制度预期对组织行为的要求并非总是一致，有时甚至相互矛盾，比如资源的争夺、注意力的分配、短期利益与长期导向的抉择。Chen（2008）[21]同时以企业内部期望和管理者盈余预测为参考点，考察了双重反馈模式对企业搜寻行为的作用机制，并强调此两种内部反馈的交互作用对企业行为的影响意义，却未对来自外部的反馈做进一步探索。高科技上市公司既面临技术发展和更新的驱动性压力，又受限于资本市场合法性机制的要求，那么如何选择战略决策的风险性？尤其对于组织期望落差的企业，如何应对来自内部业绩压力和外部制度压力的双重反馈？这些问题都可以进一步探讨。

第三，组织期望的反馈在本质上是模糊的、有噪声的[24]，将业绩期望反馈转化为可指导企业行为决策的依据是一个意义建构的过程，并不是非黑即白的对错选择过程，其模糊性本质导致对期望反馈结果的认真会受到决策者对压力的认知和其个体风险偏好的影响。那么，哪些因素会影响决策者对组织业绩期望反馈模糊性的诠释？这又将如何影响到战略冒险决策？

前期学者关于模糊性问题的研究，主要集中在对于企业战略决策过程中面临的模糊性问题的研究，如主要从环境动态性、技术变革和决策者认知等角度诠释决策模糊性产生的根源和影响，更多聚焦于模糊性是一种外部决策情境，而较少考虑将模糊性作为决策过程的内生因素进行探讨[9]。结合企业行为理论与社会心理学相关理论，将模糊性问题与组织期望理论相结合的研究，无疑具有较好的理论与实践探讨价值。

综上所述，针对企业战略风险承担问题，以企业行为理论、制度理论、前景理论、战略参考点理论等为理论基础，将组织期望纳入企业战略风险承担理论的分析框架，拓展基于多个目标的组织期望内涵，将情境因素分类细化，并进一步将企业战略风险行为具体化，研究组织期望对企业战略冒险行为决策的影响及其演绎规律，以及其对企业战略风险承担选择的驱动机制，具有一定的理论意义和现实意义。

1.2 相关概念及其理论基础

研究基于组织期望理论的企业战略风险承担问题，其中最核心的概念是企业战略风险承担，最核心的理论是组织期望理论，首先需要对核心概念的内涵进行剖析，对核心理论的理论框架进行分析。

1.2.1 企业战略风险承担的概念理解

风险本质上是一种不确定性，承担风险就是承担某一特定行为或一系列行为可能带来的各种结果，尤其指在采取一定行为之后可能会遭受的损失[25]。风险是客观存在的，其含有蒙受损失的机会之意，但并不等同于损失，而将风险转化为利润的一个关键角色是企业家。风险承担概念最早可追溯到企业家行为表现。如熊彼特[26]认为，企业家就是不断承担风险去寻找“创新”、生产要素“新组合”，从而推动“经济发展”、实现“创造性破坏”的组织者。Penrose(1959)[25]指出，企业家总是在寻求利润，通过不断投入精力和资源而持续承担风险，实现企业成长。Knight(1921)[27]提出，现实的经济过程是由企业家基于未来预期的行动所构成，通过识别和承担未来不确定性中的风险而把握获利机会，追求价值创造。由此可见，企业家的突出特征之一就是勇于冒险和创新，其本质在于承担风险，追逐超额利润。由于风险承担在理性选择理论和组织学习理论中扮演重要的角色，近年来，风险承担一直是战略决策研究关注的一个主要问题。

从研究层面看，风险承担包括管理者风险承担（managerial risk taking）和组织风险（organizational risk）[28]。

在古典选择理论中，风险承担被视为效用函数中隐含的决策者或组织的一个确定性特征，按照这一思路，个体或组织被描述为风险规避、风险中性或风险偏好[29]。而风险承担的经验研究表明，个体和组织在风险承担上的态度是存在差异的[5]。风险承担的早期研究集中于个体的风险承担倾向，认为个体风险偏好易受情境影响，具有参考依赖特征[30]。随着企业成为更普遍的组织存在形式和社会进步的重要力量，管理研究者将可变风险偏好研究对象从个体层面转向企业层面，强调风险承担对企业乃至社会发展的至关重要性[31-32]。从微观视角来看，企业较高的风险承担水平有助于企业追求创新、提升财务绩效、获得竞争优势[33-34]；从宏观视角来看，企业在市场上较高的风险承担水平有助于其促进技术进步、提高生产率和提升社会资本积累[35-36]。尽管承担过度的风险会给企业带来恶劣的经济后果，但风险承担或冒险行为是企业持续成长和经济长期增长的动力。

管理者风险承担是组织风险承担的重要组成部分，管理者作为“过程性”因素，通过个人认知和意义构建在决策时发挥选择和导向作用[37]，进而影响组织冒险决策形成。以此逻辑，管理者风险承担倾向与组织风险承担并不必然一致，但密不可分，因此可以将管理者风险承担归因一并置于组织风险承担框架下进行分析。那么，企业风险承担既依赖于管理者风险偏好，也受组织因素及外部环境的影响。因此，从个体层面、团队层面、组织层面和环境层面，系统地探讨企业战略风险承担的驱动因素和影响机理，对有效提升企业风险承担水平并激励企业家冒险创新精神，具有重要的理论和实践意义。

从研究领域看，企业风险承担代表一种战略决策行为取向，能够综合地体现组织的总体性战略思维、多样化决策规则和可变性风险偏好。理解风险承担内涵是企业战略管理的一个重要目标[28]。有的研究从投资角度来定义企业风险承担,认为风险承担反映了企业在投资决策过程中对那些可以带来预期收益同时又充满不确定性因素的投资项目的选择[38-40]。在完美资本市场条件下,为最大化地实现企业价值和股东财富,决策者理应选择预期净现值为正的项目。如果将投资项目的预期净现值进行排序,企业选择投资项目的临界点应是"NPV=0"。如果企业选择激进型投资策略,决策者将选择那些高风险且预期净现值大于0的项目,而如果选择保守型投资策略,决策者将选择那些预期净现值小于0,即代表较低风险承担水平的项目。然而,现实中的资本市场并不完美。净现值的估测是基于未来的,具有极大的不确定性和模糊性,且净现值法主要考虑投资项目的财务收益,而忽略了企业进行的投资活动可能是出于长期战略导向。同时在实践中,投资决策、融资决策、股利决策等都能体现企业在风险承担上的战略适应性思维,因此,对企业风险承担的理解可拓展到更广泛的战略领域。

从研究方法看,企业风险承担程度代表企业追逐高额利润并愿意为之付出代价的倾向[41],可作为衡量企业未来增长前景的指标。学界采用了多种测量方法来对风险承担程度进行衡量。首先,有学者采用具体战略行为来衡量企业风险承担行为[42-44],因为企业风险承担反映了企业在战略冒险决策时的风险选择,风险承担越高,表示企业在决策中越倾向于选择冒险性较高的项目。例如,为获取资源的高资本性支出、为实现多元化扩张的高频率并购、追求积极主动创新的高研发投入、为满足融资需求的高财务杠杆等,均意味着较高水平的风险承担行为。其次,也有学者采用业绩波动程度来作为风险承担的代理变量[33,35],其理由是选择风险性较高的项目可能会导致企业盈余或股票收益表现出较大的波动性,比如,高盈利波动性、高股票回报波动性、较大的盈利最大值和最小值之差,都表示企业承担较高的风险。最后,企业的生存可能性(the likelihood of survival)和失败容忍度

(tolerance for failure)也被作为衡量风险承担水平的指标。具体是指当企业存活的时间越短时,其生存的可能性就越小,因而企业承担的风险就越高[38];或指企业在一定时间范围内失败的项目越多,面临的压力就越大,那么其经营承担的风险就越高[45]。

每种衡量方法都从不同角度衡量了企业的风险承担程度,各有利弊,但用不同的衡量方法得到的结论可能存在差异。由此,用具体战略决策行为的强度衡量企业风险承担程度,将可以更直观地从战略层面探究企业冒险、创新、变革的态度和倾向,有助于深入探究在不确定环境下尤其是在经济衰退情况下,风险承担在战略选择中所呈现的意义和价值。

1.2.2 组织期望理论的理论框架分析

组织期望理论的理论框架,主要源自企业行为理论、前景理论和战略参考点理论。

1.2.2.1 企业行为理论

企业行为理论(A Behavioral Theory of the Firm)源于组织学习理论和经济演化理论,是以有限理性为理论假设起点,关于决策制定和组织行为研究的理论[29]。它强调企业决策过程和行为路径,认为组织行为具有目标导向、历史依赖和规则遵循等特征,并基于简化的规则和惯例不断地进行适应性调整。企业行为理论意图通过对企业决策行为过程的研究,打开组织内部运作的“黑箱”。经过50年的探究与扩展,企业行为理论成为很多理论的微观基础,比如模仿性同构(Mimetic isomorphism)[46]和组织动力学(Organizational momentum)[47]明显地采纳了有限理性的假定,它也与一些新概念和机制相结合,提出了很多新的理论,比如满意决策、问题搜寻、冗余搜寻、适应性学习和序贯注意力等,成为企业搜寻、风险承担和战略变革等冒险行为驱动力研究的重要理论支柱。

企业行为理论的核心概念在于期望水平(Aspiration levels),其理论精髓体现在组织期望-业绩反馈决策模型中。组织期望水平,通常被视作组织的经营目标,是组织在决策过程中的心理参考点[48],或是使决策者满意的最小产出[49],其对组织战略决策的制定会产生非常重要的影响。组织期望目标的产生,源于有限理性的决策者为简化评估过程,通过对期望水平的界定,将连续型的业绩测量方式转换为离散型的成功或失败结果的测量方法。对于不同的组织而言,怎样的业绩是满意的、可接受的,并没有一个既定的测量方法,但基于自身历史业绩和关注对象的业绩而产生的期望水平为界定企业经营是成功还是失败状态提供了一个重要的参考阈值。这种简化的信息处理和状态界定方式,注定了企业对组织冒险行为关于业绩与期望水平之间的差距具有高度的敏感性[50]。基于此,业绩期望反馈决策模型的基本思路是:由于决策者的有限理性,企业追求的往往不是利润最大化,而是决策满意化。以期望水平为参考点,当实际业绩超过期望目标时,企业对当前状态满意,以风险规避态度减少搜寻和改变,努力维持现状实现稳增长;而当实际业绩低于期望目标时,企业对当前状态不满意,问题搜寻过程启动。此时企业是风险偏好的,为了缩小业绩期望差距和提升绩效,企业会从内部和外部搜寻存在的问题,寻求解决问题的方案,此时企业的战略变革动机增强,即可能会采用冒险决策以改变现状。

纵观组织期望水平的研究,其目的在于回答两个基本问题:第一,期望水平是如何形成的;第二,期望水平是如何影响组织战略行为的。其中,期望水平的确定是业绩期望反馈决策过程的关键环节。Cyert 和 March (1963)[29]提出组织期望水平是过去目标、过去绩效和过去他人绩效的加权函数,如式(1-1)所示。其中,过去绩效是指企业历史业绩即历史期望水平(Historical aspiration levels),由 H_{t-1} 表示;过去他人绩效指同行业竞争对手的平均业绩即社会期望水平(Social aspiration levels),由 S_{t-1} 表示;A_t 代表期望水平，α_x 表示权重，t 表示时间。企业行为理论的早期研究中，Cyert 和 March (1963)[29]认为管理者通过将实际业绩与期望水平的比较来判断企业经营是成功还是失败，但随着企业行为理论学者的不断探索，后续研究者又把这种离散状态的界定方式具体化为连续型的相对业绩测量方式，即实际业绩与期望水平的差距（Performance－aspiration discrepancy，简称业绩期望差距）[6,50]，实现期望水平的模型化，如式（1－2）所示。以期通过获取企业历史业绩和同行业绩数据，进一步探究业绩反馈与企业冒险行为之间的关系。

$$A_t = \alpha_1 A_{t-1} + \alpha_2 H_{t-1} + \alpha_3 S_{t-1} \tag{1-1}$$

$$AD_t = Perf_t - A_t \tag{1-2}$$

企业行为理论经过学者们不断地拓展深入，成为企业行为决策理论的主流理论[51]，期望水平由最初的用历史业绩和行业业绩等财务指标测量方法，逐渐延伸到用企业的市场份额[52]、产品质量[53]、声誉地位[54]、关系网络位置[55]等更具现实性的指标来衡量，由此形成的业绩期望反馈为组织决策者提供了一个重要的思维模式和参考依据，突显了业绩期望反馈决策模型的理论意义和实践意义。

1.2.2.2 前景理论

前景理论（Prospect Theory）是以企业行为理论为基础形成的理论，由 Kahneman 与 Tversky（1979）[5]率先提出，它是以描述性范式为基础形成的一种决策方式。前景理论认为，人们在做出决策时相比于经济收入的绝对值更倾向于关注期望预期，预期收益是所有决策可创造的价值与决策权重乘积的加总，由此可得前景理论的公式：

$$\sum_{i=-m}^{n}\pi(p_i)v(x_i) \tag{1-3}$$

其中，$v(x_i)$ 是价值函数，$\pi(p_i)$ 是权重函数。具体来说，前景理论模型中的价值是与参照点相比较而得到的“相对价值”，每个人的参考点是根据各自的价值判断而设定的，参考点的选择因人而异。价值函数描述了各种决策结果的主观价值，其函数图像表现了人们规避风险的态度出现在获得收益时，风险寻求心理发生在出现损失时，而且人们在面对等额的收益与损失时对损失更为敏感。权重函数描述了概率和决策权重之间的关系，是经济人的主观概率函数，其函数图像表现了不论在收益还是损失的情况下，小概率事件发生的可能性会被人们高估，而大概率事件发生的可能性会被人们低估，即人们对于损失的感知更敏感，因此人们在获益时通常比较谨慎保守，不愿再承担更多的风险，但在遭受损失时风险承受能力会大大增强，并会采取积极的冒险性行为去改变现状。因此，决策者在决策过程中对利与害的权衡是不均衡的，“避害”的考虑远远大于“趋利”：在获益情况下通常比较谨慎保守，不愿再承担更多的风险；但在损失情况下往往不甘心，为抑制主观效用的进一步降低而采用冒险行为来改变现状。

从这一点来看，前景理论和企业行为理论是相似的，但两者也存在诸多不同之处：第一，研究主体不同。前景理论强调的是个人行为层面，着重是对决策者行为预测的研究，尤其对企业管理者在激励补偿、情感和动机等方面问题的探讨上有所建树[56]。企业行为理论描述的是组织行为，着重是对组织决策过程的探究，并强调组织惯例、冗余等因素对组织决策行为的影响，而前景理论对此并未涉及。第二，参照点的确定不同。两者在分析个体或组织在应对风险的态度和决策思路时都提及参照点。企业行为理论将预期目标和参考基准点具体化以反映决策者的风险偏好情况，比如可以用企业历史业绩和行业平均业绩来量化；而前景理论虽然以现状作为参考点[30]，但缺乏一个完整的理论体系来解释参考点是如何形成和如何依据情境而变化,因此未能在经验研究上得到有效突破[57]。第三,行为预测作用不同。前景理论基于价值函数和概率权重函数,对每个预期结果都予以价值效用和发生概率的计算,在决策者行为预测上给出了更为具体化和详尽化的解释过程;而企业行为理论只是笼统地描述了企业以期望水平为参照,未能很好地解释根据期望水平的选择过程。尽管如此,也有学者指出,在前景理论的运用中,管理学研究过多地强调了价值函数对决策者行为的预测作用,却忽视了概率权重函数的意义[56]。概言之,虽然两种理论各有利弊,但在很多理论研究和实践运用中,例如战略管理、组织行为和人力资源管理等领域[58-59],两种理论被不断地拓展并结合起来,为组织决策行为的研究提供了非常有价值的支持。

1.2.2.3 战略参考点理论

战略参考点理论(Strategic Reference Point Theory)是由 Fiegenbaum 等(1996)[60]基于前景理论[5]及其在组织层面上的拓展理论[61-62]而形成的。该理论认为,战略管理研究的一个经典问题是,如何建立并维持外部环境需求预期和内部组织资源禀赋的匹配。因为外部环境一直处于动态且难以预测的变化状态中,这要求组织能够不断发现和克服内在不足,并有效地建立新的适应能力,即实现“动态匹配”的需求,而管理的作用就是不断创造和破坏这种匹配性。然而,管理者如何满足战略动态匹配需求而达到提升绩效和建立竞争优势的目的呢? 回答这个问题的关键在于管理者如何做出战略匹配选择。其中,战略参考点的选择对决策者或组织的战略选择行为具有重要意义。

通过战略参考点的确定,决策者或组织有意识地选择一些期望,使得其能够将组织成员的注意力统一转移到所要求的业绩目标上来[63],从而实现组织的战略目标和方向的一致性,以更好地影响企业的后续行为和绩效。

如果实际业绩高于战略参考点，则企业将新问题视为威胁，以致进行刚性、收缩性、集权式的决策制定过程，从而表现出保守性、防御性和风险规避的行为方式；如果实际业绩低于战略参考点，企业将新问题视为机会，采用柔性、开放性、分权式的决策制定过程，从而表现出冒险性、攻击性和风险承担的行为倾向。可见，管理者一般基于对内部能力、外部条件和时间维度的兼顾统筹来确定战略参考点。具体而言，战略参考点的确定包括三个维度：①企业内部能力。内部能力维度的构建基于激励理论和资源基础观，它包含战略投入和战略产出两个方面。具体来说，战略投入包括技术研发、成本节约、质量提升、新产品开发等组织职能或价值增值活动等，战略产出包括创新、盈利性、增长性、价值创造、社会反应等组织运营结果。②企业外部条件。除了管理者所考虑的按内部参考维度描述的自我反思信息外，战略参照点理论还借鉴了产业经济学、资源依赖和制度理论的观点，认为企业可以根据描述其在外部环境中相对于重要因素和环境的自身地位的信息调整其战略行为。具体主要包括竞争者、供应商、客户和利益相关者的影响。③时间维度。包含由组织学习、身份和经验等代表的过去和由战略意图、趋势预期等代表的未来两个维度方向。

组织的战略参考点具有多维性和动态性的特征，企业以此来引导、平衡及协同组织成员的注意力和行为，并实现价值共享、战略共担和竞争优势共建的企业愿景和目标。

一方面，企业在选择参考点时，既可能强调内部资源、能力的决定性作用，也重视外部竞争者、客户等的影响性作用，此外还关注历史、惯例的印迹和未来趋势的导向性作用，因此企业在战略参考点选择过程中呈现出多维性的特征，而每一个维度都与企业某方面的业绩表现息息相关。比如，当企业关注竞争者及行业竞争环境时，可能以市场份额变动情况为战略决策制定的参考依据，正如 Greve(1998)[50]、Joseph 和 Gaba(2015)[18]的研究发现，实际市场份额与期望份额之间的差距会影响企业创新决策,当企业以客户为导向强调产品价值体验时,可能以产品质量的提升为战略参考目标;当企业重视利益相关者价值和反馈时,可能以声誉、企业社会责任等社会和环境绩效为战略选择的重要基准[54,60]。同样的,强调内部资源禀赋的企业可能将成本优势和运营管理效率与企业盈利能力相关联[65],抑或将企业响应速度和新产品开发与企业成长能力相关联[66-67];使命导向(mission orientation)型企业更关注未来绩效和发展趋势与当前绩效之间的关系[68-69],而历史依赖型企业则更多地思考如何将过去的成功转化为更高的效率和利润[9,70]。

另一方面,企业的战略参考点并不是固定的,而是具有可变性的,因此表现出动态性的特征。首先,战略参考点随着相对业绩情况的改变而不断变化。比如,当企业业绩超过行业平均业绩,则不大可能仍以行业均值为战略参考点,而是以"向上比较"心理进行"自我评估(self-assessment)",将行业领导者或创新者的业绩视为奋斗标杆,表现出"向上奋争"的战略选择行为特征[22];而当企业业绩未及行业平均业绩,则可能将不佳业绩归因于外部不可控因素,比如宏观经济环境整体下滑,进而下调期望业绩目标进行"向下比较"[71],或管理者因其自身利益和自我价值受到威胁,表现出"自我增强(self-enhancement)"的心理倾向,抑制企业进行适应性变革行为[72]。其次,战略参考点随企业经营状态和决策者注意力的改变而变化,呈现出可变风险偏好(variable risk preferences)的特点。Hu 等(2011)[73]通过仿真实验和实证分析发现,组织在比较中学习,通过不断地与战略参考点比较而进行决策,其中战略决策过程中存在三个参考点,即生存点、期望水平和成功点。组织期望或目标并不是一成不变的,而是具有适应性的特征,组织的关注焦点在不同参考点之间进行变换,表现出不同程度的风险承担偏好,进而影响组织的风险承担水平和绩效。最后,当存在多个期望目标时,管理者对战略参考点的选择表现出优先次序,即序贯注意(sequential attention)的特征。

Greve(2008)[74]研究了组织多重目标与战略反应之间的关系,认为当组织面对盈利性目标和规模性目标时,会适时地调整目标的优先次序,使其能够共同影响组织的成长。

战略参考点的内容、结构及其变换行为,反映了企业风险承担的类型和程度,并影响着企业的战略决策和组织行为。战略参考点理论勾勒出企业为实现战略一致性而利用内部资源和能力去把握外部环境中出现的机会和风险的行为轨迹,通过"参考点"和其比较机制,拓展了战略管理研究领域,很好地连接了经济学和心理学的研究领域,并为产业组织经济学、资源依赖理论、制度理论、企业身份和战略意图等理论的研究提供了理论依据和新的视角[60]。

虽然这三种理论是基于不同的理论基础、前提和假设而提出的,但仍然具有一定的相似性,例如,它们基本都认同业绩影响战略行为,组织期望是决定战略冒险行为的关键因素。组织行为决策被刻画为企业为提升成功程度而不断实现其期望的过程,而业绩期望差距影响行为强度和战略承诺[29,75,76]。期望水平和参考点虽源于不同的理论基础,但都代表了组织所期望实现的业绩水平,是组织比较学习的关键点,都为业绩期望反馈决策模式提供了理论支撑,即当业绩被判定为低于期望目标时,企业将搜寻问题并采用新战略意在提高业绩,而这些新战略往往需要承担更高程度的风险[6]。然而这三种理论也存在着一些重要的差异。例如,企业行为理论强调有限理性和满意决策,并认为组织是基于过去的经验而调整其期望目标的,而非基于对未来状态的预期。但前景理论和战略参考点理论对此并不赞同,它们认为组织对未来的预期和认知是战略决策形成的关键性因素,"前瞻性(forward-looking)"思维模式会影响战略规划过程,理性期望水平实际上就是对未来业绩的预期[75],Fiegenbaum(1996)[60]也认为今天的战略选择在很大程度上是被企业可能出现的未来状态所影响的。

综上所述，三大理论都是组织期望-业绩反馈决策模式的理论支柱，它们都认同组织期望水平或参考点是多维性的，业绩与期望的差距是企业风险承担决策的重要参考依据。它们最大的理论差异则在于企业行为理论的核心假设是过去的绩效形成战略行为，进而再影响未来绩效，而前景理论和战略参考点理论都强调企业战略选择过程中的行为预测作用。通过对三大理论相关经典文献的整理，将三大理论进行了比较，如表 1-2 所示。

表 1-2　三大理论的比较

项目	企业行为理论	前景理论	战略参考点理论
代表作	Cyert 和 March(1963) March 和 Simon(1958)	Kahneman 和 Tversky(1979) Tversky 和 Kahneman(1992)	Fiegenbaum 等(1996) Gooding 等(1996)
分析层面	组织	个人	个人和组织
基本前提	过去绩效形成战略行为	战略风险影响收益	战略选择决定绩效
决策规则	有限理性，满意决策； 历史依赖，目标导向	由价值函数和概率权重函数决定	追求能力与环境的匹配； 新问题被视为威胁和机会
期望水平或参考点的形成	过去经验(向后看)； 社会比较和历史比较	一个中性参考点(通常指现状，期望、预期、规则和社会比较也会形成参考点)	未来预期(向前看)； 内部、外部因素和时间维度
风险承担倾向	由业绩和期望的差距决定	损失规避型，对损失较敏感	由业绩和参考点的差距决定
适应性	从业绩反馈中学习； 基于经验的调整	基于状态框定调整战略	战略选择； 连续性适应以提高有效性

2 组织期望的双向性与企业创业投资决策

如何实现创新是企业战略管理研究的一个经典问题。March(1994)[24]认为企业创新是一个“问题-解决”的程序化过程,其中一个重要内容是搜寻创新机会和知识,它可能源于组织内部,也可能来自外部开放式创新。在外部市场竞争加剧和内部创新乏力的压力下,企业愈发意识到仅依赖自身研发难以催生突破性创新,因此,一些实力雄厚的大企业开始涉足创业投资领域,设立公司创业投资部门,作为推动组织创新与适应性学习的重要途径,比如联想旗下的君联资本、海尔旗下的海尔创投。公司创业投资(Corporate Venture Capital,简称 CVC)是指非金融类企业对企业外部的创业企业所进行的股权投资[77]。CVC 既是企业获取前沿知识和技术的窗口,也是一个积极的创新扩散过程。中国第一笔 CVC 出现在 1998 年,随着中国经济迅速发展和投资机会增多,CVC 在中国创业投资市场中占据的地位越来越显著。然而,CVC 是一个高风险、高成本决策,企业开展 CVC 受到多方利益相关者的质疑和压力。那么,到底是什么因素促使企业进行公司创业投资的?显然,组织经营状态是影响企业冒险行为决策的关键因素。由此,从组织期望理论的视角去探究 CVC 决策对于企业的成长具有重要的意义。

2.1 组织期望反馈的双向性特征与内涵

Simon[78]将有限理性引入组织行为研究中,认为管理者并非以利润最大化为目标,而是追求满意结果。基于此,Cyert 和 March 提出了企业行为理论,探讨企业冒险行为的内在动机,为解释企业冒险行为决策制定研究提供了理论基础。它指出,决策者是具有有限理性和有限注意力的,在决策过程中并非以追求利润最大化为目标,而是为追求满意结果而选择一个心理上的满意值即期望目标为参考点,作为评估当前经营状况,以及引导后续行为决策的依据[29]。因此,决策者为简化决策过程,会设定期望目标(aspiration levels),将连续的业绩衡量结果转化为成功与失败的二分变量,用简单的经验探索法对经营状况进行评估,进而为后续决策提供指导[17]:当实际业绩高于期望目标时,企业经营被界定为绩优状态,绩优状态使决策者对当前战略满意,组织行为惯性增强,进而开展冒险活动的动机较弱;当实际业绩低于期望目标时,企业经营被界定为绩差状态,绩差状态驱动决策者的损失规避心理,激发管理者进行问题搜寻,并为缩小业绩期望差距、改善经营而提高风险承担倾向,从而实施战略调整。

可见,实际业绩与组织期望目标的差距是影响企业制定搜寻、冒险和变革行为决策的重要依据,企业决策过程中对其经营状态的界定关键在于参考点的选择,现实与期望之间的差距是影响企业战略决策风险性的重要内驱力。

由于将组织期望作为对经营状态的界定标准,因此,针对组织期望的实际业绩反馈结果必定会出现两个相反的方向,即高于组织期望或低于组织期望,而很少出现业绩反馈正好等于组织期望的状态。这就使得组织期望反馈呈现双向性的特征,即高于或低于组织期望这两个相反的方向。这个双向性特征决定了企业能够得到一个清晰而简明的结果,从而为其后续的战略冒险决策提供决策出发点和支撑点。

组织期望反馈的双向性特征也符合了人们思维的简洁性需求、确定性需求与线性需求。这是因为,决策需要简洁的思维原点,冒险决策结果的不确定性也更加剧人们对决策时已有信息掌握的确定性,并且有限理性和有限注意力的人类思维特点也让人们更倾向于串联式的线性思考方式。

2.2 组织期望反馈的双向性对企业创业投资决策的驱动机制

前期学者从理论或实证角度对 CVC 行为的前因进行了探讨，认为驱动企业开展 CVC 活动的因素主要体现在以下几个方面：从外部环境视角，政府补贴、知识产权保护、产业技术发展等是企业采用 CVC 来实现创新的外生性诱因[79-81]；从组织战略视角，意图通过 CVC 来获取战略性人才、技术和信息，以及财务收益，是企业在不确定性环境下获取互补性资源、提升战略适应性的有效方式[82-84]；从组织特征视角，企业规模、高管特质和治理结构等，也是驱动企业提高风险承担动机而进行 CVC 决策的内生性因素[85]。值得关注的是，Gaba 和 Meyer[86]基于创新扩散理论对 CVC 活动的发生机制及集群性特征进行了探究。他们提出，CVC 活动往往发生于集群内和集群间，具有传染性（Contagion）和“跟风”性，表现出一种以技术为载体的创新扩散机制（Innovation diffusion mechanism），其中，社会比较和模仿是推动企业采用 CVC 的内驱力，而地域邻近性和社会网络为 CVC 行为扩散提供了关系基础。

纵观这些研究，前期学者从环境动态性、战略契合、资源整合、风险承担能力等方面对 CVC 行为的驱动因素进行了探析。然而，毫无疑问经营状态是影响企业冒险行为决策的关键因素[87]，但究竟是好绩效还是差绩效更能驱动企业开展 CVC 活动，是前期研究尚未能清晰解释的一个问题。作为一种企业外部研发方式，CVC 是一种降低行业发展不确定性、提高环境适应性、积极推动企业创新的有效机制[77,88-90]；然而，CVC 行为是建立在大量资源消耗和时间成本的基础上的，具有较高的失败率。以往研究较多是基于企业利润最大化或战略选择最优化的假设，来考察多种因素对 CVC 行为的影响，很少有学者关注企业 CVC 的决策过程，即未能从微观层面上进一步解释为何不同经营状态的企业在实施 CVC 决策的行为意愿和强度上存在较大差异。

基于此,从组织期望的业绩反馈视角研究 CVC 冒险决策的驱动机制,着重探讨以下三个问题:第一,业绩期望差距如何影响企业 CVC 行为? 前期学者对业绩期望差距与战略变革、收购并购、搜寻行为强度等方面多有研究[3,8,91],但对这种相对差距如何影响风险性较高的外部研发行为问题鲜有涉及,因此将对绩优状态(业绩期望顺差)和绩差状态(业绩期望落差)下的企业 CVC 行为特征进行探究。第二,经营期望目标通常由企业历史业绩或行业业绩均值来衡量,基于组织期望-业绩反馈决策模型,历史业绩抑或行业业绩哪一个对企业进行外部研发的行为决策更具参考价值? 换言之,企业 CVC 行为强度对哪种业绩期望差距会更敏感? 第三,业绩期望差距与 CVC 强度之间的关系受哪些情境因素制约? 业绩反馈反映了企业当前经营状态,决策者如何诠释业绩反馈结果使之成为企业后续行为决策的依据,是一个意义建构过程[24],此过程受决策者主观认知和风险偏好的影响。然而,外部环境的竞争性所带来的压力,以及内部治理结构所表现的权力配置,都在不同程度上影响决策者对业绩反馈的认知,进而影响企业决策风险性。那么,在不同的行业竞争性环境下或不同董事会权力的企业中,业绩反馈与企业 CVC 之间的关系有何差异?

2.2.1 理论分析与研究假设

CVC 投资通常集中在创业企业的技术开发早期阶段,而此时创业企业的商业价值具有高度的不确定性。与风险投资实践一样,CVC 投资实行阶段性投资,这需要投资企业及时监控创业企业的经营情况和战略价值实现情况,这也决定了 CVC 项目的启动、持续投资和终止是企业在风险、收益和成本之间权衡的结果[92]。因此,CVC 决策的制定与实施体现了企业的风险承担态度。根据企业行为理论的组织期望-业绩反馈决策模型,不同的期望业绩反馈结果会影响企业战略风险选择。为此,基于组织期望反馈的双向性,将详细分析业绩反馈的绩优状态(业绩期望顺差)和绩差状态(业绩期望落差)是如何驱动企业实施 CVC 行为的。

2.2.1.1 业绩期望顺差与 CVC 行为

当实际业绩高于期望目标时,企业经营达到"满意""成功"状态,这表明企业当前战略选择和资源配置较合理。同时,满意的业绩状态增强了管理者对前期战略规划的信心以及组织行为惯性,以致企业搜寻行为动机不强,搜寻范围缩小。考虑到 CVC 活动对有限资源的占用,以及外部研发合作过程中面临的高度不确定性和失败风险,企业采用 CVC 来提升组织创新和适应能力的动机减弱。这是因为:

第一,从资源分配角度看,"成功"状态下的企业对当前的战略规划和实施效果较满意,因而,提高风险承担而对资源进行重新调整配置的动机较小。首先,相对于外部研发方式,绩优状态的企业往往较重视内部研发和创新能力的培育,认为这些能力才是企业获得持续竞争优势的关键[85]。而以 CVC 为代表的外部研发方式,对企业创新能力的提升只能起到辅助和补充性作用,且难以避免地存在效果有限、试错成本较高的隐患。其次,由于信息不对称,创业企业的隐蔽信息和隐藏行动会影响 CVC 投资收益,甚至拖累投资企业陷入财务危机。有学者指出,企业增强对 CVC 项目的监督和管理力度,会减少委托代理问题和逆向选择风险[93]。然而,也有研究认为,投资企业对 CVC 项目的参与程度较难把握,参与过多或过少,都会给 CVC 创新绩效带来负面影响[92]。正如一些学者所提出的,对 CVC 项目管理者的监督和激励机制的安排失当是导致 CVC 投资失败的三大主要原因之一[94]。因此,为规避风险和潜在的危机,绩优企业可能优先考虑增加内部研发投资,提升自我创新能力,或者选择其他风险相对较小的外部研发方式追求创新,譬如战略联盟、直接购买技术等,而减少采用风险性较高的 CVC 活动。

第二,从组织行为惯性角度看,绩优企业开展 CVC 活动可能面临组织行为刚性的阻扰。绩优状态下的企业认可现有战略安排和资源配置,进而促进战略刚性的形成。前期的经营成功增强了企业管理者对前期决策选择的信心以及战略的路径依赖性。当采用 CVC 而带来的一些创新性想法对当前组织行为惯性形成挑战时,既得利益集团会阻扰 CVC 活动的进行,而且,新旧冲突可能会进一步造成人才流失、政治摩擦损耗等[85]。此外,通过 CVC 方式吸收和整合外部知识对企业内部相关部门也是一个挑战,如内部 R&D 部门可能将外部 CVC 项目的存在视作其工作能力不足的表现,而其他业务单位则将 CVC 项目作为资源争夺的竞争者,以致制约 CVC 效能的显现。同时,由于 CVC 价值创造是一个内外协同的过程,组织惯性的干扰将影响协同效果,甚至破坏已有的业绩优势。因而,为保持组织稳定性和战略持续性,企业开展 CVC 活动的动机和强度降低。由此提出以下假设:

假设 1 当实际业绩高于期望时,随着业绩期望顺差的扩大,企业开展 CVC 活动的强度减弱。

2.2.1.2 业绩期望落差与 CVC 行为强度

当创新业绩低于期望水平时,业绩压力推动企业进行问题搜寻,为规避损失,企业可能采取冒险性行为获取新利润增长点。而 CVC 行为是洞察新技术、制定新标准、推动企业实现战略与财务目标的先动性战略,同时也可能是帮助企业走出困境的激进性方法。由此认为,随着业绩期望差距扩大,企业开展 CVC 的行为强度提升。

第一,根据前景理论,决策者在面对同等程度的获益与损失时,往往对损失更敏感,反应更为强烈[5]。随着业绩期望落差扩大,决策者为改变现状而提高风险容忍程度,因此更倾向于进行探索性创新,通过搜寻新技术、新模式或新组合来改善经营、提升业绩,有助于企业转危为安。尤其是对于高科技企业而言,竞争市场和技术环境的快速变化,组织行为刚性和专用性资产缺乏等因素严重束缚了企业的创新能力,业绩下滑迫使企业进行更多探索性、非本地的搜寻[55]。而创业企业是创新性知识和技术的重要来源[77],CVC 行为被视为大企业实现多元化、开拓新市场并提升组织动态能力的捷径[94]。因此,为降低风险和不确定性,绩差状态企业更倾向于选择以 CVC 形式与创业企业建立嵌入性关联关系,获得外部研发的创新性知识和技术,以提升业绩。

第二,业绩下滑使管理者的能力遭到质疑,也使组织行为合法性受到威胁。随着业绩期望落差的扩大,利益相关者要求管理者对业绩不佳给出解释并提出解决方案,同时,股东、媒体和外部观察者会提高对绩差企业的关注与监控。各方利益主体的质疑和压力迫使管理者重新思考当前生产要素配置和企业治理机制,并搜寻、变革组织形式以应对业绩不佳状况。经营困境激发了决策者的冒险精神,倾向于采用激进型战略来变革资源组合方式。而 CVC 可能有助于投资企业通过开发性和探索性学习打破技术发展瓶颈,培育新业务,寻找新市场,挖掘新的成长机会。虽然 CVC 投资面临失败风险大、沉没成本高的威胁,但对于绩差企业而言,渐进性的战略调整可能难以改变业绩下滑的颓势,而通过冒险创新与变革更可能实现提升业绩、改变现状的目的。此外,财务回报也是企业进行 CVC 的一个重要目标[95]。相对于传统风险投资公司,开展 CVC 的企业拥有专业人才、知识和技能,在识别和挑选具有高潜财务回报的 CVC 项目上具有相对优势。因而绩差企业可能采用 CVC 方式去寻找外部研发合作对象并进行股权投资,以此提升企业的形象与声誉,提高投资者的信心,并可适时择机出售资源而获取丰厚的利润,从而有助于企业走出困境。由此提出以下假设:

假设 2 当实际业绩低于期望目标，随着业绩期望落差的扩大，企业开展 CVC 活动的强度增强。

2.2.1.3 业绩反馈与 CVC 行为强度之间关系的调节效应

基于上述分析，业绩期望顺差助长了企业安于现状、规避风险的心理，开展 CVC 的动机减弱；而业绩期望落差下的企业，为缩小业绩期望差距、规避损失，参与 CVC 投资的强度增强。然而，企业如何诠释业绩反馈信息并做出应对，在很大程度上受决策主体的主观认知和风险偏好影响。因此认为，企业所处的外部环境和内部治理结构的差异性，会影响不同业绩反馈结果下企业实施冒险性创新行为的强度。以下将对行业竞争性和董事会权力特征对业绩反馈与 CVC 行为强度之间关系的调节作用进行探讨。

(1)行业竞争性的调节效应

企业组织不是一个封闭的系统，它受到所处环境的影响。而外部环境因素中，企业所处的行业竞争环境是影响其创新战略选择的重要因素。由于各个行业的成长周期和所处的制度环境存在差异，导致行业竞争发展水平不均衡，具体表现在各个行业存在着不同程度的行业集中度、资源流动性、行业壁垒等。行业竞争性的差异会影响企业创新行为的动机和投入，进而影响 CVC 行为的选择。由此认为，行业竞争性越高，越可能激发绩优企业为追求更高目标而承担更多风险，因而采用 CVC 的动机会增强。

第一，随着行业竞争程度的提高，企业所感知的竞争压力激增，尤其对于高科技企业而言，科学技术的快速发展会快速侵蚀竞争优势和技术红利，企业只有依靠不断创新才能获得生存和持续成长。尤其对于绩优企业，这种竞争压力和危机意识更能激发其进行冒险活动来抵御行业威胁。在竞争程度较弱的行业，存在着一定程度的资源和市场垄断现象，而创新行为本身就是充满着不确定的冒险性行为,为此企业不愿打破现有格局而更愿意维持现状,从而创新和变革的动机较小。因此,受行业竞争性压力所驱动,相对于绩差企业,绩优企业更有能力为获取创新性资源而提高风险容忍度、增加资源投入,从而采用 CVC 的行为动机增强。

第二,竞争的压力常常要求组织耗费资源去满足组织生存的合法性。在为满足这种外部合法性和组织声誉的需求下,企业进行冒险性创新的动机增强。尤其对于上市公司而言,企业行为决策往往受到投资者、媒体和外部观察者的密切关注,而 CVC 是一种与外部创新主体合作[84],以搜寻创新知识与信息,从而实现利润增长的有效途径。绩优企业通过 CVC 决策向外界传递了领先性、专业性的信号,满足了利益相关者对企业的评价标准,从而提高了组织合法性并获得投资者认可,获取了组织运作所需的关键资源,比如资金、声誉和行业地位等。

第三,模仿是企业应对环境不确定性的有效方式。为降低市场风险且提高组织行为的合理性和预见性,企业更愿意对行业领导者、创新标杆企业或关联企业的成功模式效仿学习。行业竞争性越强,绩优企业所感知的模仿压力越大。对于高科技企业,模仿使得组织之间行为趋同,尤其是技术或商业模式的模仿会侵蚀企业现有的竞争优势,进而影响企业的创新业绩。那么,由模仿而引致的竞争压力将驱动企业追求持续创新。相对于陷入经营困境的企业,绩优企业则更可能基于自身资源禀赋和经营状况,将冗余资源投入外部研发项目,譬如采用 CVC,以作为内部创新的有效补充,从而提升企业战略柔性和学习能力,加速创新速率,并降低竞争对手模仿带来的冲击[82]。

综上所述,CVC 是一种高风险、高消耗型行为,CVC 决策的前提是要求企业具有一定的资源积累以应对项目实施过程中的不确定性和失败的冲击。行业竞争重压之下,绩差企业可能选择激进创新,期望通过 CVC 方式获得新技术和新市场，也可能受生存威胁[13]而采用其他渐进型、保守型创新方法以规避创新风险。由此认为，绩优企业更有资源条件和向上奋争的心理来追求创新和承担更多的战略风险。譬如，在竞争激烈和技术更迭加速的环境下，华为秉持脚踏实地的创新精神，提出战略耐性，每年持续投入数亿美元进行新技术和新产品研发，比如投资法国数学研究所，通过技术积累以追求持续性和突破性的创新。由此提出以下假设：

假设3 在行业竞争性较高的环境下，随着经营期望顺差扩大，绩优状态的企业进行 CVC 的强度增强。

(2)董事会权力的调节效应

董事会是公司治理机制的核心，是企业进行风险性战略决策的关键影响因素。董事会的主要职能是代表股东的利益行使战略决策权和监督管理层[96]。CVC 行为是一种企业的战略冒险决策，资源的调配、战略方向的把控等，都会受到企业内部治理机制的影响。董事会作为重要的企业内部监督机制，将通过其权力影响战略决策的实施和监管。因此认为，董事会权力越高，越可能抑制绩差企业为追求创新业绩而承担更多风险，进而开展 CVC 的强度降低。

第一，董事会是由多重行动者组成的集体决策体系。在面对业绩下滑的困境时，多方利益主体在战略风险性的选择上出现分歧，表现出意见分散效应[97]，从而抑制绩差企业为提升业绩而采用风险性较高的战略决策。对于绩优企业而言，现有的资源配置和成功路径加强了战略持续性。企业既可能维持当前创新投入模式，也可能不惧失败风险而采用 CVC 获取创新性战略资源；对于绩差企业而言，业绩的恶化促使董事会提高战略决策参与度和对管理者行为的监督。而多重行动者参与决策，由于各自的风险偏好、投资视野、利益导向存在着分歧，以致决策过程往往充满了政治性和冲突性[24]，尤其在讨论长期的、不确定的和高风险的战略选择与决策时，各方利益主体往往基于业绩压力和失败风险考虑，最终会减少冒险活动，因而采用CVC这种外部创新方式改善经营状况的活动会减少。随着业绩不断下滑，企业所感受到的生存威胁会越大，董事会越可能利用其权力影响抑制绩差企业进行冒险创新，从而CVC强度减弱。

第二，CVC项目不仅涉及大量的资源投入和时间损耗，还可能出现较复杂的委托代理矛盾，进而面临较高的失败风险。这是董事会制定和实施CVC决策过程中比较重视的问题。已有学者研究发现，缺乏合适的CVC项目管理人，缺失恰当的薪酬激励计划，是导致企业CVC项目结构性失败的重要原因[77]。此外，Wadhwa和Kotha[93]关于CVC投资企业对被投资企业的战略参与度与创新绩效之间的关系进行了探讨，并提出如果投资企业战略参与度较高，那么其与被投资企业在追求财务回报、创新收益、技术价值的目标上产生意见分歧的可能性较大，进而使企业之间的竞合关系更加紧张[98]，以致影响企业创新绩效；而如果投资企业战略参与程度较低，则被投资企业对资源的支配权较大，那么投资企业股东利益受损的潜在威胁较大，在多方利益主体的博弈下，企业冒险创新行为强度会有所减弱。当企业面临业绩不断下滑的危机时，董事会权力越大，其越有可能提高战略参与度，并增强对管理者行为的监督力度。如何规避风险并保持企业创新动力是董事会进行CVC决策的关键。考虑到企业处于经营困境，并权衡CVC项目的战略风险与收益，董事会可能会通过权力影响来避免采用CVC这种风险性较高的行为，而选择其他风险性较低的行为，比如直接购买专利或技术[86]，以实现获取新战略资源、改善经营局面和稳定投资者信心的目标。由此提出以下假设：

假设4 在董事会权力较高的企业中,随着经营期望落差扩大,绩差状态的企业开展CVC的强度减弱。

2.2.2 样本与研究设计

为验证以上理论假设,需开展实证分析。首先进行实证分析的样本选择和数据处理。

2.2.2.1 样本和数据

根据ChinaVenture中国创业投资分析报告显示,我国2015年公司创业投资的规模和数量居前三位的行业是互联网、电信及增值、IT。结合所研究的主题并参考以往的研究方法[18,92],且考虑到数据获取的有效性和行业情境,以2007—2015年深沪A股上市的信息科技行业的公司数据为研究对象,包括计算机通信及电子设备制造业和信息技术业等。这些上市公司的基本情况和财务指标主要来自CSMAR和CCER数据库,企业CVC相关数据则由投中数据库(CVsource)获得。此外还通过公司年报,以及新浪财经网、金融界等专业网站,采取多途径对数据进行核实和相互验证,以确保样本数据的质量和准确性。同时为保证样本选择的合理性,剔除了ST、PT公司及数据存在严重缺失的公司样本,最终获取2007—2015年共247家非平衡面板样本,总计1186个观测值。样本具体分布和特征如下:按行业分类,样本集中于制造业(58.77%),信息技术业(41.23%);参照世界银行(2006)的地区分类标准,样本分布于东南地区(54.89%),环渤海地区(22.18%),中部地区(9.27%),西南地区(6.14%),东北地区(3.64%),西北地区(3.62%)。从样本基本特征看,国有企业占样本比例为45.78%。为消除异常值对分析结果的偏差,对连续变量上下各1%水平的极端值进行缩尾处理。

2.2.2.2 变量测量

实证分析模型所需的变量主要包括因变量、自变量、调节变量和控制变量四类。

(1)因变量

CVC 活动是一种开辟新技术和新渠道的外部研发行为,分为直接投资和间接投资。但上市公司直接投资的信息是否属于公司创业投资内容较难甄别。鉴于数据的可得性,并参考以往研究方法[99-101],手工收集了上市公司参股创业投资机构的累计投资金额来测量其 CVC 活动情况,相关投资细则通过查阅投中数据库的公司创业投资项目与上市公司行业相关性进行一一核定,以确保所得数据的准确性和有效性。公司创业投资强度($CVC_{i,t}$)由 CVC 投资金额占企业销售收入的比重来表示,具体计算公式为:

$$CVC_{i,t} = \frac{TLCVC_{i,t}}{SALE_{i,t}} \tag{2-1}$$

其中,$CVC_{i,t}$表示企业 i 在 t 期的创业投资强度,$TLCVC_{i,t}$表示企业 i 在 t 期参股或控股创业投资机构的资金投入总额,$SALE_{i,t}$表示企业 i 在 t 期的销售总收入。

(2)自变量

由于主要分析业绩反馈对企业 CVC 行为的影响,因此根据组织期望-业绩反馈决策模型,以往相关研究通常以行业期望目标(social aspirations)或历史期望目标(historical aspirations)为参考,用实际业绩与期望目标之间差距,即业绩期望差距(performance-aspiration discrepancy)来表示业绩反馈结果[18,70]。因此,据此衡量方法得到行业业绩期望差距和历史业绩期望差距这两种业绩反馈结果。具体测量步骤如下:

1）行业业绩期望差距（$P_{i,t}-SA_{i,t}$）

企业 i 在 t 期的行业期望差距（$P_{i,t}-SA_{i,t}$）由实际业绩 $P_{i,t}$ 与行业期望目标 $SA_{i,t}$ 之差来表示。$SA_{i,t}$ 代表企业 i 在 t 期的行业期望目标，其计算公式为：

$$SA_{i,t}=\sum_{j\neq i}\frac{P_{j,t}}{N} \tag{2-2}$$

其中，$P_{j,t}$ 是指同行业中除目标企业以外的其他企业 j 在 t 期的实际业绩，N 指 t 期目标企业 i 同行业竞争对手企业数量。所以，行业期望目标 $SA_{i,t}$ 是指除目标企业外的行业平均业绩。如果（$P_{i,t}-SA_{i,t}$）>0，则说明企业 i 在 t 期实际业绩超过行业期望目标，企业经营处于行业业绩期望顺差状态；反之，如果（$P_{i,t}-SA_{i,t}$）<0，则说明企业 i 在 t 期实际业绩低于行业期望目标，企业经营处于行业业绩期望落差状态。进一步用分段函数更清晰地表示此两种经营状态，设定 $I_1=1$ 来表示（$P_{i,t}-SA_{i,t}$）>0 的企业，那么 $I_1*(P_{i,t}-SA_{i,t})$ 得到截尾的行业业绩期望顺差变量 $Psa_{i,t}$，而 $(1-I_1)*(P_{i,t}-HA_{i,t})$ 则得到截尾的行业业绩期望落差变量 $Nsa_{i,t}$。

2）历史业绩期望差距（$P_{i,t}-HA_{i,t}$）

$P_{i,t}$ 代表企业 i 在 t 期的实际业绩，参照以往的研究[18,37]，选取总资产收益率（ROA）来衡量。$HA_{i,t}$ 代表企业 i 在 t 期的历史业绩期望（historical aspiration），其计算公式为：

$$HA_{i,t}=\alpha P_{i,t-1}+(1-\alpha)HA_{i,t-1} \tag{2-3}$$

其中，α 是介于[0,1]的调整参数，表示历史业绩期望中上一期业绩与上一期期望水平之间的权重。借鉴 Chen[37] 的研究方法，仅汇报 α=0.6 时的检验结果。因此，历史业绩期望 $HA_{i,t}$ 是企业 i 在 $t-1$ 期的实际业绩(权重为0.6)和 $t-1$ 期的历史业绩期望(权重为0.4)的加权组合。历史业绩期望差距($P_{i,t}-HA_{i,t}$)则是实际业绩 $P_{i,t}$ 与历史业绩期望 $HA_{i,t}$ 之差。如果($P_{i,t}-HA_{i,t}$)>0，则说明企业 i 在 t 期实际业绩高于历史业绩期望，企业经营处于历史期望顺差状态；反之，如果($P_{i,t}-HA_{i,t}$)<0，则表明企业 i 在 t 期实际业绩低于历史业绩期望，企业经营处于历史期望落差状态。进一步的，设定 $I_2=1$ 来表示($P_{i,t}-HA_{i,t}$)> 0 的企业，那么 $I_2*(P_{i,t}-HA_{i,t})$ 得到截尾的历史业绩期望顺差变量 $Pha_{i,t}$，而 $(1-I_2)*(P_{i,t}-HA_{i,t})$ 则得到截尾的历史业绩期望落差变量 $Nha_{i,t}$。

(3)调节变量

调节变量包括表现外部的行业竞争性和内部的董事会权力。

1)行业竞争性($HHI_{i,t}$)

行业竞争性通常采用赫芬德尔指数来衡量，表现行业竞争程度[38]。赫芬德尔指数由企业 i 在行业 j 中所占市场份额的平方和来计算，具体计算公式为：

$$HI_{ij}=\sum(X_{ij}/\sum X_j)^2 \tag{2-4}$$

其中，X_{ij} 为行业 j 中企业 i 的主营业务收入，$\sum X_j$ 为行业 j 中所有公司的主营业务收入之和。HI_{ij} 指数越大，则说明行业集中度越高，垄断性越强，竞争程度越低。为便于理解，用 $HHI_{ij}=1-HI_{ij}$ 来表示行业竞争性，即 HHI 指数越大，行业竞争性越强，受到的竞争压力越大。

2)董事会权力($Bpwr_{i,t}$)

借鉴 Zajac 和 Westphal[237] 的研究方法，该指标选取了4个维度来测量：①董事长和 CEO 是否两职分离，是则取值为1，若两职兼任则为0；②董事会成员相对任期，由董事会成员平均任期与 CEO 的任期之比来衡量；③外部独立董事比例,由独立董事人数与董事总人数之比来表示;④董事会持股比例,由董事会持股与总股数之比来测量。然后,分别对这四个指标进行标准化操作,而后加总得到董事会权力指标。该指标值越大,说明董事会相对于CEO的权力越大,在公司治理和企业战略决策过程中的监督和控制力越强,战略参与程度越高。

(4)控制变量

根据以往的研究文献[18,20,102],主要有以下三类控制变量:①组织属性。企业规模($Size_{i,t}$),以企业期末总资产的自然对数来衡量;企业性质($Nature_{i,t}$),若企业为国企则设定为1,其他则为0;企业寿命($Age_{i,t}$),即企业成立时间的自然对数;研发投入强度($Rdints_{i,t}$),以研发支出与营业收入之比来衡量。②治理机制。机构持股比例($Intshr_{i,t}$),所有机构持股比例之和;股权集中度($Shrc_{i,t}$),公司第一大股东持股比例;CEO两职兼任($Duality_{i,t}$),CEO同时兼任董事长则为1,否则为0。③财务状况。市场份额($Mkshr_{i,t}$),定义为企业主营业务收入与行业主营业务收入之比;债务资本比($Debt_{i,t}$),以产权比率来衡量,表现企业偿债能力;杠杆比率($Flev_{i,t}$),定义为长期负债与资产总额之比;组织冗余($Slack_{i,t}$),定义为流动比率、资产负债率和费用收入比这三个值的均值。此外,设定了年度虚拟变量来控制年度变化趋势对企业行为决策的可能影响。同时考虑到行业环境的差异,还设定了行业虚拟变量来控制这些因素对战略调整可能产生的影响。

2.2.2.3 研究设计

基于上述研究假设,为检验假设1和假设2,设定以下研究模型:

$$CVC_{i,t+1} = \beta_0 + \beta_1 Psa_{i,t} + \beta_2 Nsa_{i,t} + \beta_3 Pha_{i,t} + \beta_4 Nha_{i,t} + \beta_5 C_{i,t} + \beta_6 Yr_{i,t} + \beta_7 Ind_{i,t} + \varepsilon_{i,t} \tag{2-5}$$

为检验假设 3 和假设 4,设定以下研究模型:

$$
\begin{aligned}
CVC_{i,t+1} = \beta_0 + \beta_1 Psa_{i,t} + \beta_2 Nsa_{i,t} + \beta_3 Pha_{i,t} + \beta_4 Nha_{i,t} + \beta_5 Psa_{i,t} HHI_{i,t} \\
+ \beta_6 Nsa_{i,t} HHI_{i,t} + \beta_7 Psa_{i,t} Bpwr_{i,t} + \beta_8 Nsa_{i,t} Bpwr_{i,t} + \beta_9 C_{i,t} \\
+ \beta_{10} Yr_{i,t} + \beta_{11} Ind_{i,t} + \varepsilon_{i,t} \qquad (2\text{-}6)
\end{aligned}
$$

其中,$CVC_{i,t}$是被解释变量,表示公司创业投资强度。$Psa_{i,t}$表示行业业绩期望顺差,即实际业绩超过行业业绩期望;$Nsa_{i,t}$表示行业业绩期望落差,即实际业绩低于行业业绩期望。$Pha_{i,t}$表示历史业绩期望顺差,即实际业绩高于历史业绩期望;$Nha_{i,t}$表示历史业绩期望落差,即实际业绩低于历史业绩期望。$C_{i,t}$代表控制变量,$Ind_{i,t}$代表年度虚拟变量。考虑到从业绩反馈到企业实施 CVC 决策之间存在一个时间差,参考其他学者的方法[23,29],对自变量和控制变量相对于因变量取了滞后一期的数据。

2.2.2.4 描述性分析和相关性分析

表 2-1 列示了主要变量的描述性统计,结果显示公司创业投资强度的均值是 0.102,最大值为 1.465,最小值为 0。从相关性分析看,历史业绩期望顺差与 CVC 强度为负相关关系,历史业绩期望落差与 CVC 强度为正相关关系,但都不显著($p>0.1$)。行业业绩期望顺差与 CVC 强度为显著负相关关系(coef. =−0.082,$p<0.01$),行业业绩期望落差与 CVC 强度为显著负相关关系(coef. =−0.074,$p<0.01$)。行业竞争性与 CVC 强度呈显著正相关关系(coef. =0.085,$p<0.01$),它与两个历史业绩期望差距的关系都不显著($p>0.1$),与行业业绩期望顺差为正相关关系但不显著($p>0.1$),但与行业业绩期望落差为显著负相关关系(coef. =−0.061,$p<0.05$);董事会权力与 CVC 强度呈显著正相关关系(coef. =0.119,$p<0.01$),它与两个历史业绩期望差距的关系都不显著($p>0.1$),但与行业业绩期望顺差为显著正相关关系

(*coef.* = 0.089, $p<0.01$)，与行业业绩期望落差也为显著正相关关系(coef. = 0.061, $p<0.05$)。

表 2-1 主要变量描述性统计与相关性分析

代码	变量名称	1	2	3	4	5	6	7	8	9
1. $CVC_{i,t+1}$	公司创业投资强度	1								
2. $Pha_{i,t}$	历史业绩期望顺差	-0.0060	1							
3. $Nha_{i,t}$	历史业绩期望落差	0.0220	0.288#	1						
4. $Psa_{i,t}$	行业业绩期望顺差	-0.082#	0.332#	0.218#	1					
5. $Nsa_{i,t}$	行业业绩期望落差	-0.074#	0.149#	0.629#	0.366#	1				
6. $HHI_{i,t}$	市场竞争度	0.085#	-0.0230	0.0140	0.0450	-0.061+	1			
7. $Bpwr_{i,t}$	董事会权力	0.119#	-0.0360	0.00100	0.089#	0.061+	0.086#	1		
8. $slack_{i,t}$	组织冗余	0.132#	-0.068+	-0.086#	0.120#	0.096#	0.119#	0.116#	1	
9. $intshr_{i,t}$	机构持股比例	0.00900	-0.0390	0.070+	0.175#	0.148#	0.0100	-0.110#	-0.0230	1
10. $shrc_{i,t}$	股权集中度	-0.0100	-0.067+	0.0420	-0.0160	0.073+	-0.083#	-0.064+	-0.079#	0.162#
11. $mkshr_{i,t}$	市场份额	-0.125#	-0.0230	0.105#	-0.074+	-0.0240	-0.076#	0.0200	-0.217#	0.124#
12. $debt_{i,t}$	债务资本比	-0.094#	0.0230	0.0001	-0.240#	-0.239#	-0.087#	-0.096#	-0.394#	0.0150
13. $size_{i,t}$	企业规模	-0.063+	-0.183#	0.153#	-0.150#	0.077#	-0.093#	0.0200	-0.238#	0.133#
14. $duality_{i,t}$	CEO 两职兼任	0.085#	-0.062+	-0.0300	0.0450	0.049*	-0.071+	0.224#	0.167#	-0.0320
15. $nature_{i,t}$	企业性质	-0.110#	0.00600	0.096#	-0.203#	-0.147#	-0.133#	-0.330#	-0.264#	0.111#
16. $age_{i,t}$	企业寿命	0.089#	-0.176#	0.0390	0.069+	0.168#	0.117#	0.259#	0.192#	0.058+
17. $flev_{i,t}$	杠杆比率	-0.0350	0.121#	0.170#	-0.157#	-0.0380	-0.051*	-0.0390	-0.322#	-0.094#
18. $rdints_{i,t}$	研发投入强度	0.174#	0.0110	-0.129#	-0.102#	-0.120#	0.0300	0.097#	0.177#	-0.0120
均值		0.102	0.014	-0.015	0.016	-0.022	0.092	-0.122	1.251	0.069
标准差		0.271	0.028	0.027	0.03	0.032	0.073	1.272	1.192	0.088

续表 2-1

代码	变量名称	10	11	12	13	14	15	16	17	18
10. $shrc_{i,t}$	股权集中度	1								
11. $mkshr_{i,t}$	市场份额	0.094#	1							
12. $debt_{i,t}$	债务资本比	0.0470	0.402#	1						
13. $size_{i,t}$	企业规模	0.170#	0.655#	0.393#	1					
14. $duality_{i,t}$	CEO 两职兼任	0.090#	-0.167#	-0.106#	-0.149#	1				
15. $nature_{i,t}$	企业性质	0.106#	0.352#	0.313#	0.331#	-0.284#	1			
16. $age_{i,t}$	企业寿命	0.153#	-0.142#	-0.152#	-0.057*	0.171#	-0.313#	1		
17. $flev_{i,t}$	财务杠杆	-0.050*	0.143#	0.322#	0.145#	-0.059+	0.152#	-0.130#	1	
18. $rdints_{i,t}$	研发投入强度	-0.094#	-0.200#	-0.161#	-0.062+	0.0480	-0.102#	0.0460	-0.105#	1
均值		0.312	0.007	0.839	21.46	0.296	0.458	7.6	1.15	0.108
标准差		0.131	0.012	0.806	1.35	0.457	0.498	0.003	0.458	0.141

注：#$p<1\%$，+$p<5\%$，* $p<10\%$；$N=1186$；企业规模、企业寿命是经过自然对数处理后的值。

2.2.3 实证检验和结果分析

在回归分析之前，对数据做了如下处理：为避免多重共线性的影响，交互项是在对自变量和调节变量进行中心化以后的乘积；通过对模型中所有自变量和控制变量进行方差膨胀因子诊断，结果显示 VIF 均在 3.70 以内，表明不存在多重共线性问题；考虑到面板数据可能存在的异方差、时序相关和横截面相关等问题会低估标准误差而导致模型估计结果有偏，参考有关研究的做法[12,103]，在后续的非平衡面板数据模型估计中主要采用 Driscoll-Kraay 标准差进行估计。

表 2-2 是业绩反馈与 CVC 强度之间关系的检验结果，以及行业环境和董事会权力对此关系的调节作用。其中模型 1 为基准模型，包括所有的控制变量。模型 2 基于模型 1 将两个行业业绩期望差距纳入，模型 3 则将两个历

史业绩期望差距纳入，模型 4 则进一步将行业业绩期望差距分别与两个调节变量的交互项也纳入模型。模型 2 的结果表明，行业业绩期望顺差与 CVC 强度的关系显著为负（bata=-2.148，$p<0.01$），行业业绩期望落差与 CVC 强度的关系也显著为负（bata=-1.766，$p<0.01$），并且在模型 3 和模型 4 中仍然稳健。这说明以行业业绩期望为决策参考点时，处于业绩期望顺差中的绩优企业随着业绩提升而减少企业 CVC 强度，而处于业绩期望落差中的绩差企业会随着业绩下滑而增强企业 CVC 强度。因此假设 1 和假设 2 得到验证。模型 3 中，历史业绩期望顺差与 CVC 强度的关系为负但不显著（$p>0.1$），历史业绩期望落差与 CVC 强度的关系为正也不显著（$p>0.1$），该结果在模型 4 中依旧稳健。这说明对于信息科技公司而言，在社会比较过程中对同行业竞争对手的业绩情况较为敏感，而企业自身历史业绩却不足以成为后续战略的参照依据。由于技术发展和行业竞争环境变化较快，高科技企业需要保持警觉，时时关注行业发展趋势，以提高企业的战略适应能力。

表 2-2 中模型 4 检验了行业竞争性和董事会权力对主效应的调节作用。结果表明，行业业绩期望顺差与行业竞争性的交互项（$Psa_{i,t} * HHI_{i,t}$）与 CVC 强度是显著的正相关关系（bata=22.809，$p<0.1$），而行业业绩期望落差与行业竞争性的交互项（$Nsa_{i,t} * HHI_{i,t}$）与 CVC 强度是负相关关系但不显著（bata=-18.43，$p>0.1$），这说明行业竞争程度越高，行业业绩期望顺差扩大会推动企业开展 CVC 的强度，因此假设 3 得到支持。与此同时，行业业绩期望落差与董事会权力的交互项（$Nsa_{i,t} * Bpw_{i,t}$）与 CVC 强度是显著的正相关关系（bata=1.589，$p<0.05$），而行业业绩期望顺差与董事会权力的交互项（$Psa_{i,t} * Bpw_{i,t}$）与 CVC 强度是负相关关系但不显著（bata=-0.533，$p>0.1$）。这表明董事会权力越大，当企业业绩低于行业期望水平而陷入经营困境时，企业开展 CVC 的强度减弱，因此假设 4 得到支持。

表 2-2　业绩反馈与公司创业投资强度之间关系的检验结果

代码	以 ROA 为业绩衡量指标				以 ROS 为业绩衡量指标		
	模型 1	模型 2	模型 3	模型 4	模型 5	模型 6	模型 7
$Psa_{i,t}$		-2.148***	-2.093***	-2.178***	-1.976***	-1.917***	-2.010**
		(0.43)	(0.36)	(0.69)	(0.67)	(0.61)	(0.90)
$Nsa_{i,t}$		-1.766***	-1.822***	-1.736**	-1.593*	-1.656*	-1.579
		(0.65)	(0.64)	(0.86)	(0.89)	(0.89)	(1.05)
$Pha_{i,t}$			-0.140	-0.187		-0.142	-0.192
			(0.43)	(0.49)		(0.42)	(0.49)
$Nha_{i,t}$			0.176	0.154		0.197	0.176
			(0.35)	(0.31)		(0.33)	(0.30)
$Psa_{i,t} * HHI_{i,t}$				22.809*			22.109*
				(12.21)			(12.58)
$Nsa_{i,t} * HHI_{i,t}$				-18.43			-19.94
				(13.55)			(13.95)
$Psa_{i,t} * Bpwr_{i,t}$				-0.533			-0.484
				(0.98)			(0.99)
$Nsa_{i,t} * Bpwr_{i,t}$				1.589*			1.602*
				(0.82)			(0.82)
$HHI_{i,t}$	-0.141	-0.544	-0.534	-0.418	-0.544	-0.537	-0.417
	(0.41)	(0.33)	(0.33)	(0.34)	(0.36)	(0.36)	(0.36)
$Bpwr_{i,t}$	0.012**	0.012**	0.012**	0.012**	0.0110	0.0110	0.0110
	(0.01)	(0.01)	(0.01)	(0.00)	(0.01)	(0.01)	(0.01)
$slack_i$	0.00800	0.00700	0.00700	0.00700	0.00600	0.00600	0.00600
	(0.01)	(0.01)	(0.01)	(0.01)	(0.01)	(0.01)	(0.01)
$intshr_{i,t}$	0.0560	0.0710	0.0700	0.0600	0.0660	0.0650	0.0550
	(0.11)	(0.11)	(0.11)	(0.12)	(0.11)	(0.11)	(0.12)
$shrc_{i,t}$	0.0190	0.0170	0.0180	0.0300	0.0130	0.0140	0.0270
	(0.05)	(0.05)	(0.05)	(0.06)	(0.06)	(0.06)	(0.06)
$mkshr_{i,t}$	-0.982	-0.919	-0.892	-0.846	-1.012	-0.981	-0.920
	(0.81)	(0.82)	(0.92)	(0.98)	(0.92)	(1.02)	(1.06)

续表 2-2

代码	以 ROA 为业绩衡量指标				以 ROS 为业绩衡量指标		
	模型 1	模型 2	模型 3	模型 4	模型 5	模型 6	模型 7
$debt_{i,t}$	0.0110	0.0110	0.0120	0.0110	0.0100	0.0110	0.0100
	(0.01)	(0.01)	(0.01)	(0.01)	(0.01)	(0.01)	(0.01)
$size_{i,t}$	-0.072^{*}	-0.074^{*}	-0.074^{*}	-0.081^{*}	-0.076^{*}	-0.076^{*}	-0.083^{**}
	(0.04)	(0.04)	(0.04)	(0.04)	(0.04)	(0.04)	(0.04)
$duality_{i,t}$	0.034^{***}	0.034^{***}	0.034^{***}	0.030^{***}	0.038^{***}	0.037^{***}	0.034^{***}
	(0.01)	(0.01)	(0.01)	(0.01)	(0.01)	(0.01)	(0.01)
$nature_{i,t}$	0.00200	0.00200	-0.00200	-0.00500	0.00200	0.00100	-0.00300
	(0.02)	(0.02)	(0.02)	(0.02)	(0.02)	(0.02)	(0.02)
$age_{i,t}$	0.410	0.136	-0.0560	-0.569	0.383	0.179	-0.412
	(1.89)	(1.96)	(2.40)	(2.52)	(2.09)	(2.50)	(2.66)
$flev_{i,t}$	0.028^{***}	0.024^{***}	0.023^{***}	0.023^{***}	0.023^{*}	0.023^{**}	0.023^{**}
	(0.01)	(0.01)	(0.01)	(0.01)	(0.01)	(0.01)	(0.01)
$rdints_{i,t}$	0.132^{*}	0.138^{*}	0.139^{*}	0.142^{**}	0.129^{*}	0.130^{*}	0.131^{*}
	(0.08)	(0.07)	(0.07)	(0.07)	(0.07)	(0.08)	(0.07)
$\_cons$	-3.020	-0.987	0.499	4.394	-2.116	-0.579	3.749
	(14.69)	(15.23)	(18.66)	(19.51)	(16.43)	(19.91)	(20.43)
$Adj.\ R^2$	0.129	0.132	0.132	0.141	0.132	0.132	0.140
F	99.21	2125	29.73	102.1	136.4	18.01	490.0

注：$^{*}p<0.1$，$^{**}p<0.05$，$^{***}p<0.01$；$N=1129$；年度、行业控制变量未加列示；括号内为标准误，上述模型是经过 Driscoll-Kraay 标准误调整后的结果。

综上所述，业绩反馈与企业 CVC 强度之间的关系以及这种关系在不同调节作用下存在着显著的差异。随着行业业绩期望顺差的扩大，企业开展 CVC 活动的强度增加，这意味着随着行业竞争程度增加，行业业绩期望顺差与 CVC 强度间的显著负向关系被削弱，从而支持了前述关于高行业竞争性对业绩期望顺差与企业 CVC 强度间的关系具有显著的调节作用的假设；而对于董事会权力较高的企业，随着行业业绩期望落差的扩大，企业的 CVC 强度比低董事会权力时更低，说明企业开展 CVC 活动的强度减弱，这表明企业董事会权力越高，随着业绩不断下滑，行业业绩期望落差与 CVC 强度之间的关系被削弱，从而验证了前述关于高董事会权力对业绩期望落差与企业 CVC 强度间的关系具有显著调节作用的假设。

2.2.4 稳健性检验

为确保检验结果稳健，通过用标准误进行企业层面的 Cluster 群聚调整和 Robust 异方差稳健性方法对结果进行检验，所得结果无显著差异。参考以往的文献[21]，考虑到变量测量方法的差异和时间滞后效应影响，进行了以下稳健性检验。

2.2.4.1 更换业绩指标测量方法

如果业绩反馈模型中业绩衡量指标不同，业绩评估结果就不同，最终会影响业绩反馈信息的价值和企业的后续行为决策[104]。为避免因业绩指标的选取而导致检验结果的差异性，同时鉴于信息科技行业具有市场竞争环境变化较快、企业对产品销量实时监控的特点，选取了 ROS 作为业绩衡量指标进行稳健性检验。表 2-2 中的模型 5 到模型 7 是以 ROS 为业绩衡量指标的业绩反馈与 CVC 强度的检验结果。从模型 5 结果看，行业业绩期望顺差与企业 CVC 强度仍然呈现显著负相关关系（bata = -1.976，$p<0.01$），行业业绩期望落差与企业 CVC 强度也仍呈现显著负相关关系（bata = -1.593，$p<0.1$），而两个历史业绩期望差距与企业 CVC 强度的关系不显著。此外，行业竞争性与行业业绩期望顺差的交互项显著为正（bata = 22.109，$p<0.1$），董事会权力与行业业绩期望落差的交互项也显著为正（bata = 1.602，$p<0.1$），表明假设 1、假设 2、假设 3 和假设 4 仍然得到支持。因此，在更换企业业绩的衡量指标后，结果仍然具有较强的稳健性。

2.2.4.2 更换企业 CVC 强度测量方法

考虑到上市公司开展 CVC 活动是为实现战略目标和财务收益的一种优化资源配置的行为，因此可以利用企业在一定时间范围内的 CVC 投资总额占企业总资产的比重来体现 CVC 活动的投资强度[100]，变量代码为 $CVCT_{i,t}$。表 2-3 中的模型 1 到模型 3 是以 $CVCT_{i,t}$ 为新测量的企业创投强度与业绩反馈之间关系的稳健性检验结果。从模型 1 结果看，行业业绩期望顺差与 CVC 强度呈现显著负相关关系（bata = −0.430，$p<0.05$），行业业绩期望落差与 CVC 强度也呈现显著负相关关系（bata = −0.552，$p<0.01$）。而模型 2 结果显示，历史业绩期望差距与企业 CVC 强度的关系都不显著（$p>0.1$）。从模型 3 结果看，行业竞争性与行业业绩期望顺差的交互项显著为正（bata = 3.212，$p<0.05$），董事会权力与行业业绩期望落差的交互项显著为正（bata = 1.270，$p<0.1$），这说明假设 1、假设 2、假设 3 和假设 4 依然得到支持。所以在更换企业创投强度测量后，结果仍然稳健。

2.2.4.3 制度环境（$Inst_{i,t}$）对企业 CVC 行为影响的稳健性分析

判断制度环境是否完善的一个重要指标是区域的市场发育程度[105]。市场竞争性在一定程度上体现了市场的发育程度。一个区域的市场化程度越好，资源配置效率就越高，要素市场就越完善，这有利于降低企业对信贷、技术和劳动力等资源的获取成本，推动创新活动开展。对地区投资环境的度量和评级可以被认为是对中国制度效率的一种度量，参照以往研究[106,107]，采用制度环境替代行业竞争性进行稳健性检验。世界银行通过经验分析发现[108]，较好的地区投资环境伴随着较高的全要素生产率，而投资环境受市场潜力、劳动力灵活性、技术技能、民营企业发展、政府效率、对合同权利和财产受到保护的信心、获得银行贷款的可行性等因素影响。基于这些测量制度环境的指数，世界银行对我国 30 个省份按指数高低进行排名并按地理位置划分区域，即东南、环渤海、中部、东北、西南、西北 6 个区域。

据此结果，以制度效率指标表示制度环境（$Inst_{i,t}$）发展的程度：设置制度效率虚拟变量，若企业处于东南和环渤海地区，则为高制度效率，赋值为 1，处于其他 4 个地区的，赋值为 0。制度效率值越大，表明制度环境越好，能激发企业创新投资行为；反之，则制度环境越糟糕，会遏制创新投资的开展。

表 2-3 中模型 4 到模型 6 是用制度环境替代行业竞争性进行稳健性检验的结果。从模型 4 的结果看，行业业绩期望顺差与 CVC 强度呈显著负相关关系（bata=-2.148，$p<0.01$），行业业绩期望落差与 CVC 强度也呈显著负相关关系（bata=-1.766，$p<0.01$）。模型 5 中将两种历史业绩期望差距纳入模型进行检验，结果显示这两种历史业绩期望差距与 CVC 强度的关系不显著（$p>0.1$）。模型 6 是检验两个调节效应，从结果看，行业竞争性与行业业绩期望顺差的交互项（$Psa_{i,t} * HHI_{i,t}$）仍显著为正（bata=1.645，$p<0.1$），说明制度环境越好，绩优状态企业开展 CVC 的强度提高，即制度效率越高，绩优企业与 CVC 强度之间的负相关关系被削弱。模型 6 的结果表明，董事会权力与行业业绩期望落差的交互项（$Nsa_{i,t} * Bpwr_{i,t}$）也显著为正（bata=1.517，$p<0.1$），这说明在更换行业竞争性指标测量后，结果仍然稳健。

表 2-3　更换测量指标的业绩反馈与 CVC 强度关系检验结果

代码	更换企业创投强度测量方法			制度环境影响的稳健性分析		
	模型 1	模型 2	模型 3	模型 4	模型 5	模型 6
$Psa_{i,t}$	-0.430**	-0.458***	-0.442**	-2.148***	-2.093***	-2.773***
	(0.17)	(0.17)	(0.19)	(0.43)	(0.36)	(0.48)
$Nsa_{i,t}$	-0.552***	-0.550**	-0.471**	-1.766***	-1.822***	-1.610***
	(0.19)	(0.21)	(0.21)	(0.65)	(0.64)	(0.60)
$Pha_{i,t}$		0.0270	0.0250		-0.140	-0.326
		(0.09)	(0.10)		(0.43)	(0.63)
$Nha_{i,t}$		-0.0640	-0.0740		0.176	-0.0450
		(0.08)	(0.07)		(0.35)	(0.24)

续表 2-3

代码	更换企业创投强度测量方法			制度环境影响的稳健性分析		
	模型 1	模型 2	模型 3	模型 4	模型 5	模型 6
$Psa_{i,t}*HHI_{i,t}$			3.212**			1.645*
			(1.31)			(0.86)
$Nsa_{i,t}*HHI_{i,t}$			-0.580			-0.361
			(0.79)			(0.25)
$Psa_{i,t}*Bpwr_{i,t}$			-0.0240			-0.214
			(0.26)			(1.01)
$Nsa_{i,t}*Bpwr_{i,t}$			1.270*			1.517*
			(0.24)			(0.78)
$HHI_{i,t}$	-0.131***	-0.136***	-0.128***	-0.544	-0.534	-0.449
	(0.02)	(0.02)	(0.04)	(0.33)	(0.33)	(0.38)
$Bpwr_{i,t}$	0.001***	0.001***	0.001***	0.012**	0.012**	0.012**
	(0.00)	(0.00)	(0.00)	(0.01)	(0.01)	(0.01)
$slack_{i}$	-0.00100	-0.00100	-0.00200	0.00700	0.00700	0.00700
	(0.00)	(0.00)	(0.00)	(0.01)	(0.01)	(0.01)
$intshr_{i,t}$	0.0380	0.0380	0.0360	0.0710	0.0700	0.0770
	(0.03)	(0.03)	(0.03)	(0.11)	(0.11)	(0.12)
$shrc_{i,t}$	0.00700	0.00700	0.00900	0.0170	0.0180	0.0250
	(0.01)	(0.01)	(0.01)	(0.05)	(0.05)	(0.06)
$mkshr_{i,t}$	-0.349***	-0.351***	-0.338***	-0.919	-0.892	-0.748
	(0.13)	(0.11)	(0.09)	(0.82)	(0.92)	(0.90)
$debt_{i,t}$	0.004**	0.004**	0.004***	0.0110	0.0120	0.012*
	(0.00)	(0.00)	(0.00)	(0.01)	(0.01)	(0.01)
$size_{i,t}$	0	0	0	-0.074*	-0.074*	-0.071*
	(0.00)	(0.00)	(0.00)	(0.04)	(0.04)	(0.04)
$duality_{i,t}$	0.015*	0.015*	0.015*	0.034***	0.034***	0.030***
	(0.01)	(0.01)	(0.01)	(0.01)	(0.01)	(0.01)
$nature_{i,t}$	0.00600	0.00600	0.00600	0.00001	-0.00200	-0.00600
	(0.01)	(0.01)	(0.01)	(0.02)	(0.02)	(0.02)

续表 2-3

代码	更换企业创投强度测量方法			制度环境影响的稳健性分析		
	模型 1	模型 2	模型 3	模型 4	模型 5	模型 6
$age_{i,t}$	0.698	0.762***	0.703**	0.136	-0.0560	-1.012
	(0.45)	(0.28)	(0.31)	(1.96)	(2.40)	(2.50)
$flev_{i,t}$	0.012***	0.012***	0.012***	0.024***	0.023***	0.027***
	(0.00)	(0.00)	(0.00)	(0.01)	(0.01)	(0.01)
$rdints_{i,t}$	0.0250	0.0250	0.0220	0.138*	0.139*	0.130**
	(0.02)	(0.02)	(0.02)	(0.07)	(0.07)	(0.07)
_ cons	-5.319	-5.809***	-5.363**	-0.987	0.499	7.776
	(3.37)	(2.14)	(2.35)	(15.23)	(18.66)	(19.38)
$Adj.\ R^2$	0.0940	0.0940	0.100	0.132	0.132	0.144
F	4.424	23.80	43.19	2125	29.73	260.1
N	717	717	717	1129	1129	1129

注：* $p<0.1$，** $p<0.05$，*** $p<0.01$；括号内为标准误，上述模型是经过 Driscoll-Kraay 标准误调整后的结果。模型 6 中，交互项 $Psa_{i,t}*HHI_{i,t}$ 和 $Nsa_{i,t}*HHI_{i,t}$ 的检验结果实为 $Psa_{i,t}*Inst_{i,t}$ 和 $Nsa_{i,t}*Inst_{i,t}$ 的检验结果。

2.2.4.4　时间效应检验

上述对企业 CVC 强度的检验采取了滞后一年的方法。考虑到管理效率、企业资源配置和外部环境变化等因素影响，从业绩反馈到企业 CVC 行为可能存在一个时间差，为检验结果的稳健性，应当对时间效应进行检验，检验结果见表 2-4。首先，将 CVC 强度采取滞后 2 年的方法，即以 $CVC_{i,t+2}$ 作为因变量进行回归检验，模型 1 到模型 3 为检验结果。其次，为进一步验证结果稳定性，将因变量替换为企业 CVC 投资金额与总资产的比值，并且也采取滞后 2 年的方法，即以 $CVCT_{i,t+2}$ 作为因变量进行回归检验，模型 4 到模型 6 为检验结果。从模型 1 和模型 4 的检验结果看，行业业绩期望顺差分别与两个因变量都是显著负相关关系，行业业绩期望落差分别与两个因变量也是显著负相关关系；行业业绩期望顺差与行业竞争性的关系显著为正；模型 3 中行业业绩期望落差与董事会权力的关系显著为正，模型 6 中此关系虽然为正相关但不显著，说明董事会权力影响随着时间推移，其调节作用有所减弱。但仍可以看到，前述假设 1、假设 2 和假设 3 具有较强的稳健性。

表 2-4 时间效应检验结果

代码	以 $CVC_{i,t+2}$ 为因变量			以 $CVCT_{i,t+2}$ 为因变量		
	模型 1	模型 2	模型 3	模型 4	模型 5	模型 6
$Psa_{i,t}$	-1.586**	0.320	0.635	-0.571***	-0.0400	-0.0640
	(0.80)	(1.98)	(2.33)	(0.18)	(0.43)	(0.50)
$Nsa_{i,t}$	-2.019**	0.819	1.045	-0.507***	0.101	0.0790
	(0.95)	(2.34)	(2.59)	(0.17)	(0.56)	(0.61)
$Pha_{i,t}$		0.364***	0.348***		0.0180	0.0170
		(0.11)	(0.12)		(0.04)	(0.04)
$Nha_{i,t}$		-0.752	-0.701		-0.207	-0.220*
		(0.59)	(0.51)		(0.16)	(0.13)
$Psa_{i,t} * HHI_{i,t}$			33.229***			11.788***
			(7.59)			(4.04)
$Nsa_{i,t} * HHI_{i,t}$			-32.526***			-6.738**
			(8.42)			(3.00)
$Psa_{i,t} * Bpwr_{i,t}$			0.101			0.190
			(1.00)			(0.28)
$Nsa_{i,t} * Bpwr_{i,t}$			0.306**			0.0320
			(0.14)			(0.09)
$HHI_{i,t}$	-0.812***	0.150	0.320	-0.142	-0.0580	-0.0480
	(0.13)	(0.32)	(0.36)	(0.10)	(0.13)	(0.13)
$Bpwr_{i,t}$	-0.00100	0.008***	0.009***	0.003***	0.006***	0.006***
	(0.00)	(0.00)	(0.00)	(0.00)	(0.00)	(0.00)
$slack_i$	-0.00300	0.0350	0.0350	0.00100	0.00600	0.00600
	(0.00)	(0.02)	(0.02)	(0.00)	(0.00)	(0.00)

续表 2-4

代码	以 $CVC_{i,t+2}$ 为因变量			以 $CVCT_{i,t+2}$ 为因变量		
	模型 1	模型 2	模型 3	模型 4	模型 5	模型 6
$intshr_{i,t}$	0.139	0.273***	0.273***	0.0430	0.0470	0.0460
	(0.15)	(0.07)	(0.08)	(0.04)	(0.03)	(0.03)
$shrc_{i,t}$	-0.064**	-0.0500	-0.0430	0.00400	0.00800	0.0100
	(0.03)	(0.05)	(0.05)	(0.01)	(0.02)	(0.02)
$mkshr_{i,t}$	-1.507***	-1.555**	-1.826***	-0.551***	-0.422*	-0.469**
	(0.34)	(0.62)	(0.60)	(0.16)	(0.24)	(0.23)
$debt_{i,t}$	0.0160	0.015**	0.015**	0.006**	0.00200	0.00200
	(0.01)	(0.01)	(0.01)	(0.00)	(0.00)	(0.00)
$size_{i,t}$	-0.023**	-0.034**	-0.044***	-0.00300	-0.013*	-0.016**
	(0.01)	(0.02)	(0.01)	(0.00)	(0.01)	(0.01)
$duality_{i,t}$	0.041*	0.027***	0.026**	0.009**	0.007***	0.006***
	(0.02)	(0.01)	(0.01)	(0.00)	(0.00)	(0.00)
$nature_{i,t}$	0.0160	0.0250	0.0200	0.00200	0.00700	0.00700
	(0.02)	(0.02)	(0.02)	(0.01)	(0.01)	(0.01)
$age_{i,t}$	0.971	0.339	0.00400	0.395	0.0590	-0.0370
	(0.73)	(1.71)	(1.74)	(0.64)	(0.36)	(0.34)
$flev_{i,t}$	0.038***	0.00600	0	0.009**	0	-0.00100
	(0.01)	(0.01)	(0.01)	(0.00)	(0.00)	(0.00)
$rdints_{i,t}$	0.0420	0.0640	0.092**	0.044**	0.049**	0.052**
	(0.07)	(0.06)	(0.04)	(0.02)	(0.02)	(0.02)
$\_cons$	-7.691	-2.625	-0.0880	-3.050	-0.378	0.346
	(5.62)	(12.88)	(13.09)	(4.86)	(2.72)	(2.55)
$Adj.\ R^2$	0.0800	0.102	0.111	0.0760	0.120	0.126
F	14.66	51.08	55.79	105.0	25.55	97.53
N	664	664	664	884	884	884

注：* $p<0.1$，** $p<0.05$，*** $p<0.01$；括号内为标准误，上述模型是经过 Driscoll-Kraay 标准误调整后的结果。

综合上述实证分析结果可以得出，相比于历史业绩期望水平，企业CVC行为更可能是以行业业绩期望水平作为其战略决策的参考点。一方面，对处于行业业绩期望顺差状态下的绩优企业，随着业绩提升其开展CVC行为的意愿和强度明显地减弱，但若企业处于竞争性较高的行业，受制度环境压力驱动，其通过CVC进行冒险性创新的投入则增加。另一方面，对于处于行业业绩期望落差状态下的绩差企业，随着落差差距拉大，企业冒险性创新的动机增强，然而若企业的董事会权力较大，受经营风险和生存威胁影响，将遏制CVC这种冒险行为的开展。此外，该检验结果还存在其他一些有价值的发现，比如规模较大的企业进行CVC活动的可能性降低，管理层权力越大的企业开展CVC的动机越强，财务风险具有提高CVC行为的可能性，研发强度越高的企业开展CVC项目的可能性增强。

2.3 企业创业投资决策对企业成长的驱动影响路径

在变革速度越来越快的市场环境中，CVC已经成为强势企业发展创新保持市场竞争力的重要模式，CVC决策也成为企业组织重要的战略冒险行为。基于企业行为理论，通过利用2007—2015年中国信息技术行业247家上市公司的非平衡面板数据，分析了业绩反馈对企业CVC行为的驱动机制，并探讨了外部环境中的行业竞争性与内部治理结构的董事会权力的调节效应，可以得出以下关于企业创业投资决策对企业成长驱动影响路径的研究结论与启示：

第一，业绩期望反馈结果对企业的CVC行为强度具有重要的影响作用，其中，基于社会比较的行业业绩期望差距对企业的CVC活动强度起到显著的负相关影响。具体而言，处于行业业绩期望顺差的绩优状态企业会随着业绩的提升而减少CVC强度，而处于行业期望落差的绩差状态企业会随着业绩的下滑而增强 CVC 强度。通过研究发现,CVC 作为一种外部研发创新方式,企业在 CVC 决策时更注重将行业业绩期望作为战略决策参考点,而历史业绩反馈结果不足以成为 CVC 战略决策的主要参考依据。这个结论对于我国企业的 CVC 战略实施决策具有重要的启示意义:随着技术更迭加速和市场竞争加剧,企业应更关注行业发展的动态与趋势,重视提升企业适应与竞争能力,保持创新的警觉性,而不能仅仅满足于自身历史业绩的暂时性优越。

第二,行业竞争性对于绩优企业与 CVC 强度之间的关系起显著的调节作用,即当行业竞争程度越高时,随着行业业绩期望顺差扩大,企业开展 CVC 的强度会越高。该结论说明外部环境竞争压力可表现为一种激励因素,这种激励因素使绩优企业"向上奋争"的压力感越强,越能使企业为保持行业的领先地位而提高风险承担,采用 CVC 活动。这对于企业的可持续发展具有重要的启示意义,即压力即动力,只有不断感知竞争压力并保持前行,才能实现可持续发展。由于我国 CVC 市场发展历史较短,市场信心与法律保障体系都还处于建设阶段,整个 CVC 市场仍不完善,因此对于政府而言,深化经济体制改革,尽量减少不利于市场充分竞争的体制性和政策性障碍,打破不充分竞争等垄断现象对企业创新行为的抑制,充分释放市场的竞争潜能,特别是在高新技术不断推陈出新的时代,不断完善以知识产权保护为代表的增强创新能力的制度保障体系,对于我国 CVC 市场的完善与发展具有重要的现实意义。

第三,董事会权力对于绩差企业与 CVC 强度之间的关系起显著的调节作用,即当董事会权力越大时,随着行业业绩期望落差扩大,企业开展 CVC 的强度会减弱。该结论表明,董事会权力配置在一定程度上会抑制企业战略风险性,尤其是当企业陷入经营困境时,董事会权力越高并不一定越能有效发挥内部监管职能、减少委托代理问题,而是受集体决策低效和权力主导者自利所影响，限制企业为改善经营而积极承担风险。基于此，企业在进行CVC决策时，应充分考虑内部治理机制所内含的治理风险。出于战略目标、财务收益和创新绩效的考虑，企业应当对影响企业开展CVC的内部治理结构进行相应调整，如增加独立董事人数，改善董事会的结构比例，让多元化的董事会能更好地为企业CVC战略决策集思广益，提高企业适应性和竞争性能力。

当然，在研究中也不可避免地存在一些局限，亟须在今后的研究中做进一步深入与拓展。例如，鉴于CVC测量以及数据获得的局限性，主要研究CVC战略决策强度维度的变化，并未具体分析在业绩反馈情况下企业在哪些方面以何种方式对CVC战略进行了调整。下一步应加强对业绩反馈模型对于企业CVC意图、方向和模式等方面改变的影响研究。此外，关于行业竞争性指标的衡量，基于数据获取的限制性，采用的是上市公司数据，而忽略了大量的非上市公司情况，致使研究结果存在一定程度的偏差。另外，组织期望的参考点除了采用的行业与历史两个维度，还有更丰富的维度可以在未来的研究中进一步拓展。

3 组织期望的资源约束性与企业战略调整

如何获取和调配资源是组织和战略研究的一个核心问题[25,98]，尤其对于业绩下滑的企业，如何整合资源走出经营困境是学者和管理实践者一直关注的热点。随着全球经济进入互联网生态时代，不管是新兴企业还是传统企业，都在主动或被动地跨越企业边界、整合产业链和重构价值生态体系。这些战略调整行为体现企业在资源约束和不确定性环境下的适应和变革过程，是企业获得竞争优势和持续成长的前提。值得注意的是，以往关于战略调整与企业发展的研究大多关注具体战略调整行为的前因和影响，如并购、研发、资产剥离、进入新市场等[3,17,91,109]，却忽视了企业在进行战略选择时首先需要考虑实施战略调整的资源从何而来。

资源是企业战略决策的逻辑起点和焦点[110]，相对于企业发展的需求，资源是稀缺的，因此，如何有效地利用和配置资源是企业战略调整方向选择的关键。在资源约束框架下，企业进行战略调整方向选择时主要有两条路径：资源消耗型行为和资源释放型行为[111]。那么，有限理性的决策者是如何基于有限资源选择战略调整方向的？解决这个问题需要进一步思考企业进行战略调整的行为动机。

前期研究探讨了外部制度环境、内部治理结构、高管特质、组织禀赋等方面对战略调整行为的影响，比如行业利润波动性和行业规制会推动企业开展扩张性战略，以提高运营效率[112-113]；低成本生产和新市场机会推动企业实施收缩性战略，剥离盈利不佳的业务单元[114]。然而，这些研究尚未从资源约束视角探究企业活动配置的动因，企业战略决策过程仍是“黑箱”。企业行为理论基于组织期望-业绩反馈决策模型，为分析企业搜寻、冒险和战略变革的行为动机提供了理论基础[8]。该理论提出,组织是目标导向型体系,有限理性的决策者习惯用简化的规则来引导和调整行为,即决策者在决策过程中会设定一个心理上的期望值来衡量组织目标实现程度。当业绩高于目标期望时,被界定为经营成功,企业战略调整动机较弱;当业绩低于目标期望时,被界定为经营失败,实际业绩与期望水平的差距将驱动企业冒险变革。前期学者较多关注业绩期望落差对企业战略调整行为的影响,比如通过扩大生产规模,或以并购方式获取战略资源以提升企业绩效[17,91],而资源约束如何主导经营状态不佳企业的战略调整方向是一个仍在探讨的问题。

3.1 组织期望的资源约束性内涵

企业是管理框架下的资源集合体[25],战略调整方向反映了企业的战略意图和资源掌控能力。当企业业绩下滑时,随着资源约束与经营压力加大,一方面,采用资源消耗型战略有利于寻找新利润增长点、实现多元化,分摊经营风险,但也可能加速企业陷入经营危机,面临生存威胁;另一方面,采用资源释放型战略有助于优化资源配置、提高资产回报率,但也可能造成资源损毁超过价值创造,以致浪费资源,错失发展良机。

为更深入地理解企业在资源约束下应对业绩下滑的行为异质性问题,可以着重关注两种具有代表性的战略方向行为:资源消耗型并购和资源释放型资产剥离。并购是企业意图通过协同效应实现业绩和规模增长的一种资源消耗战略;而资产剥离则是企业通过优化业务组合实现聚焦专注的一种资源释放策略。它们代表两种逻辑相异的战略方向,但都是企业在不确定环境下进行适应性战略调整的行为。面对经营困境和资源约束,企业在这两种战略调整行为的选择上有所侧重,或者并行实施。前期研究较多关注业绩反馈如何影响企业的单一反应行为,而业绩反馈如何影响企业的多重行为决策则鲜有涉及。此外,基于委托代理理论,所有权和管理权的分离使得所有者与管理者的目标利益函数不一致[115],而资源决策是多方利益主体博弈和均衡的结果,企业内部治理机制如何影响战略调整方向?为此提出,受利润增长和管理者自利动机所驱动,大股东和经理人基于各自立场在资源配置决策中通过权力而发挥作用,从而影响企业战略的选择。可见,企业决策者的组织期望-业绩反馈决策模型是在资源约束框架内进行的,其对于业绩期望反馈的认知也是基于资源约束性前提而展开的。

因此,根据组织期望的资源约束性思维框架,基于企业行为理论等探讨以下问题:第一,业绩反馈是如何影响资源约束下的企业战略调整方向的?具体而言,即以历史业绩期望和行业业绩期望为战略参考点,业绩未达到期望目标的企业是如何在资源消耗与资源释放型战略之间进行选择的?第二,由于经理人和大股东在企业整合资源和调整战略方向决策中具有不同的利益导向作用,CEO 权力和股权集中度作为企业内部治理特征,是如何影响业绩期望落差状态下企业战略调整方向的?

3.2　组织期望的资源约束性对企业战略调整方向选择的影响机制

企业行为理论基于组织目标、预期、选择和控制框架对组织决策行为进行研究,其核心概念是期望水平,其精髓体现在业绩反馈决策模型中[29]。该理论认为,有限理性的决策者受认知能力和不完全信息的限制,为简化决策流程,在决策过程中会设定目标期望水平(aspiration levels)作为评估组织运营情况的基准,并将实际业绩与目标期望水平的差距作为企业后续行为决策的依据:若处于业绩期望顺差状态,则规避风险战略持续;若处于业绩期望落差状态,则承担风险推动变革[8,14]。绩优状态下的企业对当前战略规划和实施较满意,战略调整动机较弱,相对业绩与战略持续性正相关[116];而绩差状态下的企业为缩小业绩期望差距,实施探索性行为的动机较强,比如多元化、产品或技术的突破性创新、市场再定位等[55,85,94]。学者们基于此对企业战略调整行为的动机问题进行了深入探索,得到一些不同的结论。如chen(2007)[3]基于“威胁-刚性”假说[13]认为,相对业绩不断下滑的企业面临较大的生存压力和破产威胁,同时可用资源短缺以及信息处理能力受限导致企业战略调整行为较为保守和惰性;而 Baum 和 Chuang(2003)[55]则提出当业绩低于期望时企业开展问题搜寻,随着业绩状况不断恶化,改善经营、缩小业绩期望差距的渴求使得企业冒险变革的意愿更强,行为更加激进。

为此,Shinkle(2012)[20]认为前期学者研究企业战略行为动机时关注的一个焦点是企业的风险承担态度,并提出风险偏好和风险规避是企业行为异质性的来源。然而,企业风险承担倾向的影响因素会受到两个重要因素的影响,一是经营压力,二是资源约束。经营压力产生于决策者内心所感受到的现实与期望之间的差距,这种压力包括源于基本安全需求的生存压力(surviving pressure),来自竞争者的竞争压力(comparative pressure),以及向上比较追求更好业绩的奋争压力(striving pressure)[3,22,117]。当实际业绩低于期望水平时,两者之间的差距所形成的压力是企业冒险行为的驱动力,推动企业进行战略变革。在资源约束框架下,企业战略选择过程实际上是对实施每种选择的资源获取成本与资源配置收益进行比较。那么在不同经营业绩状况下选择战略调整行为时,首先需要确定战略构建和实施的资源从何而来,如何选择战略调整方向,譬如采用资源消耗型战略或资源释放型战略。

为实现战略目标,企业在进行战略调整时可能采用单一行为决策,也可能并行实施多重行为决策。比如 Kacperczyk(2014)[118]以共同基金(mutual fund)行业为研究对象,发现当基金业绩与公司内基金业绩相比出现业绩下滑状况时,基金经理会出于薪酬、职业声誉等个人因素开展激进型冒险投资;当基金业绩与行业同类基金业绩相比呈现下滑情况时,基金经理会开展一系列变革行为,并不一定会选择冒险;若基金业绩持续下滑,决策者可能实施多重行为来提升投资回报,例如高风险投资与稳健性投资并行。如此一来,当企业面临业绩期望落差,业绩压力和有限资源使得企业采取多重且不同强度的战略调整行为,比如为获得实施战略并购的资源,企业可能一边争取外援,如机构投资、银行借贷,一边通过资产剥离方式释放现有资源,提高资源利用率。基于此,选择信息科技行业为研究对象,探究业绩期望反馈作为内生性因素对企业战略调整方向的影响,并进一步分别分析 CEO 权力和股权集中度作为企业治理机制对此关系的调节作用。

3.2.1 理论与假设

3.2.1.1 业绩期望落差与资源消耗型并购和资源释放型资产剥离

从战略角度看,扩张性并购和收缩性资产剥离代表了两种不同的战略调整方向,都是企业为提高绩效而做出的适应性战略选择。在资源约束条件下,资源消耗型并购和资源释放型资产剥离都是企业为增强竞争力和提高资源配置效率而进行资产重组的方式。经营业绩压力是促使企业进行业务组合调整的关键因素,实际业绩与期望目标的差距影响企业风险偏好倾向,进而影响企业战略选择。

并购是企业应对市场竞争和业绩下滑所做出的战略调整行为[91]。通过并购,企业可以获取外部竞争性资源和新市场机会,节约交易成本、提高协同效率。商业竞争中企业积极以并购方式突破企业边界,实现规模经济和范围经济,例如大众点评并购美团,滴滴出行并购 Uber 中国,实现增强市场影响力和战略扩张的目的。然而并购是一项资源消耗型战略,需要大量的财务和管理资源做后盾。事前需要寻找匹配资源,事后需要整合协同资源。同时,并购的每一个环节都充满风险,结果存在较大的变数,因为即使并购成功其后续结果也并不一定如预期为公司创造价值,甚至面临损毁股东财富的危机,即“成功悖论”[119]。

若并购是企业为解决经营困境而增加资源投入、扩大经营规模的“加法”行为,企业也可能采取方向相反的战略,选择做“减法”,用资产剥离方式释放资源、收缩业务,以专注核心业务,提升竞争优势。例如海尔放弃了包括微波炉在内的一些盈利不佳的弱势业务,退出与主营业务关联性不高的制药行业,集中资源实现优势业务并购是企业应对市场竞争和业绩下滑所做出的战略调整行为[91]。可见,资产剥离同样是一种冒险行为决策。资产剥离决策背后需要面对的是先期大规模投资可能变成沉没成本,或者将出售资产所得的资金用于其他业务单元时,其间所带来的“价值损耗”可能超过“价值创造”。因此,并购和资产剥离战略都是企业的冒险行为决策。

根据企业行为理论,实现期望目标的经营压力将驱动企业进行问题搜寻,并采取一系列战略调整行为缩小业绩期望差距,实现战略转型。而企业改善经营的方式是通过资源消耗还是资源释放,在一定程度上取决于业绩期望差距的大小[55]。具体而言,随着业绩期望落差扩大,企业业绩持续下滑,企业冒险采用资源消耗型并购战略来推动业绩增长的可能性降低,而更可能利用现有资源,通过资产剥离提升企业经营绩效。这是因为:

第一,从并购决策方面看,资源约束紧张和利润增长乏力会导致企业难以调动有效财务和管理资源去整合协同新业务、吸纳新知识和新技术。同时,并购是一项复杂系统工程,在业绩不佳状态冒险进行横向并购或垂直并购,对企业内部资源整合和文化融合工作而言,都将是一个严峻的挑战。与西方资源决策研究的情境不同,我国企业所处的竞争环境和内部治理机制具有特殊性,中国式并购更多是投机性资产重组或政府行政干预的结果。

企业实施扩张型并购战略并不一定追求并购效率,而可能是为争取稀缺的壳资源,尤其对于业绩不佳的企业,为改善企业经营状况,并购壳公司可以在一定程度上解决企业筹资需要,并向市场传递积极信号。此外,在中国企业特殊的成长背景下,业绩不佳的企业实施并购可能是为了获取政府优惠政策或合法避税,也可能是由政府主导的为整合产业资源的行动[120]。因此当业绩临近期望水平,随着业绩提升,企业进行资源消耗型并购的可能性增加,如果业绩不断下滑,业绩期望差距不断拉大,企业不具备实施此类战略性或政府干预性并购的资源和条件,则资源消耗型并购的可能性较小。

第二,从资产剥离决策方面看,随着经营损失加大,企业面临的破产风险提升,生存压力促使企业尤其关注当前资源配置中低效的、与主营业务缺乏战略一致性的短板业务。如此,陷入经营困境的企业可能考虑通过资产剥离方式来释放资源,节约战略实施成本,以降低失败对企业的冲击。此外,绩差状态使得企业会考虑调整资源配置,譬如从多元化回归专业化,聚焦优势业务,剥离与核心业务关联性较低的业务或部门,提高资源使用效率。同时,在我国企业外部约束制度较弱、一股独大的内部治理模式下,董事与经理人高度重叠,权力主体可能通过关联交易实施资产剥离而追求私有利益。另外,还有学者研究发现,我国上市公司资产剥离行为具有"年末效应"[121],企业剥离资产是为了粉饰财务报表、改善现金流,以暂时扭转经营局面,而非真正着眼于企业长期发展战略目标。此外,资源释放型剥离是以收缩业务、出售资产、整合资源来实现业绩增长的激进型战略调整方式,因此,随着经营业绩不断恶化,在企业生存压力的驱动下,企业冒险进行战略变革的动机强烈,采用资产剥离策略的可能性较大。而当业绩临近期望水平,即业绩期望落差较小,企业冒险变革的动机较小,更可能通过问题搜寻对战略进行微小调整,并采用渐进式探索寻找利润增长机会,而通过资源消耗型并购获取战略性资源,有助于企业提振业绩、行业声誉和市场信心。

由此提出以下假设：

假设1 当实际业绩低于期望水平时，随着业绩期望落差扩大，企业实施资源消耗型并购的频率越低。

假设2 当实际业绩低于期望水平时，随着业绩期望落差扩大，企业实施资源消耗型资产剥离的频率越高。

3.2.1.2 CEO权力对资源消耗型并购决策的调节影响

并购是企业资源配置决策的重要战略方案，CEO作为资源决策的制定者和参与者，其行为动机将影响决策的方向和强度。根据管理层权力理论，在企业外部缺乏相应制度约束和内部治理机制弱化的环境下，管理者有能力通过权力影响企业的战略决策实施。管理者权力越大，自主权越高，决策方向越充分体现出管理者个人利益和偏好[122-123]。CEO对并购这种企业自由裁量投资具有很大的决策权和影响力。研究显示，企业并未能通过并购行为得到积极回报，甚至造成股东价值损毁，但仍可看到并购事件在没有业绩支撑的情况下频发，而CEO的报酬却因并购一增再增[124-125]，因此企业并购行为背后CEO的动机问题值得深究。由此认为，在面对业绩下滑状况时，出于追求企业利润或管理者自利动机，CEO权力对业绩反馈与资源消耗型并购决策之间的关系会施加不同的影响作用，尤其是在管理者监督和内部控制较弱的企业治理结构下，CEO可能利用其掌控力进行机会主义行为以满足个人私利，推动企业资源消耗型并购发生。这是因为：

第一，所有权与经营权分离引致的委托代理问题促使了CEO自利行为的广泛发生。并购在一定程度上是高管对个人利益和企业价值两者相衡之下采取的战略行为。并购行为既可能扩大企业的市场影响力，提高市场占有率，也可以满足管理者追求私利的目的，例如权力、薪酬、职业声望和社会地位等。尤其是当企业业绩出现下滑时,为缩小业绩与期望目标之间的差距,一方面,出于追逐利润扭转经营困境的目的,CEO 积极开展冒险并购的动机增强,以扩大企业规模、分摊经营风险以及追求协同效应;另一方面,管理者自利倾向会推动 CEO 实施并购,而且由于激励不相容和信息不对称等原因,权力较大的 CEO 会对董事会决策施加影响,削弱内部控制机制的监管功能,并主导战略选择方向。

第二,并购成败对 CEO 奖惩的不对称性助长了 CEO 权力强化。Harford 和 Kai(2007)[124]的研究发现,CEO 薪酬与正的股票收益率呈显著正相关关系,而与负的股票收益率的相关性较弱,换言之,如果并购成功,CEO 薪酬上涨,而如果并购后绩效较差,CEO 薪酬并不会有显著下降。因此,并购决策对 CEO 而言非常有吸引力,因为这既可能帮助企业走出经营困境,也可能避免个人利益的受损。与此同时,随着企业经营状态的不断恶化,CEO 将面临来自利益相关者的多重压力,其个人利益如奖金、股票相关收益等亦难以得到满足,而并购决策事前筹备工作的复杂度和事后管理整合工作的难度将大大提高,这为 CEO 增加报酬提供了充分的支持。受人力资源补偿和职业安全等自利动机驱动,CEO 可能冒险进行资源消耗型并购活动。正如 Grinstein(2004)[126]所发现的,权力较大的 CEO 实施大规模并购的动机更强,并以此获得较高的奖金,尽管资本市场对此类并购的反应往往消极。

第三,我国相关制度环境的不完善刺激了 CEO 权力的过度行使。我国经理人市场和企业治理机制发展尚不完善,尤其对于国有企业而言,一方面,国有产权所有者缺位导致内部人控制问题严重,一些国有企业的内部控制机制有名无实,企业沦为某些管理者追求个人私利的工具;另一方面,在职业经理人薪酬激励机制不健全、国企管理者薪酬受到管制的情形下,盲目投资、通过并购扩大企业规模成为某些高管谋求私利的一种手段。与民营企业相比,国企高管通过并购进行多渠道"寻租"或提高自身薪酬的动机较强[127],因为并购活动为企业高管重新拟定薪酬契约、重构权力提供了契机,加之CEO通过并购可以减少股利发放,便于其加强掌握现金流控制权进而有利于其获取私利。

综上所述,虽然受业绩下滑和资源可用性的制约,企业进行资源消耗型并购的动机减弱,但并购行为的发生是多方利益主体力量博弈的结果,尤其受到内部治理结构中CEO权力的影响,在CEO"帝国建造"心理和管理者自利动机驱动下,企业在绩差状态下开展并购活动的可能性将增加。由此提出以下假设:

假设3 CEO权力对业绩期望落差与消耗型并购的关系起到调节作用,即随着业绩期望落差扩大,CEO权力越大的企业实施资源消耗型并购的频率提高。

3.2.1.3 股权结构对资源释放型资产剥离决策的调节影响

当企业实际业绩低于期望水平,处于绩差状态时,随着业绩持续下滑,可支配资源紧张导致扩张型并购策略的成本和风险加大,企业实施资源消耗型战略的动机降低。但企业可能转而采用保守的资源释放型策略,如通过剥离弱相关或业绩不佳的业务单元,将出售资产所释放资源投入其优势业务中。然而,出售资产意味着企业控制权和收益权的减少,这个战略选择会受到股权结构特征的影响,例如大股东的行为意愿和资源调配能力。

为了应对企业面临的经营危机和避免管理者出现机会主义行为,持有股权比例越高的股东越有动机参与企业决策过程,以掌控企业管理和资源决策的行为信息。股权集中度越高,大股东战略干预力越强,企业战略调整方向选择越体现其战略意图和股东财富最大化导向。绩差状态下,大股东是采用资源释放型剥离决策实施短视的掏空行为,来达到利益转移侵占的目的,还是发挥管家意识调动其他资源帮助企业走出困境,以维持控制权,理解这个问题,可以从股权性质的角度切入分析。

对于国有企业而言,国有股权集中度越高,与政府的关系就越紧密,企业与政府之间的相互依赖性越强,其承担的非经济目标也越多,比如区域发展、政治稳定、社会责任等。当企业业绩较差时,国有企业采用资产剥离策略的动机较小,这是因为:一方面,当面临经营危机时,国有企业往往更容易得到政府的支持,例如政府补贴、税收优惠和信贷融资等,这有助于企业改善经营绩效,实现国有资产的保值和增值的目的;另一方面,剥离业绩不佳的业务单元,通常意味着对经营者之前战略决策的否定或调整。因此,出于维护自身职业声誉以及避免向外界传达决策失误或经营不善信息的目的,经营者对资产剥离决策往往较抵触,不会贸然采用资源释放型资产剥离策略,而更倾向于采用其他方式获取企业发展的资源,以缩小经营业绩与期望水平的差距。

对于民营企业而言,由于在资源获取和市场准入等方面处于相对劣势,当企业陷入经营困境时会表现出强烈的支持效应,即大股东往往将自身所有物质资源和人力资本投入企业运营,尤其是基于家族为纽带的民营企业会将企业发展和家族繁荣联系起来,有更强烈“保企保家”的意愿。有学者指出,相对国有大股东,家族大股东在面临危机时所表现的管家意识更强[128]。民营企业主除了追求经济利益,还有非经济利益诉求,主要体现在对社会情感财富的追求,例如社会认同、影响力、家族传承与繁荣等[12]。企业资产是企业家多年苦心经营的成果,其对企业有强烈的情感依恋,当社会情感财富成为企业重要决策参照点时,资产剥离行为的可能性降低。民营企业大股东持股越多,其管家意识越强,对管理层实施的影响越大。随着企业经营陷入危机,他们仍愿意通过承担更多私人成本和投资风险去竭尽全力改善企业的经营状况[107]。

总之,在业绩压力和资源约束作用下,受股权集中度的影响,无论是国有企业管理者还是民营大股东,都表现出较强的管家意识。为了保持控制权、共享收益或私人收益权,他们更倾向于对辛苦积累的资产进行严谨而保守地处理,从而可能利用权力阻止资源释放型资产剥离的实施。由此提出以下假设:

假设4 股权结构对业绩期望落差与消耗型资产剥离的关系起到调节作用,即随着业绩期望落差扩大,股权集中度越高的企业进行资源消耗型资产剥离的频率越低。

3.2.2 样本与研究设计

为验证以上理论假设,需开展实证分析。首先进行实证分析的样本选择和数据处理。

3.2.2.1 样本和数据

考虑到中国从2007年起实施新会计准则,为使数据具有可靠性和有效性,参照其他学者的方法以2007年作为数据搜集的起始点[12,129]。由于不同行业的市场竞争程度、业绩评估方式、产品生命周期和战略调整行为等方面有着显著差异,而信息科技行业受技术更新发展影响,处于高度动态变化的竞争环境中,企业决策对业绩反馈信息较敏感。因此,为保证统计口径的一致性与行业背景的可比性,参考以往相关主题的研究方法[92],选择信息科技行业为研究对象。参照国际行业分类标准(GICS),并结合证监会2012年《上市公司分类指引》,以2007—2015年在深沪A股上市的计算机通信及电子设备制造业(证监会行业分类代码C39)和信息技术业(证监会行业分类代码I类)的公司数据为研究样本。这些上市公司的基本情况、财务指标,以及并购和资产剥离等相关数据主要来自 CSMAR 和 CCER 数据库，并通过公司年报，以及新浪财经网、金融界等专业网站，采取多途径对数据进行核实和相互验证。

为了保证实证分析的可靠性，对原始样本做以下数据处理：①剔除 ST、PT 公司及数据存在严重缺失的公司样本；②剔除发生重复并购和资产剥离的样本，即甄别并删除关于同一并购或资产剥离事件的重复公告；③为消除异常值对分析结果的偏差，对连续变量上下各 1% 水平的极端值进行缩尾处理。经整理，最终得到 2007—2015 年共 392 家非平衡面板样本，总计 2169 个观测值。样本具体分布和特征如下：按行业分类，样本集中于通信及电子设备制造业（59.7%），信息技术业（40.3%）；参照世界银行（2006）的地区分类标准，样本分布于东南地区（59.91%），环渤海地区（24.23%），中部地区（7.91%），西南地区（5.86%），东北地区（2.30%），西北地区（1.79%）。从样本基本特征看，国有企业占样本比例为 35.35%，非国有企业占样本比例为 64.65%。

3.2.2.2　变量测量

实证分析模型所需的变量主要包括因变量、自变量、调节变量和控制变量四类。

（1）因变量

在企业资源获取与配置行为中，并购和资产剥离是企业采用较多的两种方式。在一定时间范围内，为实现战略调整目的，企业可能多次采用单一或并行方式实施并购和剥离决策。其中，并购包括资产收购和吸收合并，属于消耗资源行为类型；资产剥离是通过出售现有资产释放资源活力的行为类型。考虑到一些企业在对相关资产重组交易信息进行披露时未公告具体发生交易金额，由此造成的数据缺失会对实证研究结果有一定影响，因此，参考以往相关研究对企业战略变革调整方向中资源消耗与资源释放行为强度的衡量方法[118]，分别采用年度企业并购频率和资产剥离频率来表示。具体方法为，并购频率$Acq_{i,t}$是指企业i在t期的并购次数的总和，资产剥离频率$Div_{i,t}$是指企业i在t期的资产剥离次数的总和。

（2）自变量

根据Greve（2003）[8]的组织期望-业绩反馈决策模型，业绩反馈结果主要由两种业绩期望差距来表现，即行业业绩期望差距和历史业绩期望差距。

1）行业业绩期望差距（$P_{i,t}-SA_{i,t}$）

企业i在t期的行业业绩期望差距是实际绩效$P_{i,t}$与行业业绩期望$SA_{i,t}$之差。其中，实际业绩$P_{i,t}$由总资产收益率（ROA）来衡量[21]。$SA_{i,t}$代表企业i在t期的行业业绩期望（industrial aspiration），其计算公式为[18]：

$$SA_{i,t}=\sum_{j\neq i}\frac{P_{j,t}}{N} \tag{3-1}$$

行业业绩期望$SA_{i,t}$是指除目标企业外的行业平均业绩。式（3-1）中，$P_{j,t}$是指同行业中除目标企业以外的其他企业j在t期的实际业绩，N指目标企业i在t期同行业内竞争对手的企业数量。如果（$P_{i,t}-SA_{i,t}$）>0，说明企业i在t期实际业绩超过行业业绩期望，企业经营处于行业业绩期望顺差状态；反之，如果（$P_{i,t}-SA_{i,t}$）<0，则说明企业i在t期实际业绩低于行业业绩期望，企业处于行业业绩期望落差状态。设定$I_1=1$来表示（$P_{i,t}-SA_{i,t}$）>0的企业，那么$I_1*(P_{i,t}-SA_{i,t})$得到截尾的行业业绩期望顺差变量$Psa_{i,t}$；而$(1-I_1)*(P_{i,t}-SA_{i,t})$则得到截尾的行业业绩期望落差变量$Nsa_{i,t}$。

2）历史业绩期望差距（$P_{i,t}-HA_{i,t}$）

企业i在t期的历史业绩期望差距是实际绩效$P_{i,t}$与历史业绩期望$HA_{i,t}$之差。其中$HA_{i,t}$代表企业i在t期的历史业绩期望（historical aspiration），其计算公式为[21]：

$$HA_{i,t} = \alpha P_{i,t-1} + (1 - \alpha) HA_{i,t-1} \tag{3-2}$$

历史业绩期望 $HA_{i,t}$是企业 i 在 t-1 期的实际绩效 $P_{i,t-1}$和在 t-1 期的历史业绩期望 $HA_{i,t-1}$的加权组合。式(3-2)中，α 是介于[0,1]的权重参数，表示历史业绩期望在上一期绩效与上一期期望水平之间的权重。借鉴 Chen[21]的研究方法，仅汇报 α=0.6 时的检验结果。如果($P_{i,t}$-$HA_{i,t}$)>0，则说明企业 i 在 t 期实际业绩高于历史业绩期望，企业经营处于历史期望顺差状态；反之，如果($P_{i,t}$-$HA_{i,t}$)<0，则表明企业 i 在 t 期实际业绩低于历史业绩期望，企业经营处于历史期望落差状态。同样，设定 I_2 = 1 来表示($P_{i,t}$-$HA_{i,t}$)>0 的企业，那么 I_2 *($P_{i,t}$-$HA_{i,t}$)得到截尾的历史业绩期望顺差变量 $Pha_{i,t}$，而(1-I_2)*($P_{i,t}$-$HA_{i,t}$)则表示截尾的历史业绩期望落差变量 $Nha_{i,t}$。

(3)调节变量

调节变量包括表现企业内部治理特征的 CEO 权力和股权集中度。

1)CEO 权力(CEO$pr_{i,t}$)

借鉴已有研究测量 CEO 权力的方法[130]，选取 3 个维度的指标.①CEO 是否兼任董事长(是则取值为 1，否则为 0)；②CEO 任期(若 CEO 或董事长在 IPO 之前就担任现职，且 IPO 之后四年仍然在位则取值为 1，否则为 0)；③股权分散度(第一大股东持股比例平方除以第二至第十大股东持股比例平方和，若比例小于 1 则取值为 1，否则为 0)。这三个指标从不同层面描述了 CEO 权力特征，采用虚拟变量来衡量，如果这三个维度之和大于等于 2，则 CEO 权力设为 1，反之则为 0。

2)股权集中度($ShrC_{i,t}$)

采用赫芬德尔指数(Herfindal Index)计算前五大股东的所有权集中度，

具体计算公式为：

$$ShrC_{i,t} = \sum_{i=1}^{n} (ES_{i,t}/TES_{i,t})^2 \tag{3-3}$$

其中，$ES_{i,t}$表示企业 i 在 t 期每个股东所持有的股份，$TES_{i,t}$为企业 i 在 t 期前五大股东所持有股份总和。$ShrC_{i,t}$越大则表明股东之间的所有权集中度越高，$ShrC_{i,t}$越小则表示股东之间的股权越分散。

（4）控制变量

根据以往的研究文献，主要有以下两类控制变量：①组织属性。企业规模（$Size_{i,t}$），以企业期末总资产的自然对数来衡量；企业性质（$Soe_{i,t}$），若企业为国企则设为1，其他则为0；企业寿命（$Age_{i,t}$），以企业成立时间的自然对数来衡量；研发投入强度（$R\&D_{i,t}$），以研发支出与营业收入之比来衡量；多元化程度（$Mul_{i,t}$），表示企业 i 在 t 期的多元化程度，用熵指数来计算，即 $Mul = \sum_{j=1}^{n} P_j \ln(1/P_j)$，其中 n 为企业业务数，P_j为企业 i 在 j 行业中的营业收入占总营业收入的比重；并购经验（$Acqexp_{i,t}$），用企业前三年并购次数的总和来表示；剥离经验（$Divexp_{i,t}$），用企业前三年资产剥离次数的总和来表示；管理者变更（$Mgrch_{i,t}$），若企业在两年内出现董事长或总经理变革则设为1，否则为0。②财务状况。市场份额（$Mktshr_{i,t}$），定义为企业主营业务收入与行业主营业务收入之比；债务资本比（$Debt_{i,t}$），以产权比率来衡量，表现企业偿债能力；财务杠杆比率（$Flev_{i,t}$），定义为长期负债与资产总额之比；组织冗余（$Slack_{i,t}$），定义为流动比率、资产负债率和费用收入比这三个值的均值。此外，设定了年度虚拟变量（$Yr_{i,t}$）来控制年度变化趋势对企业行为决策的可能影响。同时考虑到行业环境和地理区域发展差异，设定了行业虚拟变量（$Ind_{i,t}$）和区域虚拟变量（$Are_{i,t}$）来控制这些因素对战略调整可能产生的影响。

3.2.2.3 研究设计

基于研究假设，为检验假设1和假设2，设定以下研究模型：

$$Acq_{i,t+1} = \beta_0 + \beta_1 Nsa_{i,t} + \beta_2 Div_{i,t+1} + \beta_3 Acq\ \exp_{i,t} + \beta_4 C_{i,t} + \varepsilon_{i,t} \quad (3-4)$$

$$Div_{i,t+1} = \beta_0 + \beta_1 Nsa_{i,t} + \beta_2 Acq_{i,t+1} + \beta_3 Div\ \exp_{i,t} + \beta_4 C_{i,t} + \varepsilon_{i,t} \quad (3-5)$$

为检验假设3和假设4，设定以下研究模型：

$$Acq_{i,t+1} = \beta_0 + \beta_1 Nsa_{i,t} + \beta_2 Nsa_{i,t} * CEOpr_{i,t} + \beta_3 Div_{i,t+1} + \beta_4 Acq\ exp_{i,t} + \beta_5 C_{i,t} + \varepsilon_{i,t} \quad (3-6)$$

$$Div_{i,t+1} = \beta_0 + \beta_1 Nsa_{i,t} + \beta_2 Nsa_{i,t} * ShrC_{i,t} + \beta_3 Acq_{i,t+1} + \beta_4 Div\ exp_{i,t} + \beta_5 C_{i,t} + \varepsilon_{i,t} \quad (3-7)$$

其中，$Acq_{i,t+1}$和$Div_{i,t+1}$为被解释变量，表示企业i在t+1期并购和资产剥离行为频率。$Nsa_{i,t}$表示企业i在t期的行业业绩期望落差，即实际业绩低于行业业绩期望。$CEOpr_{i,t}$表示CEO权力，$ShrC_{i,t}$表示股权集中度。$Acqexp_{i,t}$是企业i在t期的并购经验，$Divexp_{i,t}$是企业i在t期的资产剥离经验。$C_{i,t}$代表控制变量。以上模型是用行业期望差距来表示业绩反馈结果。当用历史业绩期望差距来衡量时，将式（3-4）到式（3-7）中的变量$Nsa_{i,t}$换成变量$Nha_{i,t}$，即将历史业绩期望落差纳入模型进行检验。考虑到从业绩反馈到企业战略选择和实施可能存在一个时间差，对解释变量和控制变量数据的选取都相对于被解释变量滞后一期。

3.2.2.4 描述性分析和相关性分析

主要变量的描述性统计如表3-1所示，企业并购频率的均值是0.979，标准差为1.56，资产剥离频率的均值是0.475，标准差为0.996。从相关性分析看，行业业绩期望落差与并购频率为显著正相关关系（$r=0.111$，$p<0.01$），与资产剥离频率为显著负相关关系（$r=-0.222$，$p<0.01$）。历史业绩期望落差与并购频率为显著正相关关系（$r=0.056$，$p<0.01$），与资产剥离频率为显著负相关关系（$r=-0.119$，$p<0.01$）。此外，CEO 权力与并购频率呈显著正相关关系（$r=0.091$，$p<0.01$），与资产剥离频率为显著负相关关系（$r=-0.057$，$p<0.01$），从该结果看，CEO 比较推崇企业并购行为，而对资产剥离行为较排斥。还可以看到，股权集中度与并购频率正相关关系不显著（$r=0.029$，$p>0.1$），但与资产剥离频率为显著负相关关系（$r=-0.067$，$p<0.01$），这意味着股权集中度越高，企业开展资产剥离的意愿和强度越低。这些结果与前述研究假设的方向是一致的，为假设的验证提供了初步的证据。下面将通过回归分析进一步检验假设。

表 3-1　主要变量描述性统计与相关性分析

代码	变量名称	1	2	3	4	5	6	7	8	9	10
1. $Acq_{i,t}$	并购频率	1									
2. $Div_{i,t}$	资产剥离频率	0.090#	1								
3. $Nsa_{i,t}$	行业业绩期望落差	0.111#	-0.222#	1							
4. $Nha_{i,t}$	历史业绩期望落差	0.056#	-0.119#	0.699#	1						
5. $CEOpr_{i,t}$	CEO 权力	0.091#	-0.057#	0.059#	0.00200	1					
6. $ShrC_{i,t}$	股权集中度	0.0290	-0.067#	0.114#	0.088#	0.089#	1				
7. $Size_{i,t}$	企业规模	0.098#	0.216#	0.00300	0.0230	-0.210#	0.054+	1			
8. $R\&D_{i,t}$	研发投入强度	-0.040*	0.042*	-0.203#	-0.169#	-0.0110	-0.071#	-0.0050	1		
9. $Flev_{i,t}$	财务杠杆	-0.0310	0.135#	-0.042+	0.087#	-0.064#	-0.056#	0.097#	-0.0070	1	
10. $Slack_{i,t}$	组织冗余	-0.0020	-0.156#	0.107#	0.050+	0.183#	-0.066#	-0.255#	0.051+	-0.223#	1
11. $Debt_{i,t}$	债务资本比	0.0110	0.239#	-0.272#	-0.105#	-0.145#	-0.0220	0.325#	0.080#	0.236#	-0.338#
12. $Age_{i,t}$	企业年龄	0.040*	-0.193#	0.177#	0.062#	0.213#	0.081#	-0.198#	-0.0020	-0.158#	0.202#

续表 3-1

代码	变量名称	1	2	3	4	5	6	7	8	9	10
13. $Mktshr_{i,t}$	市场份额	0.0270	0.155#	-0.0180	0.041*	-0.133#	0.053+	0.447#	-0.0160	0.049+	-0.141#
14. $Mul_{i,t}$	多元化程度	-0.0010	0.093#	-0.106#	-0.044+	-0.096#	0.00600	0.062#	0.0220	0.066#	-0.098#
15. $Soe_{i,t}$	企业性质	-0.081#	0.136#	-0.124#	-0.0180	-0.341#	0.107#	0.383#	-0.076#	0.090#	-0.240#
16. $Mgrch_{i,t}$	管理者变更	0.0210	0.0210	-0.057#	0.0190	-0.063#	-0.0080	-0.062#	-0.043+	0.053+	0.0190
17. $Acqexp_{i,t}$	并购经验	0.161#	0.169#	0.000	-0.080#	0.0170	0.0100	0.264#	0.060#	0.0250	-0.134#
18. $Divexp_{i,t}$	资产剥离经验	0.0300	0.315#	-0.185#	-0.103#	-0.127#	-0.083#	0.297#	0.00500	0.122#	-0.194#
19. $Psa_{i,t}$	行业业绩期望顺差	0.093#	-0.144#	0.333#	0.216#	0.085#	0.057#	-0.127#	-0.139#	-0.138#	0.068#
20. $Pha_{i,t}$	历史业绩期望顺差	0.0180	0.051+	0.140#	0.275#	-0.0250	-0.054+	-0.110#	-0.0140	0.135#	-0.082#
均值		0.979	0.475	-0.019	-0.013	0.332	0.127	21.24	0.081	1.176	1.633
标准差		1.56	0.996	0.035	0.026	0.471	0.098	1.032	0.112	0.779	1.831
代码	变量名称	11	12	13	14	15	16	17	18	19	20
11. $Debt_{i,t}$	债务资本比	1									
12. $Age_{i,t}$	企业年龄	-0.245#	1								
13. $Mktshr_{i,t}$	市场份额	0.199#	-0.149#	1							
14. $Mul_{i,t}$	多元化程度	0.141#	-0.164#	0.162#	1						
15. $Soe_{i,t}$	企业性质	0.235#	-0.337#	0.175#	0.139#	1					
16. $Mgrch_{i,t}$	管理者变更	0.0120	-0.042*	-0.047+	0.000	0.0270	1				
17. $Acqexp_{i,t}$	并购经验	0.088#	-0.045+	0.096#	0.0160	0.0290	-0.084#	1			
18. $Divexp_{i,t}$	资产剥离经验	0.290#	-0.318#	0.215#	0.116#	0.257#	0.00400	0.207#	1		
19. $Psa_{i,t}$	行业业绩期望顺差	-0.166#	0.165#	-0.075#	-0.092#	-0.150#	-0.0190	-0.043+	-0.149#	1	
20. $Pha_{i,t}$	历史业绩期望顺差	0.104#	-0.097#	-0.0400	0.0280	0.0170	0.082#	-0.083#	0.090#	0.270#	1
均值		0.703	7.601	0.012	0.217	0.355	0.266	1.205	0.701	0.019	0.014
标准差		0.905	0.003	0.028	0.398	0.479	0.442	2.049	1.394	0.031	0.03

注：#$p<1\%$，+$p<5\%$，*$p<10\%$；$N=2169$；企业规模、企业寿命是经过自然对数处理后的值。

3.2.3 实证检验与结果分析

在进行回归分析之前，对数据做如下处理：①为避免多重共线性影响，交互项是在对自变量和调节变量进行中心化以后的乘积，并通过对模型中所有自变量和控制变量进行方差膨胀因子诊断，结果显示 VIF 均在 1.76 以内，表明不存在多重共线性问题；②考虑到面板数据可能存在的异方差、时序相关和横截面相关等问题会低估标准误差而导致模型估计结果有偏，参考有关研究的做法[103]，在后续的非平衡面板数据模型估计中主要采用 Driscoll-Kraay 标准差进行估计。

业绩反馈与企业战略调整方向之间的关系，以及 CEO 权力和股权集中度对此关系的调节作用的检验结果如表 3-2 所示。模型 1 到模型 4 是以并购频率为被解释变量，其中模型 1 和模型 2 是用行业业绩期望差距表示业绩反馈结果，模型 3 和模型 4 是用历史业绩期望差距表现业绩反馈结果。具体而言，模型 1 包含自变量行业业绩期望落差（$Nsa_{i,t}$）和所有的控制变量；模型 2 基于模型 1，将行业业绩期望落差（$Nsa_{i,t}$）与调节变量 CEO 权力（$CEOpr_{i,t}$）的交互项加入。从这两个模型的回归结果看，行业业绩期望落差（$Nsa_{i,t}$）与并购频率呈显著正相关关系（$\beta=4.074$，$p<0.01$），此结果在模型 2 中依然显著；行业业绩期望落差（$Nsa_{i,t}$）与 CEO 权力（$CEOpr_{i,t}$）的交互项与并购频率呈显著负相关关系（$\beta=-3.097$，$p<0.05$）。同样的，从模型 3 和模型 4 的结果看，历史业绩期望落差（$Nha_{i,t}$）与并购频率呈显著正相关关系（$\beta=2.390$，$p<0.01$），此结果在模型 4 中依然稳健；历史业绩期望落差（$Nha_{i,t}$）与 CEO 权力（$CEOpr_{i,t}$）的交互项与并购频率呈显著负相关关系（$\beta=-4.914$，$p<0.1$）。这些结果表明，经营业绩期望落差与并购频率正相关，即当企业经营处于业绩期望落差状态，随着业绩不断恶化，企业开展并购行为的动机减少，而当业绩临近期望目标水平时，企业采用并购改善经营业绩的可能性增

加，因此假设 1 得到支持；此外，经营业绩期望落差与 CEO 权力的交互项为负，说明 CEO 权力对业绩期望落差与并购行为之间的关系起到削弱作用，即随着业绩不断下滑，CEO 权力越大，企业通过并购来提升业绩的可能性越大，因此假设 3 得到支持。

模型 5 到模型 8 是以资产剥离频率为被解释变量，检验业绩反馈与资产剥离行为之间的关系。类似的，模型 5 和模型 7 分别以行业业绩期望差距和历史业绩期望差距表示业绩反馈情况，从结果看，行业业绩期望落差（$Nsa_{i,t}$）与资产剥离频率呈显著负相关关系（$\beta=-4.215, p<0.01$），历史业绩期望落差（$Nha_{i,t}$）与资产剥离频率呈显著负相关关系（$\beta=-4.120, p<0.01$），此结果分别在模型 6 和模型 8 中仍然显著。这表明，经营业绩期望落差与资产剥离频率负相关，即当企业经营处于业绩期望落差状态，随着业绩不断恶化，企业开展资产剥离行为的意愿和强度增加，而当业绩临近期望目标水平时，企业采用并购改善经营业绩的可能性减少。因此假设 2 得到支持。模型 6 和模型 8 是分别将自变量与调节变量股权集中度的交互项加入模型进行检验，可以看到，行业业绩期望落差（$Nsa_{i,t}$）与股权集中度（$ShrC_{i,t}$）的交互项与资产剥离频率呈显著正相关关系（$\beta=39.498, p<0.05$），历史业绩期望落差（$Nha_{i,t}$）与股权集中度（$ShrC_{i,t}$）的交互项与资产剥离频率呈显著正相关关系（$\beta=40.37, p<0.1$）。此结果表明，股权集中度对业绩期望落差与资产剥离行为之间的关系起到削弱作用，即随着业绩不断下滑，股权集中度越高，企业通过资产剥离来改善经营业绩的可能性越低。因此假设 4 得到支持。

表 3-2 业绩反馈与企业战略调整方向之间关系的检验结果

代码	资源消耗型并购				资源释放型资产剥离			
	模型 1	模型 2	模型 3	模型 4	模型 5	模型 6	模型 7	模型 8
$Nsa_{i,t}$	4.074***	4.896***			-4.215***	-4.120***		

续表 3-2

代码	资源消耗型并购				资源释放型资产剥离			
	模型 1	模型 2	模型 3	模型 4	模型 5	模型 6	模型 7	模型 8
	(0.73)	(0.56)			(1.00)	(0.86)		
$Nha_{i,t}$			2.390***	3.345***			-3.473***	-3.262***
			(0.52)	(1.03)			(0.56)	(0.46)
$Nsa_{i,t} * CEOpr_{i,t}$		-3.907**						
		(1.87)						
$Nha_{i,t} * CEOpr_{i,t}$				-4.914*				
				(2.67)				
$Nsa_{i,t} * ShrC_{i,t}$						39.498**		
						(18.42)		
$Nha_{i,t} * ShrC_{i,t}$								40.37*
								(24.43)
$CEOpr_{i,t}$	0.219**	0.211***	0.260*	0.238	0.082*	0.081*	0.116*	0.113*
	(0.09)	(0.08)	(0.15)	(0.15)	(0.05)	(0.05)	(0.06)	(0.06)
$ShrC_{i,t}$	0.646**	0.704**	0.323	0.300	-0.564***	-0.568***	-0.666***	-0.655***
	(0.31)	(0.29)	(0.30)	(0.30)	(0.17)	(0.17)	(0.22)	(0.23)
$Size_{i,t}$	0.209***	0.219***	0.189***	0.177***	0.116***	0.117***	0.125***	0.125***
	(0.04)	(0.05)	(0.06)	(0.06)	(0.02)	(0.02)	(0.04)	(0.04)
$R\&D_{i,t}$	-0.399***	-0.361**	-0.451***	-0.411**	0.147	0.145	0.328	0.328
	(0.13)	(0.16)	(0.16)	(0.16)	(0.18)	(0.19)	(0.25)	(0.25)
$Flev_{i,t}$	-0.050*	-0.053**	-0.063**	-0.060**	0.0650	0.0650	0.0620	0.0620
	(0.03)	(0.03)	(0.03)	(0.03)	(0.04)	(0.04)	(0.05)	(0.05)
$Slack_{i,t}$	-0.0140	-0.00900	-0.035***	-0.035***	-0.015**	-0.015**	-0.00900	-0.00800
	(0.01)	(0.01)	(0.01)	(0.01)	(0.01)	(0.01)	(0.01)	(0.01)
$Debt_{i,t}$	0.059**	0.058**	0.0230	0.0310	0.065**	0.069***	0.094***	0.096***
	(0.03)	(0.03)	(0.03)	(0.03)	(0.03)	(0.03)	(0.02)	(0.02)
$Age_{i,t}$	-0.166	0.340	-11.35	-13.45	-7.080	-7.720	-12.95	-13.70
	(11.98)	(11.95)	(11.92)	(11.70)	(9.30)	(9.21)	(12.39)	(12.66)
$Mktshr_{i,t}$	3.856***	4.189***	-3.224*	-3.192*	0.945	0.852	0.661	0.707
	(1.33)	(1.33)	(1.84)	(1.85)	(1.22)	(1.26)	(0.92)	(0.96)
$Mul_{i,t}$	0.098**	0.103**	0.167***	0.165***	0.0350	0.0350	0.0450	0.0470
	(0.05)	(0.04)	(0.06)	(0.06)	(0.06)	(0.06)	(0.06)	(0.06)

续表 3-2

代码	资源消耗型并购				资源释放型资产剥离			
	模型 1	模型 2	模型 3	模型 4	模型 5	模型 6	模型 7	模型 8
$Soe_{i,t}$	-0.189	-0.202	-0.246*	-0.253*	-0.0400	-0.0410	0.00300	0
	(0.14)	(0.13)	(0.14)	(0.15)	(0.04)	(0.04)	(0.05)	(0.05)
$Mgrch_{i,t}$	0.156**	0.158**	0.0430	0.0420	0.0340	0.0370	0.087**	0.091**
	(0.07)	(0.07)	(0.03)	(0.03)	(0.03)	(0.03)	(0.04)	(0.04)
$Div_{i,t}$	0.155***	0.153***	0.140***	0.139***				
	(0.02)	(0.02)	(0.03)	(0.03)				
$Acqexp_{i,t}$	0.084***	0.086***	0.102***	0.102***				
	0.219**	0.211***	0.260*	0.238				
$Acq_{i,t}$					0.059***	0.060***	0.071***	0.071***
					(0.01)	(0.01)	(0.02)	(0.02)
$Divexp_{i,t}$					0.137***	0.135***	0.130***	0.129***
					(0.03)	(0.03)	(0.03)	(0.03)
$Psa_{i,t}$	2.464***	0.307			-1.214**	-1.201***		
	(0.69)	(0.42)			(0.48)	(0.45)		
$Pha_{i,t}$			2.330***	1.089			1.028	1.012
			(0.73)	(0.78)			(0.81)	(0.80)
Con	-2.361	-6.352	82.99	99.29	51.81	56.65	96.08	101.8
	(91.50)	(91.45)	(90.47)	(88.84)	(70.63)	(69.92)	(93.66)	(95.74)
$Adj.\ R^2$	0.0980	0.103	0.118	0.120	0.191	0.192	0.157	0.158
F	66.67	80.80	32.15	432.1	112.0	180.4	63.31	38.95
N	2169	2169	1677	1677	2154	2154	1665	1665

注：$^{*}p<0.1$，$^{**}p<0.05$，$^{***}p<0.01$；年度、区域、行业控制变量未加列示；括号内为标准误，上述模型是经过 Driscoll-Kraay 标准误调整后的结果。

为了更形象地说明业绩反馈与战略调整方向之间的关系，以及这种关系在不同调节变量作用下的差异，由表 3-2 中模型 2 和模型 6 的回归结果绘制出交互效应图（如图 3-1 和图 3-2 所示）。图 3-1 描述了当 CEO 权力较高时，随着行业业绩期望落差的扩大，企业开展资源消耗型并购的强度增加，这意味着随着 CEO 权力增强，行业业绩期望落差与资源消耗型并购行为间的显著正向关系被削弱，从而支持了关于 CEO 权力对业绩期望落差与资源消耗型并购强度间的关系具有显著的负向调节作用的假设，即假设 3 再次得到验证。图 3-2 描述了对于股权集中度较高的企业，行业业绩期望落差与资源释放型资产剥离行为强度之间的关系的斜率为正，表明随着行业业绩期望落差的扩大，企业通过资产剥离行为进行资源释放的活动强度减弱。换言之，对于处于行业业绩期望落差下的企业，股权集中度的上升对企业采用资产剥离行为有显著的抑制作用，从而支持了关于股权集中度对业绩期望落差与资源释放型资产剥离强度间的关系具有显著削弱作用的假设，即假设 4 再次得到支持。同样的，用表 3-2 中模型 4 和模型 8 的回归结果，可以绘制出由历史业绩期望落差表示的业绩反馈与企业战略调整方向的关系及调节作用的交互效应图（如图 3-3 和图 3-4 所示），其结论与用行业业绩期望差距来检验的结果无显著差异。

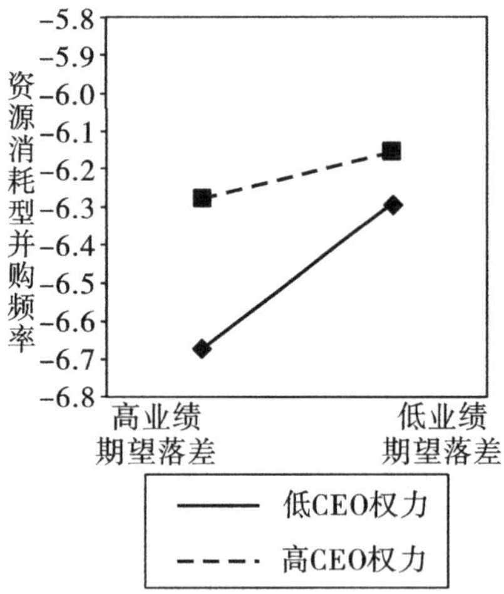

图 3-1 行业业绩期望落差，CEO权力与并购频率

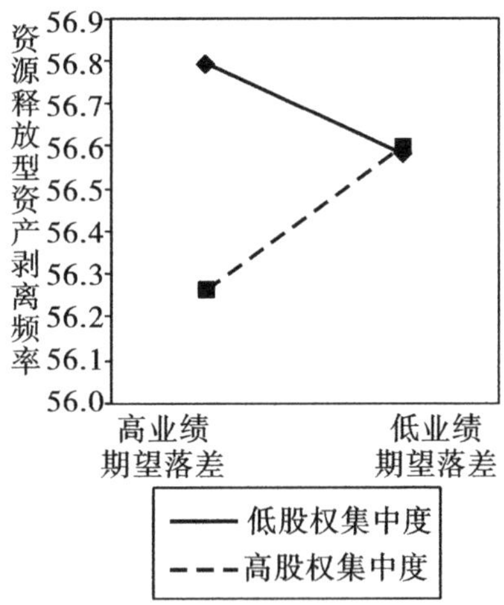

图 3-2 行业业绩期望落差，股权集中度与资产剥离频率

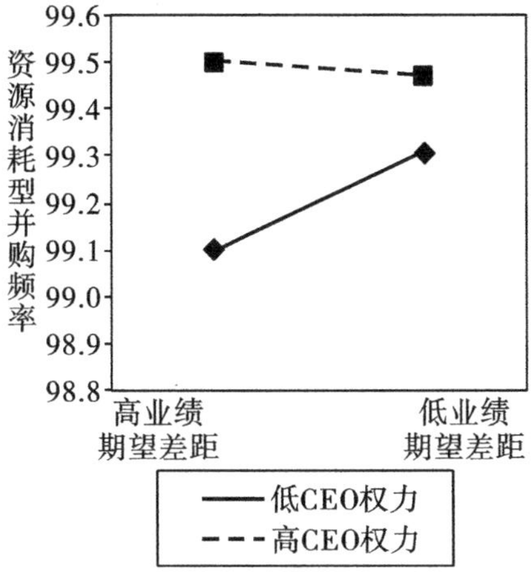

图3-3 历史业绩期望落差,CEO 权力与并购频率

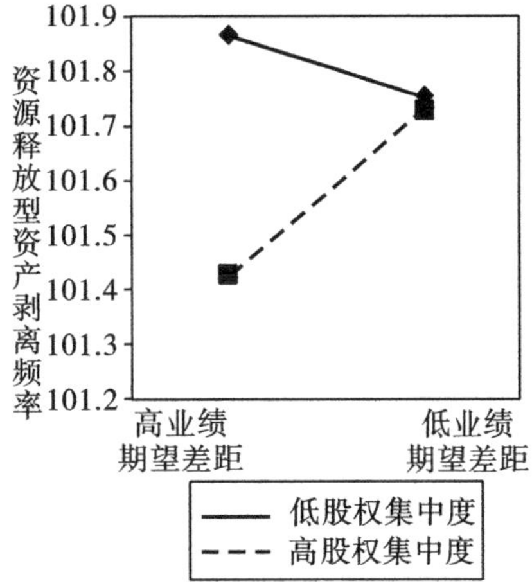

图3-4 历史业绩期望落差,股权集中度与资产剥离频率

3.2.4 稳健性检验

为确保检验结果的稳健性,采用更换变量测量方式和时间滞后效应进行检验。同时考虑到两个被解释变量为计数变量的面板数据,为保证检验结果可靠性,采用零膨胀泊松回归、随机效应的面板负二项回归方法对结果进行检验。

3.2.4.1 更换指标测量方法的稳健性检验

(1)更换自变量指标测量

如果业绩反馈模型中业绩衡量指标不同,业绩评估结果就有差异,最终影响业绩反馈信息的价值和对企业后续行为影响的意义。为避免因业绩指标的选取而导致检验结果的差异性,该部分选取 ROS 作为业绩衡量指标做稳健性检验。另外,在计算历史业绩期望水平($HA_{i,t}$)时,前文用 $\alpha=0.6$ 作为衡量历史业绩期望水平的权重参数。考虑到不同权重可能影响历史期望水平的测量，可以将 α 从 0.1 开始，每次以 0.1 递增得到的新权重值纳入模型进行稳健性检验。

（2）更换调节变量指标测量

前期文献研究中有多种方法测量 CEO 权力。借鉴黎文靖（2015）[159]对管理层权力的衡量方法，可以用管理层权力替代 CEO 权力检验管理层对业绩反馈与企业战略调整方向之间关系的影响。具体方法是首先选取 4 个维度指标：①CEO 与董事长两职合一（是则取值为 1，否则为 0）；②董事会规模（董事会人数的自然对数）；③CEO 任期（CEO 任职年数加 1 的自然对数）；④股权分散度（第二至第十大股东持股比例平方和与第一大股东持股比例平方的比例）。然后对这 4 个指标进行标准化后再相加，得到用连续变量衡量的管理层权力。指标值越大，说明管理层权力越高。此外，关于股权集中度，用前五大股东持股比例的平方和进行衡量的方式，可替换为第一大股东持股比例的平方和，或公司前 10 位大股东持股比例的平方和进行稳健性检验。

由此，稳健性检验的具体过程是将 ROS 作为业绩衡量指标，并以 $\alpha=0.75$ 作为计算历史业绩期望水平的权重参数，同时用连续变量表示的管理层权力替换 CEO 权力，用第一大股东持股比例的平方和替换股权集中度后建立模型，用零膨胀泊松模型进行稳健性检验，结果如表 3-3 所示。可以看到，与表 3-2 中模型回归步骤相似，模型 1 到模型 4 是检验业绩反馈与资源消耗型并购之间的关系，模型 5 到模型 8 是检验业绩反馈与资源释放型资产剥离之间的关系。从模型 1 和模型 3、模型 5 和模型 7 的回归结果看，不管是用行业业绩期望还是历史业绩期望测量业绩反馈，业绩期望落差与并购频率呈正相关关系，业绩期望落差与资产剥离呈负相关关系，表明假设 1 和假设 2 得到支持。从模型 2 和模型 4、模型 6 和模型 8 的检验结果看，CEO 权力将削弱业绩期望落差与并购行为之间的关系，股权集中度也会削弱业绩期望落差与资产剥离行为之间的关系，这说明假设 3 和假设 4 得到验证。综上，在更换企业业绩衡量指标后，实证结果仍然具有较强的稳健性。

表 3-3 业绩反馈与企业战略调整方向之间关系的稳健性检验结果

代码	资源消耗型并购				资源释放型资产剥离			
	模型 1	模型 2	模型 3	模型 4	模型 5	模型 6	模型 7	模型 8
$Nsa_{i,t}$	2.309***	2.546***			-2.041***	-1.966***		
	(0.48)	(0.56)			(0.42)	(0.43)		
$Nha_{i,t}$			1.629***	2.302***			-2.345***	-2.013***
			(0.55)	(0.71)			(0.55)	(0.58)
$Nsa_{i,t} * CEOpr_{i,t}$		-1.801*						
		(0.98)						
$Nha_{i,t} * CEOpr_{i,t}$				-2.143*				
				(1.25)				
$Nsa_{i,t} * ShrC_{i,t}$						7.277*		
						(1.49)		
$Nha_{i,t} * ShrC_{i,t}$								37.692**
								(15.45)
$CEOpr_{i,t}$	0.210***	0.202***	0.233***	0.206***	0.165*	0.163*	0.151	0.157
	(0.06)	(0.06)	(0.07)	(0.07)	(0.09)	(0.09)	(0.10)	(0.10)
$ShrC_{i,t}$	0.598**	0.610**	0.167	0.122	-0.946**	-0.952**	-0.822*	-0.944*
	(0.28)	(0.28)	(0.33)	(0.33)	(0.47)	(0.47)	(0.49)	(0.49)
$Size_{i,t}$	0.218***	0.214***	0.183***	0.172***	0.216***	0.214***	0.214***	0.196***
	(0.04)	(0.04)	(0.04)	(0.04)	(0.05)	(0.05)	(0.05)	(0.05)
$R\&D_{i,t}$	-0.389	-0.328	-0.228	-0.125	0.695**	0.693**	0.515	0.484
	(0.28)	(0.28)	(0.30)	(0.31)	(0.31)	(0.31)	(0.33)	(0.33)
$Flev_{i,t}$	-0.0360	-0.0390	-0.0490	-0.0530	0.067**	0.067**	0.0590	0.0580
	(0.04)	(0.04)	(0.04)	(0.04)	(0.03)	(0.03)	(0.04)	(0.04)
$Slack_{i,t}$	-0.0120	-0.00900	-0.00100	-0.00200	-0.080**	-0.081**	-0.0700	-0.0660
	(0.02)	(0.02)	(0.03)	(0.03)	(0.04)	(0.04)	(0.04)	(0.04)

续表 3-3

代码	资源消耗型并购				资源释放型资产剥离			
	模型 1	模型 2	模型 3	模型 4	模型 5	模型 6	模型 7	模型 8
$Debt_{i,t}$	0.094***	0.099***	0.068*	0.078**	0.0460	0.0490	0.082***	0.089***
	(0.04)	(0.04)	(0.04)	(0.04)	(0.03)	(0.03)	(0.03)	(0.03)
$Age_{i,t}$	2.191	2.160	-14.10	-15.77	-17.98	-18.84	-19.44	-23.74
	(11.14)	(11.17)	(13.15)	(13.18)	(17.00)	(17.04)	(18.01)	(18.14)
$Mktshr_{i,t}$	-2.605*	-2.560*	-2.259*	-2.276*	0.738	0.786	1.786	2.139
	(1.41)	(1.41)	(1.51)	(1.51)	(1.56)	(1.56)	(1.59)	(1.60)
$Mul_{i,t}$	0.0640	0.0620	0.159**	0.156**	-0.00400	-0.00600	-0.0430	-0.0490
	(0.07)	(0.07)	(0.07)	(0.07)	(0.09)	(0.09)	(0.09)	(0.09)
$Soe_{i,t}$	-0.0510	-0.0490	-0.142*	-0.157*	-0.0900	-0.0920	-0.0180	-0.0300
	(0.08)	(0.08)	(0.09)	(0.09)	(0.10)	(0.10)	(0.10)	(0.10)
$Mgrch_{i,t}$	0.089*	0.090*	-0.0200	-0.0280	0.0620	0.0610	0.103	0.0990
	(0.06)	(0.06)	(0.07)	(0.07)	(0.08)	(0.08)	(0.09)	(0.09)
$Div_{i,t}$	0.094***	0.092***	0.083***	0.085***				
	(0.02)	(0.02)	(0.02)	(0.02)				
$Acqexp_{i,t}$	0.048***	0.049***	0.068***	0.070***				
	(0.01)	(0.01)	(0.01)	(0.01)				
$Acq_{i,t}$					0.110***	0.109***	0.093***	0.101***
					(0.02)	(0.02)	(0.02)	(0.02)
$Divexp_{i,t}$					0.108***	0.107***	0.093***	0.081***
					(0.03)	(0.03)	(0.03)	(0.03)
$Psa_{i,t}$	0.754**	0.455			-3.407***	-3.404***		
	(0.37)	(0.44)			(0.84)	(0.85)		
$Pha_{i,t}$			0.633*	0.202			1.808***	1.535***
			(0.42)	(0.56)			(0.53)	(0.53)
inflate cons	-0.451***	-0.455***	-0.475***	-0.486***	-0.450***	-0.452***	-0.428***	-0.424***
	(0.07)	(0.07)	(0.08)	(0.08)	(0.13)	(0.13)	(0.12)	(0.12)
Log likelihood	-2966.372	-2965.401	-2235.762	-2233.937	-1805.532	-1804.954	-1625.445	-1621.394
chi2	242.8	244.7	231.6	235.2	353.6	354.4	226.1	234.2
N	2169	2169	1677	1677	2154	2154	1665	1665

注：* $p<0.1$，** $p<0.05$，*** $p<0.01$；年度、区域、行业控制变量未加列示；括号内为标准误。

3.2.4.2　时间滞后效应的稳健性检验

对企业战略调整方向中资源消耗与资源释放行为的检验，采取了滞后1年的方法。考虑到管理效率、企业资源配置和外部环境变化等因素的影响，从业绩反馈到企业战略调整行为可能存在一个时间差，为检验结果的稳健性，同时鉴于样本行业的特殊性，此处对两种资源配置行为采取了滞后2年的方法进行时间滞后效应的稳健性检验，检验结果如表3-4所示。可以看到，对于两个主效应，业绩反馈分别与资源消耗型并购和资源释放型资产剥离行为之间的关系仍与前文检验结果一致，假设1和假设2得到支持。

调节效应检验方面，首先，CEO权力与行业业绩期望落差的回归系数显著为负，说明CEO权力对行业业绩期望落差与并购行为的负向调节作用显著；而CEO权力与历史业绩期望落差的回归系数为正且不显著，说明用历史业绩期望差距表现反馈结果时，CEO权力可能受时间效应影响，对历史期望落差与并购行为之间关系的调节作用有所减弱，其缘由可能是对于信息科技行业而言，行业竞争环境变化较快，企业自身历史业绩在反馈决策模型中的参考价值受时间效应影响较大。因而，相比于历史业绩期望水平，信息科技行业的企业更可能将行业业绩期望水平作为其战略决策的参考点，所以假设3得到部分支持。其次，从模型5到模型6的检验结果看，股权集中度对业绩期望落差与资产剥离行为的调节作用是显著的，假设4得到支持。

表3-4　时间滞后效应的稳健性检验结果

代码	资源消耗型并购				资源释放型资产剥离			
	模型1	模型2	模型3	模型4	模型5	模型6	模型7	模型8
$Nsa_{i,t}$	1.393**	2.227***			-2.604**	-2.589**		
	(0.64)	(0.58)			(1.22)	(1.12)		

续表 3-4

代码	资源消耗型并购				资源释放型资产剥离			
	模型 1	模型 2	模型 3	模型 4	模型 5	模型 6	模型 7	模型 8
$Nha_{i,t}$			1.912**	2.007**			-2.825**	-2.666**
			(0.82)	(0.90)			(1.24)	(1.14)
$Nsa_{i,t} * CEOpr_{i,t}$		-4.093***						
		(0.66)						
$Nha_{i,t} * CEOpr_{i,t}$				1.220				
				(1.93)				
$Nsa_{i,t} * ShrC_{i,t}$						36.59***		
						(13.78)		
$Nha_{i,t} * ShrC_{i,t}$								74.90***
								(15.78)
$CEOpr_{i,t}$	0.238***	0.232***	0.228**	0.231**	0.0740	0.0740	0.112*	0.109
	(0.05)	(0.06)	(0.10)	(0.11)	(0.06)	(0.06)	(0.07)	(0.07)
$ShrC_{i,t}$	0.714***	0.709***	0.0270	0.0370	-0.697*	-0.699*	-0.839*	-0.842**
	(0.23)	(0.23)	(0.50)	(0.50)	(0.36)	(0.36)	(0.43)	(0.41)
$Size_{i,t}$	0.180***	0.184***	0.148**	0.154***	0.141***	0.143***	0.169***	0.169***
	(0.05)	(0.05)	(0.06)	(0.06)	(0.02)	(0.02)	(0.04)	(0.04)
$R\&D_{i,t}$	-0.715***	-0.688***	-0.849***	-0.847***	0.164	0.158	0.220	0.207
	(0.10)	(0.09)	(0.13)	(0.12)	(0.22)	(0.21)	(0.28)	(0.28)
$Flev_{i,t}$	-0.0420	-0.0410	-0.0430	-0.0480	0.026**	0.026**	0.035***	0.035***
	(0.05)	(0.05)	(0.04)	(0.04)	(0.01)	(0.01)	(0.01)	(0.01)
$Slack_{i,t}$	-0.040**	-0.039**	-0.0390	-0.0400	-0.00400	-0.00300	0.0180	0.0190
	(0.02)	(0.02)	(0.04)	(0.04)	(0.01)	(0.01)	(0.02)	(0.02)
$Debt_{i,t}$	0.0330	0.0380	0.0350	0.0290	0.099***	0.105***	0.118***	0.122***
	(0.04)	(0.04)	(0.04)	(0.04)	(0.03)	(0.03)	(0.04)	(0.04)
$Age_{i,t}$	-9.983	-10.36	-23.820**	-22.478**	-9.564	-10.28	-12.52	-13.47
	(12.11)	(11.75)	(11.02)	(11.21)	(11.86)	(11.50)	(10.47)	(10.64)
$Mktshr_{i,t}$	-4.356***	-4.628***	-4.512***	-4.517***	0.304	0.219	-0.364	-0.293
	(1.48)	(1.33)	(1.35)	(1.36)	(1.73)	(1.77)	(1.37)	(1.37)

续表 3-4

代码	资源消耗型并购				资源释放型资产剥离			
	模型 1	模型 2	模型 3	模型 4	模型 5	模型 6	模型 7	模型 8
$Mul_{i,t}$	0.307***	0.308***	0.298***	0.297***	0.076*	0.075*	0.120***	0.124***
	(0.07)	(0.07)	(0.09)	(0.09)	(0.04)	(0.04)	(0.05)	(0.05)
$Soe_{i,t}$	-0.191	-0.198	-0.195	-0.199	-0.0540	-0.0550	-0.00300	-0.00900
	(0.14)	(0.14)	(0.17)	(0.17)	(0.07)	(0.06)	(0.07)	(0.07)
$Mgrch_{i,t}$	0.0520	0.0550	0.0360	0.0350	0.0370	0.0430	0.134	0.137
	(0.08)	(0.08)	(0.10)	(0.10)	(0.06)	(0.06)	(0.09)	(0.09)
$Div_{i,t}$	0.158***	0.158***	0.150***	0.151***				
	(0.03)	(0.03)	(0.03)	(0.03)				
$Acqexp_{i,t}$	0.053***	0.053***	0.074***	0.074***				
	(0.01)	(0.01)	(0.01)	(0.01)				
$Acq_{i,t}$					0.066***	0.066***	0.082***	0.080***
					(0.02)	(0.02)	(0.02)	(0.02)
$Divexp_{i,t}$					0.102***	0.100***	0.089***	0.086***
					(0.01)	(0.01)	(0.02)	(0.02)
$Psa_{i,t}$	2.540***	1.549**			-1.781***	-1.758***		
	(0.48)	(0.70)			(0.46)	(0.47)		
$Pha_{i,t}$			-0.756	0.540			0.744	0.823
			(1.08)	(1.06)			(0.90)	(1.00)
Con	72.67	75.48	178.59**	168.25**	70.19	75.61	91.92	99.14
	(92.32)	(89.57)	(83.60)	(85.03)	(90.09)	(87.39)	(79.27)	(80.55)
$Adj.\ R^2$	0.0940	0.0960	0.113	0.115	0.165	0.166	0.137	0.140
F	85.82	199.5	112.8	407.7	290.3	681.7	122.1	31.68
N	1810	1810	1346	1346	1795	1795	1334	1334

注：* $p<0.1$，** $p<0.05$，*** $p<0.01$；年度、区域、行业控制变量未加列示；括号内为标准误，上述模型是经过 Driscoll-Kraay 标准误调整后的结果。

此外，稳健性检验结果还存在其他一些有价值的发现，比如 CEO 权力越大的企业进行并购的可能性越大，股权集中度越高的企业进行资产剥离的可能性越低;市场份额较大的企业开展并购的动机较低,而规模较大的企业进行并购或资产剥离活动的可能性较高。另外,资源消耗型并购与资源释放型资产剥离呈正相关关系,且若企业前三年有并购或资产剥离经验,其对应地开展并购或资产剥离的可能性增加。

3.3 企业资源配置战略对企业发展的启示

资源调整是组织的重要战略决策行为,是企业适应不确定性环境获得可持续发展的重要前提。基于企业行为理论、委托代理理论等,分析了在资源约束框架下的业绩期望差距与战略调整方向之间的关系,尤其探讨了组织治理结构特征,包括 CEO 权力和股权集中度,对两者关系的调节效应。利用 2007—2015 年 392 家沪深上市公司非平衡面板样本数据,通过理论分析和实证研究得出以下结论:第一,业绩期望差距对企业的资源战略调整起到显著影响。当企业的实际业绩低于期望水平时,随着业绩期望落差的扩大,为解决经营困境,企业更愿意采用资源释放型资产剥离决策,而采用资源消耗型并购的可能性减少。第二,CEO 权力对业绩期望差距与资源消耗型并购战略调整之间起显著调节作用。受管理者自利心理驱动,CEO 在企业面临业绩期望落差时会通过权力影响使资源消耗型并购的实施动机增强,该结论进一步丰富和证实了“并购成功悖论”的有关研究。第三,股权集中度对业绩期望差距与资源释放型资产剥离战略调整之间起显著调节作用,即随着企业陷入经营危机,股权集中度越高的企业,大股东在选择企业战略调整方向时表现出更高程度的管家意识,使得采用资产剥离方式改善经营的动机减弱。

通过这些研究结论得出以下几点企业发展的启示:

第一,审慎的资源配置战略是企业健康成长与发展的重要路径。根据实证研究结果，当企业经营期望落差时，受到来自管理层和大股东权力调节的影响作用，会使企业的资源战略决策明显朝着有利于相关利益主体的方向发展，而这未必是企业的最佳资源配置战略。因此，企业权力层决策在面临企业发展方向选择之时，应在全面充分考量企业资源约束的前提下，合理确定企业的业绩期望水平，将经营压力积极转化为经营动力，其中尤其要注意解决好委托代理问题和大股东问题所带来的各种可能会负面影响甚至破坏企业合理资源战略方向选择的潜在问题，同时做好冒险战略实施中来自各方面可能风险的管理与控制，以利于决策层能做出最有利于企业发展的资源战略安排。

第二，建立健全内部控制机制及完善高管监督激励机制是企业提高资源战略决策有效性的重要环节。根据研究结论，CEO 权力在资源战略决策过程中起着显著的调节作用，委托代理问题容易导致 CEO 权力的滥用。为此，应着眼企业长期发展目标，积极改善公司治理结构，加强董事会对企业行为决策的风险把控，建立有效的管理层权力制衡机制，加强资源战略决策实施中对 CEO 权力的监管，通过设立合理的薪酬激励机制等方式，降低 CEO 的自利行为。其中，建立健全有效的内部控制机制是约束高管机会主义行为的重要途径。同时，还要注重改革国有资产管理体制，发展完善职业经理人市场，推动国有企业经理人市场化管理机制，使高管薪酬安排更具契约有效性。

第三，积极完善我国企业的股权结构改革工作是企业适应现代市场环境的需要。根据研究结论，股权结构会显著影响企业资源配置战略决策方向，从而可能出现受大股东影响的企业决策者对约束条件全面衡量的有选择遮蔽。由于我国企业存在股权集中度较高的特征，存在一股独大、所有者缺位等现象，为增强企业资源战略决策的有效性，应当注重从企业内部治理结构进行相应的调整，如增加独立董事人数，改善董事会的结构比例，让多元化的董事会能更好地为企业资源战略决策集思广益，提高企业创新绩效；在政府部门相关政策的积极引导下，不断加强股权结构改革，改变董事会个别成员一股独大状况，使股权适度合理分散，增强股东之间的股权制衡能力，提高董事会的独立性，杜绝出现大股东对企业掏空等侵害小股东利益的现象，从而使现代公司治理结构更好地为企业的战略决策服务。

以资源约束为视角，将业绩反馈引入企业的资源战略选择的框架，建立了一个基于资源约束的战略调整决策模型，尤其探讨了公司治理结构特征对其的调节作用，丰富了“反馈-反应”决策理论的研究成果，对完善企业行为理论和公司治理理论具有一定的积极意义。但仍然存在需要在未来的研究中加以改进之处，比如，基于资源约束的视角，将资源战略分为资源消耗型与资源释放型，因数据获取的局限性，采用了并购和资产剥离两种战略调整方式来分别表示此两种不同的资源战略方向，这种有限的表示方式对于两种资源战略的完整刻画肯定是存在一定局限的，下一步的研究应关注对企业资源战略描述与衡量的更科学的方法。此外，研究中对 CEO 权力指标的测度，采用的是代理指标的二手数据，这对于 CEO 权力高低特征的刻画不可避免地存在偏颇之处，未来可以根据条件对其采取问卷调查的形式来直接衡量，从而更直观更准确地表现该指标的内涵特征。另外，关于对企业经营差距与资源战略调整方向之间关系的调节作用仅从内部治理结构特征的角度进行了探讨，企业外部环境因素的影响作用是需要在下一步进行深入研究的。

4 组织期望的压力约束性与企业战略调整

外部环境系统的高度不确定性，加剧了企业在自我认知上的压力意识，没有哪个企业敢于用过去的成功经验统摄未来的战略路径。从组织业绩角度关于企业战略调整的研究中发现，前期经营业绩的绝对下滑和相对组织期望的落差，是导致企业进行战略调整的重要动机之一[3,17,20,91,118,131-133]，不少学者还认为业绩反馈顺差企业的管理者因对现状感到满意而削弱企业战略调整的程度以致战略刚性[17,134]。然而，值得注意的是，有学者提出绩优企业也会积极地采取战略调整行为[10,12,66,135,136]。可见，数字经济时代，当企业面临新产业、新模式、新业态层出不穷的挑战，业绩优良企业的战略调整选择是一个值得研究的重要课题。

4.1 组织期望的压力约束性内涵分析

传统的压力理论主要将压力聚焦在企业经营业绩下滑、与行业标准差距拉大、企业衰败或濒临破产的阶段，这与业绩反馈顺差企业的战略刚性思路是一致的，以致该理论难以合理地解释为何绩优企业热衷于开展冒险性行为，不断进行着战略调整。可见，传统压力理论的解释域过于狭窄，应当看到，压力的产生不仅来自下降的重压力，还会来自向上的追赶力，因为绩优企业要继续保持自身的行业竞争地位和绩优状态的持续甚至相对更高的业绩水平，就会面临来自向上比较（striving comparison）的追赶性压力，在这种追赶性压力的驱动下，绩优企业会积极地采取战略调整行为[12,22,137]。值得注意的是，企业行为理论采用业绩反馈决策模型，为研究企业搜寻、冒险和战略变革的行为动机提供了理论依据[3,29]。然而，目前关于绩优企业的战略调整行为的研究相对较少，贺小刚等(2016)[138]发现随着历史期望顺差的扩大，企业冒险性行为会增加，而随着行业期望顺差的扩大，冒险性行为则降低了。而目前研究对于业绩期望顺差企业的战略调整行为驱动力问题则鲜有涉及，尤其是绩优企业战略调整行为选择问题的研究尚不多见。为此，聚焦组织期望的压力约束性特征，将组织期望的压力约束性作为分析企业战略调整的出发点，具有重要的理论与实践意义。

对于企业战略决策而言，资源是占据逻辑起点和焦点地位的[110]，企业战略调整的实质是企业对资源重新整合、配置和利用的决策过程。在资源约束框架下，企业可以采取资源消耗型行为和资源释放型行为来进行战略调整[111]，那么在有限资源的条件下，有限理性的决策者会采取哪种路径进行战略调整？由此提出，当企业处于绩优状态，前期经营累积的冗余资源和成功路径有助于企业采用资源消耗型扩张战略或多元化战略，但也可能采取资源释放型方式收缩业务范畴，专注发展核心业务优势。资源消耗型并购和资源释放型资产剥离分别是两条路径中具有代表性的战略调整行为，为更深入地理解绩优企业在资源约束下的行为异质性问题，选择这两种行为重点分析。

在不确定环境下，企业进行适应性战略调整的行为中，并购和资产剥离代表了两种逻辑相异的战略方向。其中并购是企业意图通过协同效应以达到自身竞争力增强的一种资源消耗战略，企业通过并购能够获得多样性的资源，使其实现更高水平的增长[139]；资产剥离是企业通过优化业务组合得到更多自由资源，使其集中于主营业务单元，实现提高竞争力的一种资源释放策略。企业根据不同的资源禀赋与约束条件所做出的战略调整行为也不同，但前期学者大多对业绩反馈与企业的单一战略调整行为的关系进行研究，较少关注企业如何在多种战略调整方向中进行选择。

因此,拟基于资源基础理论、企业行为理论和压力理论等探讨以下问题:第一,绩优企业是如何选择企业战略调整方向的?即以行业业绩期望为战略参考点,业绩期望顺差企业的决策者是如何将现实与期望之间的期望差距(attainment discrepancy)转化为追赶性压力,如何在资源消耗型战略和资源释放型战略之间进行选择的?第二,绩优企业进行战略调整方向选择的过程中受到何种因素的制约?战略调整方向的选择是一种企业的冒险性决策行为,决策者在进行决策衡量的过程中受到哪些因素的影响,并且是否有足够权力做出决策并控制风险?

4.2 组织期望的压力约束性对企业战略调整方向选择的影响机制

4.2.1 理论框架与研究假设

企业是否进行战略调整以及如何进行战略调整方向的选择,是企业的重要战略决策行为。基于有限理性,人们往往无法捕捉真实而复杂世界的每一个因素,因此,决策者在进行重大决策时要对现实进行简化,企业行为理论的业绩反馈模型为企业决策者提供了非常重要且简化的决策依据[3,29]。

4.2.1.1 期望水平、经营压力与企业战略调整

根据组织期望-业绩反馈决策模型,决策者以期望水平为心理参考基准,业绩超过期望水平,则被界定为经营成功,而业绩低于期望水平则被界定为失败。其中,对决策者起关键性因素的是判断成功或失败的参考点,在企业层面即为期望水平(aspiration level)。不同的期望水平与实际业绩之间的业绩期望差距,将会给决策者带来不同的经营压力,从而导致不同的后续战略调整方向。可见,期望水平如何确定,对于决策者而言是决策链条上最重要

的前设行为。

那么,期望水平的确定又会受到哪些因素的影响呢?首先,期望水平受到作为决策者个体生物性的制约。决策者在进行期望水平的设定时,是基于给定条件和约束限度进行的。然而受到心理和生理限度等生物性因素的制约,尤其是在计算和预见能力方面的局限性,面对影响抉择的各种变量,会根据内外部环境进行综合衡量。但是,决策者的内外部环境的客观特征与该环境被决策者感知到的特征,两者是存在区别的,这个区别的存在会因决策者的个体生物性差异而呈现出来,从而影响期望水平的确定。其次,期望水平受到作为决策者个体社会性的制约[78]。决策者在学习和抉择情境中的行为是适应性的,这种适应性的表现之一就是决策者所必须适应的环境有着允许其抉择机制进一步简化的性质,从而影响期望水平的确定。具体而言,理性决策者在面临极度复杂性时具有计算行为的串行性特征,即真实的人类决策,常常是依次顺序检查决策备选方案,在评价过程中遇到的第一个满意方案,就是实际选择的方案。在这种顺序计算情境下,满意方案的期望水平是会发生变化的,这种变化的原则是,一个人若在探索备选方案时感到容易发现满意方案,其期望水平便提高,反之,若感到发现满意方案是比较困难的,则其期望水平就下降。当然,向上调整和向下调整之间,存在着一种不对称性。因此,对于企业决策者而言,一系列抉择中的动态适应性变化,主要取决于对期望水平的调整,并且期望水平与现实的业绩反馈结果之间的期望差距将会直接给企业形成压力。

基于认知交互理论,压力的产生是个体与环境交互作用的结果,其中的关键在于个体对环境刺激的认知评价[140]。当个体在评价自身与环境之间的关系时,认识到自身无法满足或难以应对环境的需求之时将会产生压力,因为个体与环境的不匹配状态导致了个体的认知焦虑从而以压力的形式呈现出来。可见,形成压力的原因以及形成的压力特征是由人与环境的互动和认知评价所决定的[141]。具体而言,负面评价往往会对个体产生消极压力效应,积极评价则会产生积极特征的压力。因此,对于企业经营而言,企业决策者对于经营结果的认知与评价决定了经营压力的产生及其压力特征。如前所述,企业经营成功或失败的客观状态特征与该状态被企业决策者感知到的特征,两者亦是有差别的,如此可见,企业经营期望水平将直接影响决策者的评价以及对压力的感知程度。

然而,决策者对于企业经营期望水平目标的设定具有强烈的模糊性特征:其一,从决策者关注角度看,关注动态性使决策者们的经验和期望在本质上是模糊的,而并非如通常意义的决策情境中所设定的具有一致性意图、偏好、身份和规则[142]。战略参考点理论认为,期望目标存在优先次序,决策者注意力会随企业经营状态的变化而在不同战略参考点之间发生转移,这决定了有限理性决策者的注意力是一种稀缺资源,具有序贯关注(sequential attention)和关注转移(attention-shifting)等特征,即关注焦点存在优先次序,且随反馈环境和个人认知的变化而转换[20]。其二,从业绩期望角度看,期望水平参考点选取有着多样性的选择,这决定了期望目标的认定存在模糊性。以往研究通常以历史业绩期望水平和行业业绩期望水平为参照,也有研究将标杆企业、创新型企业或战略集团的业绩作为战略参考点[12,143],还有研究将企业创新类指标作为战略参考点。

期望水平目标设定的模糊性特征,对于企业决策者的压力感知具有重要的影响作用。一般而言,对期望水平的确定主要体现在三个层面,分别是生存参考点、均值参考点和龙头参考点。当业绩期望差距为顺差时,此时企业处于绩优状态。对于绩优企业而言,不会以生存参考点作为期望水平目标,因为该目标过低不会让企业产生压力,同时也不太可能一直以行业均值水平为参考点[6]。因为:一方面,如果企业业绩在绩优行列中处于中等水平,利益相关者会对绩优企业提出更高的期望要求,使得企业为满足利益相关者的利益诉求而不断进取努力，并不断地给自己设定出更高的期望水平，从而给企业造成了追赶型压力，这种源于“向上比较(striving comparison)”动力的追赶性压力将推动企业以行业最优业绩的龙头参考点为标杆，追求更满意的结果[12,22]，因而目标期望值将随着业绩提高而不断提升，呈现出“棘轮效应”，如Baum(2009)[144]以曼哈顿酒店管理为研究对象发现，当管理者汇报酒店业绩超过其预期时往往倾向于设定更大规模的酒店为竞争对手。另一方面，如果企业业绩远超期望水平如处于行业龙头地位，处于期望顺差状态的企业管理者因为自我增强①心理驱使而产生自我改善(self-improvement)动机[145]，为保持自身的行业地位，产生了积极向上实现更高目标的超越性压力，加之绩优企业的冗余资源和乐观心态，自我增强心理将会激励和提升决策者向上奋争不断超越自我的信心。因此，当企业期望顺差且程度越来越高时，期望水平的不断提升，使企业将会面临着不断增强的追赶性压力和超越性压力，从而使企业一直处于难以实现期望目标的困境之中。

综上所述，压力带给企业的既有消极性效应如不思进取安于现状，也有积极性效应如采取激进的冒险行为，这与企业管理者对于压力的感知与评价有关。从积极性效应来看，压力生成的动力将导致企业采取积极的冒险行为；从社会伦理层面看，积极的冒险行为可以区分为败德主导的非生产性行为和创新主导的生产性行为。根据已有对绩优企业的投机经营行为的研究分析[117,146]，由此认为，不仅是生存性压力会驱使企业采取冒险行为策略，追赶性压力和超越性压力也同样会促使企业决策层采取冒险行为，绩优企业在内外部压力的驱动下，将会在现有冗余资源的基础上做出相关的积极

---

① 自我增强(self-enhancement)是社会心理学的重要概念，是指个人有强烈的提升自我价值感的动机，因为人们有肯定自我、维持自尊、避免消极反馈、寻求积极自我认识的需要。自我增强概念逐渐被运用于组织研究中。

资源战略调整。为此,选取沪深上市的高科技行业公司为研究对象,探讨业绩反馈对企业战略调整方向有怎样的影响,并引入管理层权力和经理人变更作为此研究的调节变量。

4.2.1.2 业绩期望顺差与资源消耗型并购和资源释放型资产剥离

通常认为业绩不达预期或濒临破产的企业会遭受经营压力,要么冒险变革,要么行为惰性等候时机。然而,源于"向上比较"心理,处于绩优状态的企业同样会面临压力,这是一种意图维持现有优势或创造更好业绩的奋争型压力[117,137]。与绩差企业的冒险行为偏好不同,绩优企业受这种向上奋争的压力所驱动,对竞争和危机保持敬畏之心,不断地酝酿、积累、创新,以渐进型或激进型方式进行战略调整以推动企业成长,例如华为逐年保持10%以上的研发投入在其行业领域深耕细作、聚焦创新、适时扩张。

从战略角度看,在资源约束框架下,战略调整方向有扩张性并购和收缩性资产剥离两种,其中,资源消耗型并购和资源释放型资产剥离分别是两条路径中的代表性行为,都是企业为增强竞争力和提高资源配置效率而进行的战略转型。经营业绩压力是促使企业采取并购或资产剥离的关键因素之一,实际业绩与期望目标的差距会影响企业风险偏好,进而业绩期望差距的大小会影响企业战略调整方向的选择。在提升业绩、减少生存威胁和增强市场影响力的驱动下,管理者审慎思考当前战略定位,则可能冒险进行并购或资产剥离,改善经营状况。

并购是企业为提高自身竞争力、改善业绩情况所做出的战略调整行为[91]。通过并购,企业利用协同效应增加资源投入、扩大经营规模,实现规模经济、范围经济,例如阿里巴巴并购饿了么,以增加市场占有率,实现规模扩张。然而,并购会使资源产生消耗,从而需要充足的财务和管理资源来支撑并购的运作。同时,事前要进行尽职调查、谈判协商,寻找匹配资源,事后要整合资源以实现协同。而且,并购过程中的每一个环节都充满风险,企业是否能通过并购达到预期的结果是无法保证的,甚至会导致股东财富产生损失,即"成功悖论"[119]。而资产剥离则使得企业剥离出业绩不佳的业务单元,将资源聚焦于核心业务,提升企业竞争优势。例如云南白药放弃了房地产业务,突出主营医药健康业务的发展,集中资源发展优势业务。然而,企业做出资产剥离决策时,可能会导致先期大规模投资的一部分变成沉没成本,或者将由剥离得到的自由资源投资于其他业务单元时,其间所带来的"价值损耗"可能超过"价值创造"。可见,并购和资产剥离战略都是企业的冒险行为决策,进行战略变革不一定都会为企业带来业绩增长,朱丹和周守华的(2018)[147]研究就表明,适度战略变革对企业绩效产生积极影响,而过高幅度的战略变革可能带来业绩损害。

由此认为,处于业绩期望顺差的企业,随着业绩持续提升,业绩期望顺差扩大,进行资源消耗型并购行为的动机会增强,而进行资源释放型资产剥离行为的动机会减弱。这是因为:

第一,从资源冗余视角,处于经营顺境的企业比经营困境中的企业有更宽裕的冗余资源,诸如潜在的生产能力、管理人才、财务资源等。这些资源为企业在不确定性环境下承担风险并鼓励试错和调整战略方向创造了条件,比如提高 R&D 投入强度、扩充生产设施等[3,17]。冗余资源具有"缓冲效应",能推动绩优企业开展并购行为,并缓解了资源整合风险带来的负面影响。正如前期学者的研究发现,有良好财务状况的企业更可能采用激进型并购[124]。同时,绩优状态下企业的冗余搜寻行为增强,通过并购整合资源为培育组织创新以及提高战略适应性能力奠定了基础,而此时问题搜寻动机减弱,企业不一定通过资产剥离方式释放资源来实现战略调整的目的。另外,财务冗余也削弱了期望差距和收购或剥离之间的关系,其增加了企业做出并购行为的可能性,降低了企业做出资产剥离行为的可能性[111]。

第二,从注意力视角,绩优状态下企业的注意力可能聚焦在期望水平,而非冗余资源。期望水平具有适应性调整特征，随着业绩提升，在竞争期望（comparative aspirations）和向上奋争期望（striving aspirations）的驱动下，管理者的期望水平从行业平均业绩逐渐提升到行业领先者业绩水平[22]，企业面临着不断提高的期望水平，从而处于追赶性压力之下。基于竞争优势理论，处于追赶性压力之下的绩优企业会寻求持续的战略变革以稳定领先竞争对手的格局，包括以产品更新、开拓新市场等资源消耗型变革行为来实施扩张，以巩固市场地位。而战略调整所需资源可能源于自身冗余，也可能通过剥离资本回报率或战略关联性较低的业务而获得，资产剥离得到的资源并非企业资源的唯一来源。因此，绩优企业进行战略调整时采取资源消耗型行为的可能性更大。

第三，从风险承担视角，企业处于收益状态时规避损失的意愿更强烈，而且管理者对于得失的感受会随着参照点的变化而变化[5]。随着业绩期望顺差的扩大，企业的目标期望水平也随之上涨，实际业绩与期望水平之间的差距则越来越小，这使得企业产生一种潜在的损失，绩优企业为了防止潜在损失的产生，必然要不停地追赶更高的业绩水平来维持现有的收益。为了规避这种潜在的损失，企业风险承担意愿增强，开展激进型战略扩张的动机增强，因此资源消耗型并购行为强度增加，如 Haleblian 等（2017）[148]的研究表明，与其他企业相比，高收益和高声誉的企业会进行更多的并购和更多与企业不相关的并购。而资产剥离行为是一种资源释放性行为，相较于激进型并购行为则更加保守，对于追求风险的企业来说，并不是很适用，因此资产剥离行为的强度则会降低。

综上所述，绩优状态下的企业由于拥有充足的冗余资源以及较强的风险承担意愿，开展资源消耗型并购的动机增强。而战略并购所需的资源具有多样化、多渠道、灵活性特点，而并不必然是通过资源释放型剥离方式得到。由此提出以下假设：

假设1 当实际业绩高于期望水平时,业绩期望顺差越大,企业实施资源消耗型并购的频率越高,而实施资源释放型剥离的频率越低。

4.2.1.3 管理层权力对资源消耗型并购决策的调节影响

企业处于绩优状态时,竞争压力、危机意识和向上奋争的动力会驱动决策者进行冗余搜寻,为获得更高的市场影响力和运营效率,企业实施资源消耗型并购的动机较强。根据管理层权力理论,管理层作为企业经营的决策者与执行者,在调整与变革企业战略决策时拥有较大的自主权,尤其是在内部控制机制不完善的企业中,管理者的行为无法受到有效制约,管理者更方便利用权力操控决策方向以达到其期望的结果。管理层的并购行为是为了提高企业资源利用率,还是为了满足个人私欲,成为人们质疑的焦点。因此,绩优企业中管理层实施并购的动机值得我们去发掘。由此认为,管理者推动企业并购主要有三个动因,一是追求企业利润,二是管理者自利动机,三是管理者过度自信,并且随着业绩期望顺差的扩大,管理者权力越大的企业实施消耗型并购的频率越高。这是因为:

第一,从价值创造视角看,一方面,管理层是战略行为的主导者,掌控着企业的价值创造能力,表现在整合和配置各种资源上,并能根据市场竞争环境的变化对资源进行创新性的利用和挖掘[129]。管理层可能利用手中的权力以减少价值创造成本、实现最佳生产边界为目标,从而会积极推进扩张型并购,将资源转化成收益。另一方面,自由现金流量是企业价值创造的根本。根据研究,管理层权力越大,现金持有水平越高[149-150]。因此,管理层可能利用自身的权力去持有较多的自由现金,进而利用充裕的现金流实施并购投资活动,从而扩大企业规模,为企业创造更高的价值。

第二,从管理者自利视角看,并购行为能够满足管理层追逐私利的目的,例如声誉、地位以及薪酬。并购作为一种直接高效的战略决策能在短期内扩大企业规模和扩充企业资本,它为管理层薪酬的提高提供了契机,而且并购的成败并不影响管理层从中获取收益,因此管理层易将并购视为提高自身薪酬的一个重要手段。正如有研究表明,管理层薪酬与企业规模正相关,管理者可利用权力实施并购以扩张企业规模,从而使得薪酬水平提高,达到构建经理帝国的目的[151]。另外,对于绩优企业来说,前期的经营成功会使得利益相关者和外部观察者对管理层前期战略选择和资源配置活动的效率感到满意,管理层为了维持其在企业中的地位,也会利用职权推动企业并购活动的积极实施。

第三,从管理者过度自信视角看,过度自信是一种普遍的心理现象,它在管理层的身上体现得尤为明显。根据已有研究,外界对 CEO 的评价、企业的绩效水平和 CEO 的薪酬都会导致管理层的过度自信[152]。当企业经营业绩高于期望水平达到相对成功状态时,前期经营的成功大大增强了管理者的过度自信心理,在过度自信心理的驱使下,管理者会高估并购带来的协同效应,因此,管理者很容易发起并购甚至是连续并购。而且,当管理层权力较大时,管理者本身受到的较小约束会放大过度自信心理对并购行为的影响,这大大地增加了并购的频率。

综上所述,即使并购并不一定带来预期的丰厚回报,但为满足管理层的帝国建造心理[25]和一己私欲,管理层仍会利用权力积极推进并购战略的实施,而且管理层权力越大的企业在绩优状态下开展并购活动的可能性将越大。由此提出如下假设:

假设 2 管理层权力对业绩期望顺差与消耗型并购的关系起到调节作用,即随着业绩期望顺差扩大,管理层权力越高的企业实施资源消耗型并购的频率越高。

4.2.1.4 经理人变更对资源释放型剥离决策的调节影响

对于绩优企业来说,组织冗余资源丰富,很少会通过资产剥离的方式来获取资源,所以企业采取的战略决策多为消耗型并购,而这一情况会在经理人发生变更时有所变化。经理人发生变更大多是由于其经营不力,被董事会罢免职务。但有研究表明,企业绩效低下并非 CEO 变更的唯一原因[153],在绩优企业中,经理人经营得当也会出现被替换的情况,这是由于企业控制权发生了改变,获得控制权的大股东须启用自己信任的人员[154],对企业管理人员的构成进行大换血,CEO 必然发生变更。企业战略会因 CEO 的变更而发生变化,而此时的资产剥离往往被视为新任经理试图改变企业经营业务的一种表现[155]。由此认为,经理人变更的绩优企业实施资源释放型剥离的频率会提高。可以从两个方面进行分析,一方面是前任经理不愿做出资产剥离决策的原因,另一方面是新任经理积极推动资产剥离的动因。具体来说:

第一,绩优企业的 CEO 一般将企业的业绩反馈顺差归功于自己的能力,前期成功的结果导致他们有过度自信的倾向,他们对自己前期所做出的战略决策感到满意与肯定,基本不会推翻之前的决策而进行资产剥离。另外,企业一般是在业绩下滑、经营不佳时采用资产剥离战略,进行资源整合、业务收缩,退出非核心行业,同时这也意味着 CEO 经营不善、决策失误,CEO 出于自身利益考虑,为了维护自己在业界内的声誉和地位,断然不会做出资产剥离的决策。基于以上两点,不论是 CEO 对先前决策的自信,还是出于其自身利益的考虑,前任经理都不愿做出资产剥离决策。

第二,由于新任 CEO 与前任 CEO 在经历、知识和技能上有所不同,各自擅长的领域也因此不同,新任 CEO 在多元化的企业里更倾向剥离其不擅长的业务部门,而聚焦于专业的部门,以提高企业业绩水平。另外,前任 CEO 出于其对企业现状的心理承诺而无法轻易调整决策,但新任 CEO 不存在这种心理承诺[156],可以轻装上阵对盈利能力不佳的部门进行剥离。同时,新任 CEO 为尽快掌握更多的企业控制权,出售资产以获得最便宜的资金来扩充自由现金流,从而持有现金以备预防性投资。基于以上三点,新任 CEO 进行资产剥离的动机充足,这驱使其会积极推动企业进行资产剥离。

综上所述,虽然绩优企业实施资源释放型的剥离战略行为频率很低,但出现经理人变更时,由于前任经理出于自身利益考虑大多不愿做出资产剥离决策,而新任经理有足够的动机驱使其进行资产剥离,因此,一旦 CEO 发生变更,绩优企业采取资产剥离决策的频率会大大提高。由此提出以下假设:

假设 3 经理人变更对业绩期望顺差与释放型剥离的关系起到调节作用,即随着业绩期望顺差扩大,经理人变更的企业实施资源释放型剥离的频率越高。

4.2.2 样本与研究设计

为验证以上理论假设,需开展实证分析。首先进行实证分析的样本选择和数据处理。

4.2.2.1 样本和数据

参考以往相关主题的研究方法[92],选择对业绩反馈信息较敏感的信息科技行业为研究对象。信息科技行业受技术进步影响,市场竞争环境日新月异,随着制造产品的试验和失败的成本显著下降,业绩反馈信息是影响企业调整战略决策的重要因素。为保证数据的有效性和行业背景的可比性,参照国际行业分类标准,并结合证监会 2012 年上市公司行业分类指引,将上市公司所属行业限定在计算机通信及电子设备制造业(证监会行业分类代码 C39)和信息技术业(证监会行业分类代码 I 类),搜集上述两个行业的2008—2018 年在深沪 A 股上市的公司数据,并通过 CSMAR 和 CCER 数据库获取公司基本情况、财务指标,以及并购和资产剥离等相关数据。同时为确保样本数据的质量和准确性,还利用公司年报,以及新浪财经网、金融界等专业网站,对数据进行核实和多途径相互验证。

首先对原始样本做了以下数据处理:①剔除了数据缺失以及 ST 和*ST 的公司样本;②删除对同一并购或资产剥离事件进行的重复公告,避免混入发生重复并购和资产剥离的公司样本;③为避免异常值的干扰,对连续变量上下各 1% 水平的极端值进行缩尾处理。

经整理得到共 2169 个样本观测值,涵盖 2008—2018 年共 392 家公司。样本具体分布和特征情况如下:按行业分类,样本中 59.7% 为通信及电子设备制造业,40.3% 为信息技术业;参照世界银行(2006)的地区分类标准,样本中 59.91% 分布于东南地区,24.23% 在环渤海地区,7.91% 在中部地区,2.30% 在西南地区,5.86% 在东北地区,1.79% 在西北地区。从样本基本特征看,国有企业和非国有企业分别占 35.35% 和 64.65%。

4.2.2.2 变量测量

实证分析模型所需的变量主要包括因变量、自变量、调节变量和控制变量四类。

(1)因变量

中国上市公司的并购重组活动包括收购兼并、资产剥离、资产置换、股权转让、股份回购等多种方式,其中收购兼并和资产剥离是采用最多的两种行为。并购和资产剥离是企业对业务组合的定位调整和战略资源的重新配置。企业可以通过进行单一或并行的战略调整行为以实现战略调整目标。由于某些企业在对相关交易信息进行披露时未公告具体发生交易金额而导致了部分数据缺失,参考 Kacperczyk 等(2014)[118]和 Kuusela(2017)[111]对企业战略变革调整方向中资源消耗与资源释放行为强度的衡量方法，分别用每年企业并购和资产剥离频率来表示，其中，并购频率 $Acq_{i,t}$ 代表企业 i 在 t 期的并购次数总和，资产剥离频率 $Div_{i,t}$ 代表企业 i 在 t 期的资产剥离次数总和。

(2)自变量

根据企业行为理论中组织期望-业绩反馈决策模型[3]，决策者在决策过程中会选择一个期望目标值作为衡量经营业绩状况的心理参考点。如果实际绩效高于期望水平，企业可能把当前经营归于满意类型，属于绩优状态。而参考点的选取，既包括对自身历史业绩的纵向比较，也包含与同行业平均业绩的横向社会比较过程。鉴于是以信息科技行业为研究样本，企业所处的竞争地位及拥有的竞争优势受外部行业竞争环境的影响较大，因此以社会比较为主要测量方式，并用总资产收益率(ROA)作为业绩衡量指标。那么业绩期望差距($P_{i,t}-SA_{i,t}$)则由实际业绩($P_{i,t}$)与行业期望水平($SA_{i,t}$)的距离表示，业绩超过期望水平越多，表明企业所处的绩优状态越好。参考前期学者的研究方法[18]，以同期同行业平均业绩标准作为战略参考点，进行稳健性检验。其中，行业业绩期望水平的计算公式为：

$$SA_{i,t}=\sum_{j\neq i}\frac{P_{j,t}}{N} \tag{4-1}$$

其中，$SA_{i,t}$ 即行业业绩期望，是指除目标企业外的行业平均业绩；$P_{j,t}$ 即企业实际业绩，是指同行业中除目标企业以外的其他企业 j 在 t 期的实际业绩；N 指目标企业 i 在 t 期同行业内竞争对手的企业数量。行业业绩期望差距由企业实际业绩与行业业绩期望水平之差表示，即($P_{i,t}-SA_{i,t}$)。设定 $I=1$ 来表示($P_{i,t}-SA_{i,t}$)>0 的企业，即处于行业业绩期望顺差状态的企业，那么

$I*(P_{i,t}-SA_{i,t})$ 得到截尾的行业业绩期望顺差变量 $Psa_{i,t}$；而 $(1-I)*(P_{i,t}-SA_{i,t})$ 则得到截尾的行业业绩期望落差变量 $Nsa_{i,t}$。由于关注的是企业的绩优状态,即业绩期望顺差状态对企业战略方向选择的影响,但同时业绩期望落差也可能对企业行为决策存在差异化作用。为进一步剖析业绩反馈对企业行为的影响机理,也将业绩期望落差变量纳入模型。

(3)调节变量

主要包括表现企业内部治理特征的管理层权力和经理人变更这两个变量。

1)管理层权力($CEOpr_{i,t}$)

借鉴已有研究测量 CEO 权力的方法[130],选取 3 个维度的指标:①CEO 是否兼任董事长(是则取值为 1,否则为 0);②CEO 任期(若 CEO 或董事长在 IPO 之前就担任现职,且 IPO 之后四年仍然在位则取值为 1;否则为 0);③股权分散度(第一大股东持股比例平方除以第二至第十大股东持股比例平方和,若比例小于 1 则取值为 1,否则为 0)。这三个指标能够较全面地衡量管理层权力特征,规定若这三个指标的取值之和大于等于 2,则管理层权力设为 1,反之则设为 0。

2)经理人变更($Chg_{i,t}$)

董事长或 CEO 变更对企业战略调整行为有一定影响,尤其当新继任者来源组织外部时,其对组织战略方向进行调整的可能性较大[157-158],而资产剥离往往成为新经理人主动调整原有企业经营业务的一种方式。为此,采用虚拟变量来表示经理人变更情况:若企业在两年内发生董事长或总经理变更则设为 1,否则为 0。

(4)控制变量

主要包括以下两大类控制变量:①组织属性。企业规模($Size_{i,t}$),以公司期末总资产的自然对数衡量;企业性质($Soe_{i,t}$),若企业为国企则设定为 1,其他则为0;研发投入强度($R\&D_{i,t}$),以研发支出与营业收入之比来衡量;多元化程度($Mul_{i,t}$),表示企业 i 在 t 期的多元化程度,用熵指数来计算,公式为 $Mul=\sum_{j=1}^{n}P_j ln(1/P_j)$,其中 n 为企业业务数,P_j 为企业在 j 行业中的营业收入占总营业收入的比重;股权集中度($ShrC_{i,t}$),是指用赫芬德尔指数(Herfindal Index)计算前五大股东的所有权集中度;并购经验($Acqexp_{i,t}$),用企业前三年并购次数总和表示;剥离经验($Divexp_{i,t}$),用企业前三年资产剥离次数总和表示。②财务状况。市场份额($Mktshr_{i,t}$),定义为企业主营业务收入与行业主营业务收入之比;债务资本比($Debt_{i,t}$),以产权比率来衡量,表现企业偿债能力;财务杠杆比率($Flev_{i,t}$),定义为长期负债与资产总额之比;组织冗余($Slack_{i,t}$),用流动比率、资产负债率和费用收入比这三个值的均值来表示;破产指数($AltZ_{i,t}$),是用 Altman's Z 指数来衡量企业财务危机状况,分数越低表明破产的可能性越大。①

此外,考虑到年度变化趋势、行业环境变化和地理区域发展差异对战略调整可能产生的影响,还设定了年度虚拟变量(Yri,t)、行业虚拟变量($Indi,t$)和区域虚拟变量($Arei,t$)来进行控制。

4.2.2.3 研究设计

基于研究假设,为检验假设 1 和假设 2,设定以下研究模型:

$$Acq_{i,t+1}=\beta_0+\beta_1 Psa_{i,t}+\beta_2 Div_{i,t+1}+\beta_3 Acq\,exp_{i,t}+\beta_4 C_{i,t}+\varepsilon_{i,t} \quad (4-2)$$

$$Div_{i,t+1}=\beta_0+\beta_1 Psa_{i,t}+\beta_2 Acq_{i,t+1}+\beta_3 Div\,exp_{i,t}+\beta_4 C_{i,t}+\varepsilon_{i,t} \quad (4-3)$$

---

① Altman's Z 指数的计算公式为:Z=1.2*营运资本率+1.4*资产留存收益率+3.3*资产回报率+0.6*债务权益市价率+总资产周转率。

为检验假设3,设定以下研究模型:

$$Acq_{i,t+1} = \beta_0 + \beta_1 Psa_{i,t} + \beta_2 Psa_{i,t} * Mgpwr_{i,t} + \beta_3 Div_{i,t+1} + \beta_4 Acq\,exp_{i,t} + \beta_5 C_{i,t} + \varepsilon_{i,t} \tag{4-4}$$

$$Div_{i,t+1} = \beta_0 + \beta_1 Psa_{i,t} + \beta_2 Psa_{i,t} * Chg_{i,t} + \beta_3 Acq_{i,t+1} + \beta_4 Div\,exp_{i,t} + \beta_5 C_{i,t} + \varepsilon_{i,t} \tag{4-5}$$

其中,$Acq_{i,t+1}$是被解释变量,表示企业 i 在 t+1 期并购行为频率;$Div_{i,t+1}$是被解释变量,表示企业 i 在 t+1 期资产剥离行为频率;$Psa_{i,t}$是解释变量,表示企业 i 在 t 期的行业业绩期望顺差;$Mgpwr_{i,t}$是调节变量,是指管理层权力;$Chg_{i,t}$是调节变量,是指经理人变更;$Acqexp_{i,t}$是控制变量,表示企业 i 在 t 期的并购经验;$Divexp_{i,t}$是控制变量,表示企业 i 在 t 期的资产剥离经验;$C_{i,t}$代表控制变量。

另外,可以看到对解释变量和控制变量数据的选取都相对于被解释变量滞后一期,这是因为考虑到企业战略调整行为相比于业绩反馈存在一定的时间滞后性。

4.2.2.4 描述性分析和相关性分析

表4-1 列示了主要变量的描述性统计,结果显示企业并购频率的均值是0.979,标准差为1.56,资产剥离频率的均值是0.475,标准差为0.996。从相关性分析看,行业业绩期望顺差与并购频率为显著正相关关系(r=0.093,p<0.01),与资产剥离频率为显著负相关关系(r=-0.144,p<0.01),表明随着业绩期望顺差扩大,企业采取并购的可能性增大,而采取资产剥离的可能性降低。管理层权力与并购频率呈显著正相关关系(r=0.091,p<0.01),与资产剥离频率为显著负相关关系(r=-0.057,p<0.01)。但经理人变更与并购频率呈正相关关系不显著(r=0.021,p>0.1),但与资产剥离频率

也呈正相关关系不显著（$r=0.021,p>0.1$）。这些结果与前文的一部分研究假设的方向是一致的，为假设的验证提供了初步的证据。下面将通过回归分析进一步检验假设。

表 4-1　主要变量描述性统计与相关性分析

代码	变量名称	1	2	3	4	5	6	7	8	9
1. $Acq_{i,t}$	并购频率	1								
2. $Div_{i,t}$	资产剥离频率	0.090#	1							
3. $Psa_{i,t}$	行业业绩期望顺差	0.093#	-0.144#	1						
4. $Mgpwr_{i,t}$	管理层权力	0.091#	-0.057#	0.085#	1					
5. $Chg_{i,t}$	经理人变更	0.0210	0.0210	-0.0190	-0.063#	1				
6. $Size_{i,t}$	企业规模	0.098#	0.216#	-0.127#	-0.210#	-0.062#	1			
7. $R\&D_{i,t}$	研发投入强度	-0.040*	0.042*	-0.139#	-0.0110	-0.043+	-0.0050	1		
8. $Flev_{i,t}$	财务杠杆	-0.0310	0.135#	-0.138#	-0.064#	0.053+	0.097#	-0.0070	1	
9. $Slack_{i,t}$	组织冗余	-0.0020	-0.156#	0.068#	0.183#	0.0190	-0.255#	0.051+	-0.223#	1
10. $Debt_{i,t}$	债务资本比	0.0110	0.239#	-0.166#	-0.145#	0.0120	0.325#	0.080#	0.236#	-0.338#
11. $Mktshr_{i,t}$	市场份额	0.0270	0.155#	-0.075#	-0.133#	-0.047+	0.447#	-0.0160	0.049+	-0.141#
12. $Mul_{i,t}$	多元化程度	-0.0010	0.093#	-0.092#	-0.096#	0.0001	0.062#	0.0220	0.066#	-0.098#
13. $Soe_{i,t}$	企业性质	-0.081#	0.136#	-0.150#	-0.341#	0.0270	0.383#	-0.076#	0.090#	-0.240#
14. $ShrC_{i,t}$	股权集中度	0.0290	-0.067#	0.057#	0.089#	-0.0080	0.054+	-0.071#	-0.056#	-0.066#
15. $AltZ_{i,t}$	破产指数	0.048+	-0.164#	0.287#	0.186#	0.0290	-0.341#	0.0160	-0.220#	0.797#
16. $Acqexp_{i,t}$	并购经验	0.161#	0.169#	-0.043+	0.0170	-0.084#	0.264#	0.060#	0.0250	-0.134#
17. $Divexp_{i,t}$	资产剥离经验	0.0300	0.315#	-0.149#	-0.127#	0.00400	0.297#	0.00500	0.122#	-0.194#
18. $Nsa_{i,t}$	行业业绩期望落差	0.111#	-0.222#	0.333#	0.059#	-0.057#	0.00300	-0.203#	-0.042+	0.107#
均值		0.979	0.475	0.019	0.332	0.266	21.24	0.081	1.176	1.633
标准差		1.56	0.996	0.031	0.471	0.442	1.032	0.112	0.779	1.831

续表 4-1

代码	变量名称	10	11	12	13	14	15	16	17	18
10. $Debt_{i,t}$	债务资本比	1								
11. $Mktshr_{i,t}$	市场份额	0.199#	1							
12. $Mul_{i,t}$	多元化程度	0.141#	0.162#	1						
13. $Soe_{i,t}$	企业性质	0.235#	0.175#	0.139#	1					
14. $ShrC_{i,t}$	股权集中度	-0.0220	0.053+	0.00600	0.107#	1				
15. $AltZ_{i,t}$	破产指数	-0.361#	-0.124#	-0.107#	-0.269#	-0.0330	1			
16. $Acqexp_{i,t}$	并购经验	0.088#	0.096#	0.0160	0.0290	0.0100	-0.141#	1		
17. $Divexp_{i,t}$	资产剥离经验	0.290#	0.215#	0.116#	0.257#	-0.083#	-0.208#	0.207#	1	
18. $Nsa_{i,t}$	行业业绩期望落差	-0.272#	-0.0180	-0.106#	-0.124#	0.114#	0.203#	0.0001	-0.185#	1
均值		0.703	0.012	0.217	0.355	0.127	11.76	1.205	0.701	-0.019
标准差		0.905	0.028	0.398	0.479	0.098	14.69	2.049	1.394	0.035

注：#$p<1\%$，+$p<5\%$，* $p<10\%$；$N=2169$；企业规模、企业寿命是经过自然对数处理后的值。

4.2.3 实证检验与结果分析

数据处理中，为避免多重共线性，对模型中的交互项进行了中心化处理，又对所有解释变量进行方差膨胀因子诊断，结果显示 VIF 均在 1.91 以内，由此可排除多重共线性问题；考虑到面板数据可能存在异方差、时序相关和横截面相关等问题，会导致模型估计结果有偏，参考有关研究的做法[103]，主要采用 Driscoll-Kraay 标准差方法估计后续的非平衡面板数据模型。

表 4-2 是业绩反馈与企业战略调整方向之间关系的检验结果，以及管理层权力和经理人变更对此关系的调节作用。模型 1 到模型 3 是以并购频率为因变量，其中，模型 1 是只包含控制变量的基准模型，模型 2 基于模型 1 加入自变量行业业绩期望顺差（$Psa_{i,t}$），模型 3 基于模型 2 再加入行业业绩

期望顺差($Psa_{i,t}$)与调节变量管理层权力($Mgpwr_{i,t}$)的交互项。从回归结果看,行业业绩期望顺差($Psa_{i,t}$)与并购频率呈显著正相关关系($\beta=1.554$,$p<0.1$),这表明随着行业业绩期望顺差的扩大,企业通过资源消耗型并购方式实现战略扩张的动机增强;行业业绩期望顺差($Psa_{i,t}$)与管理层权力($Mgpwr_{i,t}$)的交互项与并购频率呈显著正相关关系($\beta=10.691$,$p<0.01$),这意味着管理层权力加强行业业绩期望顺差与资源消耗型并购行为之间的关系,即管理层权力越大,越可能推动绩优状态企业实施并购行为。因此假设1和假设3得到支持。

模型4到模型6是以资产剥离频率为因变量,检验业绩反馈与资产剥离行为之间的关系。同样的,模型4是指包含控制变量的基准模型,模型5是将自变量行业业绩期望顺差($Psa_{i,t}$)加入模型,从结果看,行业业绩期望顺差($Psa_{i,t}$)与资产剥离频率呈显著负相关关系($\beta=-1.588$,$p<0.01$),这说明随着行业业绩期望顺差的扩大,企业进行资产剥离行为的动机降低。而当业绩临近期望目标水平时,企业通过资产剥离以改善业绩的可能性增加,比如剥离与主营业务关联性较弱的,或绩效表现较差的业务组合,将出售资产所释放的资源投入核心业务建设中去。模型6基于模型5,将行业业绩期望顺差($Psa_{i,t}$)与经理人变更($Chg_{i,t}$)的交互性纳入模型,从回归结果看,行业业绩期望顺差($Psa_{i,t}$)与经理人变更($Chg_{i,t}$)的交互性与资产剥离频率呈显著正相关关系($\beta=1.396$,$p<0.1$),这表明经理人变更影响绩优企业开展资源释放型资产剥离行为。相对于没有发生经理人变更的企业,新任经理人将推动绩优状态企业实施资源释放型资产剥离行为,即经理人继任是企业进行战略调整的一个契机,新任经理人通过资产剥离方式调整企业业务组合,重新定位战略方向,积极适应市场环境的变化。因此假设2和假设4得到支持。

表 4-2 业绩反馈与企业战略调整方向之间关系的检验结果

代码	资源消耗型并购			资源释放型资产剥离		
	模型 1	模型 2	模型 3	模型 4	模型 5	模型 6
$Psa_{i,t}$		1.554*	-0.583		-1.588***	-1.793***
		(0.83)	(0.77)		(0.53)	(0.57)
$Psa_{i,t} * Mgpwr_{i,t}$			10.691***			
			(2.58)			
$Psa_{i,t} * Chg_{i,t}$						1.396*
						(0.92)
$Mgpwr_{i,t}$	0.209**	0.218**	0.210***	0.093*	0.081*	0.080*
	(0.09)	(0.09)	(0.08)	(0.05)	(0.05)	(0.05)
$Chg_{i,t}$	0.138**	0.155**	0.156**	0.055*	0.0340	0.0340
	(0.06)	(0.06)	(0.06)	(0.03)	(0.03)	(0.03)
$Size_{i,t}$	0.252***	0.229***	0.238***	0.101***	0.124***	0.122***
	(0.05)	(0.05)	(0.05)	(0.03)	(0.02)	(0.02)
$R\&D_{i,t}$	-0.665***	-0.419***	-0.381**	0.416**	0.140	0.155
	(0.16)	(0.13)	(0.16)	(0.20)	(0.18)	(0.17)
$Flev_{i,t}$	-0.0430	-0.051*	-0.053**	0.0570	0.0650	0.0710
	(0.03)	(0.03)	(0.03)	(0.04)	(0.04)	(0.05)
$Slack_{i,t}$	-0.097***	-0.071***	-0.065***	-0.00900	-0.036***	-0.036***
	(0.03)	(0.03)	(0.02)	(0.01)	(0.01)	(0.01)
$Debt_{i,t}$	0.0270	0.061**	0.061**	0.108***	0.068***	0.069**
	(0.03)	(0.03)	(0.03)	(0.03)	(0.03)	(0.03)
$Mktshr_{i,t}$	-3.897***	-3.893***	-4.223***	0.847	0.900	0.942
	(1.43)	(1.35)	(1.35)	(1.09)	(1.20)	(1.20)
$Mul_{i,t}$	0.080*	0.098**	0.102**	0.0560	0.0370	0.0350
	(0.04)	(0.05)	(0.04)	(0.06)	(0.06)	(0.06)
$Soe_{i,t}$	-0.233*	-0.194	-0.207*	0.00300	-0.0360	-0.0350
	(0.13)	(0.13)	(0.13)	(0.05)	(0.04)	(0.04)
$ShrC_{i,t}$	0.837***	0.645*	0.704**	-0.801***	-0.585***	-0.587***
	(0.28)	(0.33)	(0.31)	(0.19)	(0.19)	(0.19)

续表 4-2

代码	资源消耗型并购			资源释放型资产剥离		
	模型 1	模型 2	模型 3	模型 4	模型 5	模型 6
$AltZ_{i,}$	0.015***	0.010**	0.010**	-0.00100	0.004***	0.004**
	(0.00)	(0.00)	(0.00)	(0.00)	(0.00)	(0.00)
$Div_{i,t}$	0.127***	0.151***	0.149***			
	(0.02)	(0.02)	(0.02)			
$Acqexp_{i,t}$	0.087***	0.085***	0.087***			
	(0.02)	(0.02)	(0.02)			
$Acq_{i,t}$				0.051***	0.059***	0.059***
				(0.01)	(0.01)	(0.01)
$Divexp_{i,t}$				0.151***	0.138***	0.139***
				(0.03)	(0.03)	(0.02)
$Nsa_{i,t}$		3.857***	4.672***		-4.301***	-3.744***
		(0.76)	(0.64)		(0.96)	(1.35)
Con	-4.472***	-4.010***	-4.154***	-1.726***	-2.162***	-2.116***
	(0.97)	(1.03)	(1.09)	(0.64)	(0.44)	(0.43)
$Adj.\ R^2$	0.0920	0.100	0.105	0.170	0.191	0.192
F	135.1	105.3	67.13	67.57	102.5	101.7
N	2169	2169	2169	2154	2154	2154

注：* $p<0.1$，** $p<0.05$，*** $p<0.01$；年度、区域、行业控制变量未加列示；括号内为标准误，上述模型是经过 Driscoll-Kraay 标准误调整后的结果。

4.2.4 稳健性检验

考虑到两个被解释变量为计数变量的面板数据，为确保检验结果稳健，采用零膨胀泊松回归、随机效应的面板负二项回归方法对结果进行检验，所得结果无显著差异。参考以往文献研究[12]，考虑到变量测量方法的差异和时间滞后效应可能对实证分析结果有影响，进行以下稳健性检验。

4.2.4.1 更换指标测量方法的稳健性检验

若业绩反馈模型中衡量业绩所采用的指标不同,可能会影响业绩评估结果,以致影响业绩反馈信息和对企业后续决策行为的导向性作用。为避免因业绩指标选取而导致检验结果的差异性,同时鉴于信息科技行业处于高度动态变化环境中,且企业对产品销量实时监控的特点,因此选取 ROS 作为稳健性检验的业绩衡量指标。另外,不同于前文中用行业平均业绩作为企业的战略参考点,参考 Chen(2008)[21]以及贺小刚(2015)[12]的研究方法,行业期望水平($SA_{i,t}$)可以由以下公式计算得到:

$$SA_{i,t} = \alpha IM_{i,t-1} + (1 - \alpha) SA_{i,t-1} \tag{4-6}$$

其中,$SA_{i,t}$ 代表企业 i 在 t 期的行业业绩期望(social aspiration),$IM_{i,t-1}$ 表示企业 i 在 $t-1$ 期的行业业绩均值,$SA_{i,t-1}$ 代表企业 i 在 $t-1$ 期的行业业绩期望值,α 表示权重值,介于[0,1],那么企业在 t 期的行业期望水平是企业在 $t-1$ 期的行业业绩均值(权重为 0.75)和 $t-1$ 期的行业业绩期望(权重为 0.25)的加权组合。同样的,行业业绩期望差距由实际业绩与行业期望水平之差表示。

此外,参考黎文靖(2015)[159]对管理层权力的衡量方法,用连续变量测量范式表示管理层权力大小,并纳入模型进一步考察管理层权力对业绩反馈与企业战略调整方向之间关系的影响作用。具体方法是通过选取 4 个维度的指标对管理层权力进行衡量,然后对这 4 个指标进行标准化后再相加,得到的结果越大,则管理层权力越高。(见表 4-3)

表 4-3 衡量管理层权力的指标及取值

指标	取值
CEO 与董事长两职合一	是则取值为 1,否则为 0
董事会规模	董事会人数的自然对数
CEO 任期	CEO 任职年数加 1 的自然对数
股权分散度	第二至第十大股东持股比例平方和与第一大股东持股比例平方的比例

因此,稳健性检验的具体过程是:将 ROS 作为业绩衡量指标,并以加权业绩作为行业业绩期望目标,同时用连续测量的管理层权力替换原有测量方式建立模型,采用零膨胀泊松模型进行分析。表 4-4 是稳健性检验结果。与表 4-6 中模型的回归步骤相似,模型 1 到模型 3 是检验业绩反馈与资源消耗型并购之间的关系,模型 4 到模型 6 是检验业绩反馈与资源释放型资产剥离之间的关系。模型 1 和模型 4 为只包含控制变量的基准模型。从模型 2 和模型 3 的结果看,行业业绩期望顺差与资源消耗型并购频率呈显著正相关关系(β=1.499,p<0.1),且管理层权力正向调节此关系(β=7.765,p<0.01)。这意味着管理层权力加强行业业绩期望顺差与并购行为之间的关系,表明假设 1 和假设 3 得到支持。从模型 5 的结果看,行业业绩期望顺差与资源释放型资产剥离频率呈显著负相关关系(β=-7.884,p<0.1),说明随着行业业绩期望顺差的扩大,企业实施资源释放型资产剥离的活动减少,所以假设 1 得到支持。另外,从模型 6 的结果看,经理人变更与行业业绩期望顺差的交互项为正(β=5.936,p<0.1),这表明经理人变更将削弱行业业绩期望顺差与资产剥离频率的关系,因此假设 3 得到验证。综上,在更换企业业绩衡量指标后,结果仍然具有较强的稳健性。

表 4-4 业绩反馈与企业战略调整方向之间关系的稳健性检验结果

代码	资源消耗型并购			资源释放型资产剥离		
	模型 1	模型 2	模型 3	模型 4	模型 5	模型 6
$Psa_{i,t}$		1.499*	-0.711		-7.884***	-8.704***
		(0.82)	(1.00)		(1.82)	(1.93)
$Psa_{i,t}*Mgpwr_{i,t}$			7.765***			
			(1.87)			
$Psa_{i,t}*Chg_{i,t}$						5.936*
						(2.62)
$Mgpwr_{i,t}$	0.197***	0.219***	0.203***	0.161*	0.139	0.134
	(0.06)	(0.06)	(0.06)	(0.09)	(0.09)	(0.09)
$Chg_{i,t}$	0.0700	0.094*	0.096*	0.108	0.0540	0.0470
	(0.06)	(0.06)	(0.06)	(0.08)	(0.08)	(0.08)
$Size_{i,t}$	0.230***	0.237***	0.238***	0.214***	0.236***	0.230***
	(0.04)	(0.04)	(0.04)	(0.05)	(0.05)	(0.05)
$R\&D_{i,t}$	-0.602**	-0.209	-0.101	1.017***	0.587*	0.602*
	(0.27)	(0.28)	(0.28)	(0.30)	(0.31)	(0.31)
$Flev_{i,t}$	-0.0310	-0.0400	-0.0450	0.0430	0.066*	0.071**
	(0.04)	(0.04)	(0.04)	(0.03)	(0.03)	(0.03)
$Slack_{i,t}$	0.00300	0.00600	0.0130	-0.142**	-0.217***	-0.215***
	(0.02)	(0.02)	(0.02)	(0.06)	(0.06)	(0.06)
$Debt_{i,t}$	0.0290	0.096***	0.110***	0.101***	0.0430	0.0460
	(0.03)	(0.03)	(0.04)	(0.03)	(0.03)	(0.03)
$Mktshr_{i,t}$	-3.476**	-3.881***	-4.036***	0.430	0.627	0.758
	(1.38)	(1.40)	(1.41)	(1.56)	(1.52)	(1.53)
$Mul_{i,t}$	0.0580	0.0820	0.0830	0.0410	-0.0190	-0.0120
	(0.07)	(0.07)	(0.07)	(0.09)	(0.09)	(0.09)
$Soe_{i,t}$	-0.0830	-0.0400	-0.0580	0.0001	-0.0930	-0.0980
	(0.08)	(0.08)	(0.08)	(0.10)	(0.10)	(0.10)
$ShrC_{i,t}$	0.692**	0.555**	0.688**	-1.362***	-0.875*	-0.878*
	(0.28)	(0.28)	(0.28)	(0.46)	(0.46)	(0.46)

续表 4-4

代码	资源消耗型并购			资源释放型资产剥离		
	模型 1	模型 2	模型 3	模型 4	模型 5	模型 6
$AltZ_{i,}$	0.011***	0.00100	0.00200	-0.00300	0.012*	0.012*
	(0.00)	(0.00)	(0.00)	(0.01)	(0.01)	(0.01)
$Div_{i,t}$	0.080***	0.101***	0.101***			
	(0.02)	(0.02)	(0.02)			
$Acqexp_{i,t}$	0.049***	0.046***	0.047***			
	(0.01)	(0.01)	(0.01)			
$Acq_{i,t}$				0.080***	0.107***	0.109***
				(0.02)	(0.02)	(0.02)
$Divexp_{i,t}$				0.114***	0.110***	0.108***
				(0.02)	(0.02)	(0.02)
$Nsa_{i,t}$		6.383***	7.901***		-4.451***	-4.024***
		(1.11)	(1.29)		(0.90)	(1.07)
nflate cons	-0.410***	-0.461***	-0.474***	-0.325***	-0.459***	-0.459***
	(0.07)	(0.07)	(0.07)	(0.12)	(0.13)	(0.13)
Log likelihood	-2984.337	-2960.832	-2951.828	-1832.895	-1805.44	-1804.428
chi2	206.8	253.8	271.8	298.5	353.4	355.4
N	2169	2169	2169	2154	2154	2154

注：* $p<0.1$，** $p<0.05$，*** $p<0.01$；年度、区域、行业控制变量未加列示；括号内为标准误。

4.2.4.2 时间滞后效应的稳健性检验

为进行时间滞后效应的稳健性检验，采取对两种资源配置行为滞后 2 年的方法，其结果见表 4-5。结果表明，业绩反馈与并购行为的关系和业绩反馈与资产剥离行为的关系均与先前的假设一致。但是在检验经理人变更对业绩反馈与资源释放型资产剥离行为的调节作用时，虽然行业期望顺差与经理人变更的交互项系数为正但不显著（$\beta=-0.008$，$p>0.1$），可能因为经理人变更事件受时间效应影响，其调节作用有所减弱。

表 4-5　业绩反馈与企业战略调整方向之间关系的时间滞后效应检验结果

代码	资源消耗型并购（$Acq_{i,t+2}$）			资源释放型资产剥离（$Div_{i,t+2}$）		
	模型 1	模型 2	模型 3	模型 4	模型 5	模型 6
$Psa_{i,t}$		1.393***	0.764*		-0.635***	-0.644***
		(0.49)	(0.44)		(0.23)	(0.22)
$Psa_{i,t} * Mgpwr_{i,t}$			3.637***			
			(1.23)			
$Psa_{i,t} * Chg_{i,t}$						-0.0080
						(0.78)
$Mgpwr_{i,t}$	0.209**	0.209**	0.199**	0.093*	0.088*	0.088*
	(0.09)	(0.09)	(0.08)	(0.05)	(0.05)	(0.05)
$Chg_{i,t}$	0.837***	0.717**	0.721**	-0.801***	-0.642***	-0.643***
	(0.28)	(0.32)	(0.29)	(0.19)	(0.17)	(0.17)
$Size_{i,t}$	0.252***	0.224***	0.223***	0.101***	0.130***	0.129***
	(0.05)	(0.05)	(0.05)	(0.03)	(0.02)	(0.02)
$R\&D_{i,t}$	-0.665***	-0.574***	-0.495***	0.416**	0.245	0.252
	(0.16)	(0.14)	(0.16)	(0.20)	(0.18)	(0.18)
$Flev_{i,t}$	-0.0430	-0.0450	-0.0470	0.0570	0.065*	0.067*
	(0.03)	(0.03)	(0.03)	(0.04)	(0.04)	(0.04)
$Slack_{i,t}$	-0.097***	-0.093***	-0.092***	-0.00900	-0.017*	-0.017*
	(0.03)	(0.02)	(0.02)	(0.01)	(0.01)	(0.01)
$Debt_{i,t}$	0.0270	0.056**	0.056**	0.108***	0.070***	0.071***
	(0.03)	(0.03)	(0.02)	(0.03)	(0.03)	(0.03)
$Mktshr_{i,t}$	-3.897***	-3.284**	-3.387**	0.847	0.342	0.383
	(1.43)	(1.49)	(1.52)	(1.09)	(1.30)	(1.32)
$Mul_{i,t}$	0.080*	0.084*	0.085*	0.0560	0.0500	0.0490
	(0.04)	(0.04)	(0.05)	(0.06)	(0.06)	(0.06)
$Soe_{i,t}$	-0.233*	-0.194	-0.199	0.00300	-0.0340	-0.0330
	(0.13)	(0.13)	(0.13)	(0.05)	(0.04)	(0.04)
$ShrC_{i,t}$	0.138**	0.143**	0.136**	0.055*	0.0410	0.041*
	(0.06)	(0.07)	(0.07)	(0.03)	(0.03)	(0.03)

续表 4-5

代码	资源消耗型并购($Acq_{i,t+2}$)			资源释放型资产剥离($Div_{i,t+2}$)		
	模型 1	模型 2	模型 3	模型 4	模型 5	模型 6
$AltZ_{i,}$	0.015***	0.009**	0.010**	-0.00100	0.003**	0.003**
	(0.00)	(0.00)	(0.00)	(0.00)	(0.00)	(0.00)
$Div_{i,t}$	0.127***	0.146***	0.144***			
	(0.02)	(0.02)	(0.02)			
$Acqexp_{i,t}$	0.087***	0.086***	0.089***			
	(0.02)	(0.02)	(0.02)			
$Acq_{i,t}$				0.051***	0.057***	0.057***
				(0.01)	(0.01)	(0.01)
$Divexp_{i,t}$				0.151***	0.141***	0.142***
				(0.03)	(0.02)	(0.02)
$Nsa_{i,t}$		1.190***	1.412***		-1.782***	-1.674***
		(0.40)	(0.28)		(0.42)	(0.49)
Con	-4.472***	-3.921***	-3.885***	-1.726***	-2.337***	-2.305***
	(0.97)	(1.02)	(1.04)	(0.64)	(0.50)	(0.50)
Adj. R^2	0.0920	0.0990	0.102	0.170	0.188	0.188
F	135.1	325.7	58.30	67.57	139.0	97.49
N	1853	1853	1853	1798	1798	1798

注：* $p<0.1$，** $p<0.05$，*** $p<0.01$；年度、区域、行业控制变量未加列示；括号内为标准误，上述模型是经过 Driscoll-Kraay 标准误调整后的结果。

此外，稳健性检验结果还有其他一些有价值的发现，比如股权集中度越高的企业进行并购的可能性越大，而开展资产剥离的可能性较低；规模较大的企业进行并购或资产剥离活动的可能性较高，而市场份额较大的企业开展并购的动机较低。企业并购行为频率与资产剥离行为频率是正相关的，即企业并购的频率越高，其进行资产剥离的活动越频繁，而且在前三年有并购或资产剥离经验的企业再实施该战略调整行为的可能性会增加。

4.3 压力约束下的业绩期望顺差反馈对企业发展的启示

绩优企业在追赶性压力下不断地进行战略调整以求适应不确定的外部环境，进而获得竞争优势。为此，基于企业行为理论、压力理论等对绩优企业的战略调整方向选择进行了分析，并且引入了管理层权力和经理人变更两个调节变量，探讨了两个调节变量对业绩反馈顺差与战略调整方向之间关系的影响。通过对2008—2018年392家沪深上市公司非平衡面板样本数据的实证分析和数据检验，得出以下结论：第一，业绩期望差距对绩优企业的战略调整有显著的影响。绩优企业的风险承担能力较强，冗余资源较多，随着业绩期望顺差的扩大，企业进行资源消耗型并购的频率更高，而采用资源释放型资产剥离的可能性减少。第二，管理者不论是出于追逐利润动机还是出于自利动机，在企业处于绩优状态时，都更倾向于推动企业实施并购策略，并且管理者权力越大的企业进行并购的可能性将越大。第三，随着业绩期望顺差扩大，虽然企业更有可能利用冗余资源实施并购策略，但是在经理人发生变更的情况下，企业进行资产剥离的频率会提高，经理人变更在其中起到了显著的调节作用。

由此，压力约束下的业绩期望顺差反馈对企业发展的启示可以从以下几个方面进行分析：

第一，根据实证研究结果，随着业绩期望顺差的扩大，企业更倾向于进行资源消耗型并购来提升业绩水平，而实际业绩接近期望水平时，企业实施资源释放型资产剥离的频率提高。可见，企业应根据期望差距的大小合理地配置资源，以达到资源的最优化配置，当冗余资源较多时，应积极发动并购，将企业做大做强，避免企业在不确定性环境中丧失竞争优势，错失发展良机；当冗余资源较少时，企业应主动剥离资产，收缩业务边界，专注主营业务发展，以保持行业竞争地位。虽然在我国社会环境情境下，企业大多从资源消耗角度来考虑将企业做大做强，这样将能满足所有人的利益期盼，然而企业进行资产剥离则会导致企业员工雇佣、归属与福利等问题更加凸显，因此，做加法的行为总会比做减法的行为更能满足利益相关者与社会评价者的期待。但是应考虑到资源是企业战略得以实施的保证，企业不可能无限制地膨胀发展，必定要有所取舍有所剥离，市场投资者对企业的这种剥离行为反应也是积极的，对企业的价值成长也是积极的。因此，企业在进行战略决策调整时应综合考虑并购与资产剥离各自为企业带来的好处，衡量利弊、取长补短，协调好并购战略与资产剥离战略的实施，继而为企业创造更高的价值。

第二，实证结果表明，随着业绩期望顺差的扩大，管理层权力越大的企业并购频率越高。从有利的一面看，管理层权力越大，越能利用手中的权力减少价值创造成本并持有更多的自由现金流量以扩大企业规模；相反，其不利的一面是，管理层权力越大，越容易产生控制权滥用以谋取私利的情况。因此，为了遏制管理层权力滥用，损害企业价值和股东利益，企业应该完善健全公司治理结构，加强内部权力制衡和制度约束，建立完善的并购项目决策分析和评价体系，在并购项目的选择、尽调、交易和管理的过程中，应当积极引入第三方独立机构，确保并购项目真正满足企业所需，提高企业并购效率，适应企业的发展节奏。此外，对高层管理人员既要约束又要激励，在加强内外部控制的同时，也要给予管理者一定的薪酬激励以约束其行为，比如高管持股行为可以促使管理者关心企业的发展，做出有利于企业发展的决策，降低高管为追逐私利而做出有损企业利益行为的发生频率。同时，重要股东应积极参与到管理层投资行为的监督中，从而降低企业的监督成本，获得更高的剩余价值。

第三,实证结果表明,经理人发生变更会引起战略变革,且经理人变更会导致资产剥离频率显著提高。可见,CEO 发生变更能使企业中的各项资源得以重新分配和利用,会对企业战略产生较大影响,因而企业应更加重视经理人的更替和选聘。在企业中 CEO 的变更是由董事会决定的,大股东持有的股份多,有较大的话语权,大股东更换 CEO 可能是出于监督动机也可能是出于掏空动机,那么新任 CEO 进行战略变革可能是对企业的长远发展考虑也有可能是与大股东进行一系列的合谋掏空行为,掏空行为会大大损害小股东的利益。所以股权集中度过高的企业应完善内部治理结构,合理分散股权,避免一股独大的情况,并且制定有效的监督机制,提前识别合谋掏空现象,从而使现代公司治理结构更好地为企业的战略决策服务。此外,政府应当完善职业经理人的市场机制,通过建立健全职业经理人市场机制,一方面使全面透明的职业经理人信息被更多的企业获取,实现对 CEO 评价的合理公正;另一方面,更加公正的评价机制让优秀的 CEO 得到重用,更有利于企业的不断成长。

当然,也存在一些研究的局限性。例如,对于战略调整的界定基于资源约束视角,将战略调整方向分为资源消耗型并购和资源释放型资产剥离。虽然并购和资产剥离确实能在一定程度上代表战略调整方向,但还是无法全面地涵盖资源约束框架下战略调整方向的选择,下一步的研究应该更全面综合地对企业资源战略进行描述与衡量。此外数据来源于计算机通信及电子设备制造业和信息技术业的中国 A 股上市公司,没有涵盖其他行业,这可能会使研究结果与实际情况有偏差。另外,研究选取了管理层权力和经理人变更两个调节变量,两者的选取是出于从内部治理结构特征的角度考虑的,而企业外部环境因素也会对业绩反馈与战略调整之间的关系产生影响,这需要在下一步的研究中继续探讨。

5 组织期望的模糊性与企业适应性战略性变革

企业该何时以及如何应对环境变化是战略决策的重要内容，其中，对业绩信息的诠释是企业行为的重要依据。基于业绩反馈理论，将当前业绩与期望目标之间进行比较而得的差距是解释企业战略决策冒险性的重要模式。现有研究大多基于企业行为理论，假定在期望目标的参照下企业的业绩状况可以清晰界定，因此前期学者通过用实际业绩与期望目标的比较来解释各种战略行为，比如组织变革、战略定位、公司交易、新产品导入。然而，这个假定与一些强调组织决策模糊性的研究是相悖的。一些学者认为，业绩结果、期望目标和组织行为之间存在模糊性，Joseph 和 Gaba(2015)[18]就认为，基于历史期望水平的业绩反馈结果与基于行业期望水平的业绩反馈结果并非总是一致的，当两种结果相异，或连续多个时期的反馈结果难以笼统地界定经营状态时，企业被认为面临模糊性决策情境。以往的业绩反馈研究较多关注于一个时间节点上现实与期望的差距。而模糊性反馈的概念是基于多个连续时期，同时以历史期望和行业期望为参照，业绩反馈结果所呈现的模糊状态。如果在多个连续时期且双重期望目标参照下的业绩反馈结果是清晰的，比如，实际业绩与期望目标的差距都呈现出一致性顺差或落差，那么管理者可据此反思并调整战略，从而引导后续行为决策；但如果反馈结果并非出现一致性结果，而是具有较大的模糊性时，企业如何决策？

5.1 组织期望的模糊性特征与内涵

当我们对某些状态或事件缺乏清晰的认知时，通常将其理解为“新奇的、复杂的和不可解决的"模糊性状态或情境[160]。当企业在决策时如果无法获知相关事件的发生概率,则称企业面临模糊性决策情境。值得注意的是,模糊性不同于不确定性。在不确定性状态下,随着信息的增加和时间的推移,可以逐步认知和估测可能的结果,从而有助于决策制定。但在模糊性状态下,由于缺乏对相关因素和因果关联的理解,决策者难以对给定行为的结果做出预测,只能对预期行为进行一定范围的可能性结果估测,因此,它既可以理解为机会也可以诠释为威胁[161]。尤其是随着技术的融入与更新,行业被重新定义,组织边界被不断打破,新技术和新市场的出现大大增加了企业面临模糊性决策的机会,给决策者对现状的判断和对未来的预测提出了挑战和威胁,因为企业不仅要承受维持现有业绩的压力,而且还面临搜寻新业务机会的压力,同时还对企业适应性能力的提升提出了更高的要求。因此,现代企业决策中的模糊性不断提升,如何解读模糊性并在快速变化的环境中增强适应性变革能力,是企业生存和竞争的关键,但理性选择理论和规则遵循理论都未能很好地处理模糊性问题,往往低估甚至忽视它在组织中的重要性[24]。

为此,模糊性问题成为近年来管理学界关注的主要话题之一[162-164]。前期学者主要从环境动态性、技术变革和决策者认知等角度诠释决策模糊性产生的根源和影响。例如 Cameron 等认为,外部经济衰退过程中所呈现的复杂市场发展信号导致企业的判断和预测出现较高程度的模糊性[165];Weick 等提出,在技术变革过程中所出现的现实和因果关系的模糊性导致企业的历史经验和未来推断出现分歧[166];而 March 等认为,决策者的经验、意图和偏好在本质上是模糊的,影响企业对现状的判定和决策的制定[161]。可见,大多数学者认同模糊性是企业决策过程中的常态,模糊性是决策过程的核心特征,而企业的决策过程很大程度上依赖于决策者对模糊性的解读,即从模糊性状态当中构建出意义并成为指导企业后续行为的适当性依据,是企业应对决策模糊性的关键[24,164,167]。Rerup 则从组织学习视角论述了模糊性反馈存在的意义，但未能进一步解释业绩反馈模糊性如何影响企业决策形成[164]。还有学者从社会认知和行为视角探究决策模糊性情境下企业战略选择和适应行为的内在机制，如 Petkova 等探讨了企业声誉在模糊性决策情境下对企业冒险行为的双重压力作用[163]；Audia 和 Brion 发现，用会计和市场两种业绩衡量指标来评估经营状态时会出现模糊性反馈结果，而决策者的"自我增强"心理将模糊性信息理解为更积极正面的反馈，从而抑制企业冒险行为[52]。

梳理学界关于模糊性问题的研究发现，基于模糊性的来源视角，可以将模糊性区分为两类，即作为企业外部情境的模糊性和作为企业内生特征的模糊性，这两类模糊性都对企业战略决策行为产生重要的影响。已有学者的研究如 Petkova 等、Cameron 等，更多集中在将模糊性作为一种理解企业决策选择的外部情境"范式"，而较少有研究聚焦于企业内部，探究那些企业内生的无法清晰解释或判断的模糊性状态对企业决策制定的影响机制，尤其缺乏相关的实证性研究[163,165]。值得注意的是，企业在决策过程中，基于经营状态的反馈和评估进而做出决策选择是企业应对经营风险和不确定性的一种重要思维模式[55,168]。然而，业绩反馈结果并非如预期可以清晰地判定企业经营状态并指导行为，它在很大程度上也存在着模糊性，而这种由业绩反馈造成的模糊性是一种典型的内生模糊性表现形式[52]。因此，本研究意图以业绩反馈模糊性为研究起点，走进企业决策过程中面临的内生模糊性"黑箱"，探究内部状态模糊性对企业决策制定的作用机理。

业绩反馈理论是企业行为理论的精髓，它以简化的决策规则，为解释企业搜寻、冒险和变革行为提供了理论支持[72,168]。其基本观点是，企业决策者在决策过程中会设定期望目标作为业绩评估的基准，如果实际业绩超过期望水平（即业绩期望顺差），经营状态被界定为成功，企业对当前结果满意,则战略持续;如果实际业绩低于期望目标(即业绩期望落差),经营状态被界定为失败,企业据此进行战略调整或实施变革。基于业绩反馈决策模型,期望目标是界定企业经营状态的关键,实际业绩与期望目标之间的差距是判定企业成败的重要依据。前期业绩反馈理论研究较多关注单一期望目标在某一时间节点的参照下,业绩与期望之间的差距对企业冒险行为的影响:业绩期望落差将驱动企业为改善业绩而引入新产品、新技术和进入新市场[7,52,86],为获取战略资源而进行并购、剥离、战略合作等[55,109];而处于业绩期望顺差的企业可能面临追赶性经营压力,从而从事短期投机经营,甚至采取败德行为[12,117]。然而,现实决策情境并非如设定的"反馈-反应"(Feedback-response)范式这般简单。例如,当存在多种期望目标为战略参考点时,业绩反馈呈现的结果是复杂的,因为除了成功与失败,还可能存在模糊性状态,如果将成功与失败定义为白色与黑色状态,模糊性状态则是企业面临的一个"灰色"地带。正如 Audia 和 Brion 的研究发现,同时用会计和市场两种业绩衡量指标来评估经营状态时会出现模糊性反馈结果,而决策者如何诠释模糊性是企业战略选择的关键[52]。值得关注的是,Joseph 和 Gaba 将基于单一期望目标的业绩反馈模型与多重经营目标的战略行为研究相融合,对业绩反馈模糊性状态进行量化,积极推动了决策模糊性作用机制的实证研究[18]。然而,Joseph 和 Gaba 对企业反应的考察局限于单一的新产品导入行为,未能从战略视角反映企业应对行为的多元性和系统性,同时也未能对业绩反馈模糊性对企业行为决策的情境调节机制进行探讨。可见,业绩反馈究竟如何影响企业战略适应性行为,尤其是模糊性反馈如何受决策者认知影响并作用于战略调整,是前期研究未能清晰解释的问题,值得在此基础上开展进一步的深入研究,以扩展和延伸对业绩反馈理论的内涵式理解。

基于此,着重研究以下两方面内容:第一,以企业战略变革程度为研究对象,在战略框架下探讨由多重期望目标引致的业绩反馈与战略适应性行为之间的关系。具体而言，同时以企业历史业绩和同行业平均业绩为期望目标，考察多个连续时期的历史业绩期望差距和行业业绩期望差距之间的相关性（以下简称“业绩反馈相关性”），以此来反映业绩反馈的三种类型，即模糊性、一致性和不一致性，进而研究其对企业战略变革程度的影响差异。第二，业绩反馈存在很大的噪声，业绩反馈信息如何成为指导企业行为决策的依据，是一个意义建构过程，尤其是模糊性反馈为企业决策者自我增强心理的发挥提供了空间[24,71]。因此，从管理层权力视角，探讨管理层如何通过其权力影响对企业战略变革决策发挥导向性作用。

5.2 组织期望的模糊性对企业适应性战略变革的影响机理

5.2.1 理论框架与研究假设

企业行为理论是基于组织学习理论和演化经济学，关于业绩评估、问题搜寻和决策制定的研究，并意图通过对企业行为决策过程的探究，打开组织内部运营的“黑箱”[169]。企业行为理论的核心是组织期望-业绩反馈决策模型，即有限理性决策者为简化决策流程，设定一个期望水平，并通过实际绩效与期望水平的比较，将绩效的连续测量值转化为成功与失败的离散测量结果，企业据此展开问题搜寻和战略调整[8]。

5.2.1.1 模糊性业绩反馈

前期学者关于业绩反馈决策模型取得了丰富的成果。Chen 和 Miller 以制造业公司为研究对象发现，随着业绩与期望之间落差扩大，企业的经营压力增加，为提升业绩走出经营困境而提高研发搜寻强度[3]；Mishina 等探究了业绩超过期望水平的绩优状态企业进行财务欺诈、会计作假等不端行为的动机形成问题[170];Joseph 等基于期望水平,探讨了业绩反馈和组织结构对产品淘汰决策制定的影响。可见,前期研究大多基于期望水平对企业冒险行为决策的驱动力问题进行探索,其假设前提在于通过对期望水平的模型化可清晰地界定企业经营状态,以便企业据此做出战略调整[171]。然而,这种期望水平模型化的做法却忽视了组织期望水平本身存在着的一定模糊性,且无法避免和消除。正如 March 认为的那样,面临模糊性的业绩反馈决策是企业决策的常态和本质特征[24]。

基于组织期望-业绩反馈决策模型,决策者是否采取冒险行为的依据是实际业绩与期望水平的差距,其中期望水平的确定和选择至关重要。Bromiley 和 Harris 对以往文献中组织期望水平的衡量方法进行梳理后发现,期望水平既可能是基于企业历史业绩的内部期望目标,也可能是基于竞争对手业绩的外部期望目标;同时,期望水平既可能是单一的,也可能是多重的[104]。由此认为,业绩反馈模糊性贯穿于整个冒险决策过程,而期望目标多样性和决策群体性是导致业绩反馈模糊性的重要来源,这是因为:

第一,参考点选取的复杂性导致业绩反馈模糊性。业绩反馈研究通常以历史业绩期望水平和行业业绩期望水平为参照,也有将行业领导者、创新标杆企业或战略群组的业绩作为战略参考点,而且业绩衡量指标也呈现出多元性[104,143]。可见,在单一期望目标的参照下,企业经营状态可清晰界定。然而,决策过程中若同时以历史业绩期望和行业业绩期望为战略参考点时,在一个时期范围内(比如在一年内),根据业绩期望差距判定企业经营状态是复杂的:一方面,在两种期望目标参照下,经营状态可能同样判定为成功或失败,即一致性结果;另一方面,可能一个判定为成功,一个判定为失败,即不一致结果。然而,业绩反馈时间范畴的选择可能是多个连续时期[76]。那么,当同时考虑多个连续时期(比如两年),根据业绩期望差距,则可能存在一致、不一致和模糊性状态判定结果。

第二,组织决策的群体性导致业绩反馈的模糊性。组织是群体决策机构,决策者们的经验和期望在本质上是模糊的,而并非如通常意义的决策情境中所设定的具有一致性意图、偏好、身份和规则[24]。决策者们的期望目标呈现出多样性和次序性,而且随时间变化而不断变换,因而在多种期望目标参照下,业绩反馈容易产生复杂、模糊甚至冲突的结果[20,74]。

由此认为,业绩反馈信息如何成为指导企业行为决策的依据,是一个意义建构过程。这个过程受到众多因素的干扰和影响,其中,决策者的认知和风险偏好是企业解读模糊性的关键。关于决策者对模糊性的诠释过程,已有学者开始关注到决策者主观认知和价值偏见如何影响模糊性信息诠释和企业反应。Knight 认为,企业家往往是那些更愿意承担模糊性事件的人[27]。Audia 和 Brion 发现,由不同业绩衡量方法引致的业绩反馈模糊性会抑制企业做出战略反应的动机[52]。Audia 等提出,当业绩反馈消极时,在自我增强和自我服务心理下,自利的管理者可能倾向于将模糊性反馈信息往有利于个人利益的方向诠释,以维护自我形象和自我价值,并使之成为其行为合法性的依据[71]。可见,自我增强心理是企业应对模糊性反馈的重要动机。社会心理学中自我增强(Self-enhancement)概念是指人们有一种增强自尊、提高自我价值、避免消极反馈评价的需要。当决策者的自尊、组织认同,以及薪酬、职业前景都与企业绩效紧密相关,决策者往往会将成功经营归因于自我能力,突出和肯定自我价值,而把失败结果归因于他人或外部不可控因素,避免个人形象和评价受损。面对模糊性信息反馈时,决策者的这种自利性归因偏差或积极错觉会表现得更明显[72]。决策者可能将业绩不佳理解成临近失败状态,并引导企业“向下比较”,彰显其行为合法性,以致战略调整变革动机被削弱[71]。正如 Rerup 所指出的,由于决策者的有限理性和有限注意力,业绩反馈模型中成与败的二分法掩盖了模糊性状态的存在,这在一定程度上助长了决策主体认知偏见对决策制定的破坏性引导作用。管理者是影响企业决策制定的重要角色,反馈模糊性为管理者自我增强心理的发挥创造了空间[71,164]。在模糊性反馈信息的解读过程中,管理层可能通过其权力影响积极施展导向性作用,将模糊性反馈信息往自利的方向诠释,甚至影响股东价值,从而遏制企业适应性战略变革决策的实施。

此外,以往关于业绩反馈决策模型的研究,通常以单一期望水平为战略参考点,即将实际业绩与历史期望水平或社会期望水平进行比较并作为决策依据。有研究将两者分开,考察各自在不同决策环境下的启示作用,也有将两者结合,通过加权计算得到一个综合期望水平预测战略决策[52,55,104]。在现实决策过程中,较少有决策者基于单一期的历史比较和社会比较的业绩反馈结果进行战略决策制定,而更可能基于连续多期的业绩反馈结果和关联来解释当前经营存在的问题,进而提出具有可信度的解决方案[18]。

基于此,拟突破以往研究中以单一期望目标为参照下成与败的二分法业绩反馈决策模式,研究多个连续时期下历史业绩反馈与行业业绩反馈的相关性,通过连续变量来表现更复杂和现实的业绩反馈结果,有利于深入探究企业战略调整行为的动机和强度。为了表现此反馈状态,用多个连续时期的历史业绩期望差距和行业业绩期望差距之间的相关性(以下简称“业绩反馈相关性”)来表示,相关性用[-1,1]区间的值表示。如果两种业绩反馈结果的一致性较高,则趋近于1,即可清晰地界定经营状态为成功或失败;如果不一致性较高,则趋近于-1,即可清晰地看到在某一参考点下可界定为成功,在另一参考点下界定为失败;两种业绩反馈结果之间的相关性较弱,即趋近于0,表明难以基于两种业绩期望差距之间的关联而笼统地界定经营状态是成功还是失败,即业绩反馈相关性越弱,经营状态判定越困难,业绩反馈所呈现的模糊性程度就越高。

综上所述,在探讨业绩反馈与企业适应性战略变革行为之间的关系时,需要全面考虑业绩反馈结果的一致性(正相关)、不一致性(负相关)和模糊性(弱相关)三种类型对企业反应行为的差异化影响。同时,还应关注企业在应对业绩反馈而做出反应时,决策者可能利用其权力影响并维护其个人利益和风险偏好,尤其对于模糊性业绩反馈的诠释过程,受到管理层主观价值导向的影响。

5.2.1.2 模糊性反馈与战略变革

采用双重目标期望水平作为业绩评估参照,可能出现两种业绩期望差距相关性较弱的结果,不能简单地将经营状态界定为成功或失败,即出现了模糊性业绩反馈结果。此时,决策者需要解读反馈信息,将模糊性评估结果转换成明晰性状态认定,才能作为问题搜寻、战略调整的行为依据,这个过程的关键在于决策者对模糊性信息的重新编码。

从行为动机视角看,决策者在业绩评估的过程中表现出两种行为动机模式:问题搜寻和自我增强[72]。当经营状态得以清晰界定,企业根据业绩反馈情况,搜寻经营问题和解决方案,以提升业绩。相反,当企业经营状况无法清晰界定时,决策者从问题搜寻动机模式转入自我增强动机模式。

决策者受自我增强和自利心理驱动,在模糊性业绩反馈解读过程中有四种行为表现[72]:①修订之前的业绩目标;②降低目标水平;③采用向下的社会比较来评估业绩,以“比下有余”的心态来实现自我服务的目的;④目标置换,夸大反馈中的积极信息、隐藏不利评价。这些行为将有利于决策者维持或提高自我评价,满足其自我保护和行为合理性需求,但可能高估自己的能力而低估环境威胁,形成对实际情况过于乐观的认知偏差,从而造成战略刚性,减缓或延迟企业的适应性反应。

从战略参考点视角看,期望目标存在优先次序,如历史业绩期望目标和行业业绩期望目标的参考意义随决策情境不同而有所侧重,即存在着首要参考点和次要参考点[20,34]。决策者注意力会随企业经营状态的变化而在不同战略参考点之间发生转移[172],尤其对业绩期望落差较敏感。当在两种目标期望水平参照下业绩反馈出现模糊性时,企业面临两种决策情境:第一,当实际业绩超过首要参考点时,不论相对于次要参考点的业绩反馈是顺差或落差,决策者都将更突出首要参考水平的认定结果,以此获得认可并提升自我价值,因而企业战略变革的动机较小;第二,当实际业绩低于首要参考点但相对于次要期望水平是顺差时,受自我增强驱动,决策者对业绩评估结果表现出自我服务倾向,可能调整期望目标次序以维护其胜任形象。换言之,决策者会提升次要参考点的重要性而弱化首要参照点的价值,因此企业战略变革的程度较小。

综上所述,当基于两种期望水平的业绩反馈出现模糊性,即业绩反馈相关性较弱时,自我增强心理促使决策者将模糊性信息理解为更积极正面的反馈,从而减少企业冒险活动,造成企业反应钝化、行为刚性,战略变革的动机较弱,变革程度较小。由此提出以下假设:

假设1 业绩反馈相关性与企业战略变革程度呈U型曲线关系。当业绩反馈相关性为正时,随着两种业绩期望差距的一致性程度下降(正相关性减弱),则业绩反馈模糊性程度越高(弱相关性越明显),战略变革程度越小;当业绩反馈相关性为负时,随着两种业绩期望差距的不一致性程度下降(负相关性减弱),则业绩反馈模糊性程度越高(弱相关性越明显),战略变革程度越小。

5.2.1.3 一致性反馈与战略变革

一致性业绩反馈是指历史业绩期望差距和行业业绩期望差距的相关性为正,即两种差距都为顺差或落差的趋势大体一致。相较于以单一期望水平为参考的业绩评估,这种一致性反馈信息以双重标准为决策者提供了一个清晰、可靠的信号。不同于模糊性反馈结果,决策者们不需要对企业经营状态做进一步解读。一致性程度越高，业绩反馈结果越明显，有助于企业进行战略规划。

当历史业绩期望差距和行业业绩期望差距都为顺差时，此时企业处于绩优状态。一方面，如果业绩刚超过期望水平，在一定程度上证明了前期的战略定位和资源配置是合适的，因恐惧冒险和变革会带来损失，企业可能选择战略持续以维持现状。而且，经营成功滋生了管理者过度自信心理，且考虑到利益相关者要求保持组织稳定性的诉求，可能导致企业行为惰性，缺乏问题搜寻和战略调整的动机。另一方面，如果业绩远超期望水平，处于期望顺差状态的企业管理者受自我提升（self-improvement）动机驱动，有积极向上实现更高目标的需求，承担风险意愿提高[145]。此时的绩优企业不太可能仍以行业平均水平作为决策参考点，"向上比较（striving comparison）"心理推动企业以行业最优业绩为标杆，追求更满意的结果[117,22]。因而目标期望值将随着业绩提高而不断提升，呈现"棘轮效应"。加之利益相关者的高期望使得向上奋争动力增强，决策者风险承担倾向提高，企业愿意增加资源投入通过创新变革行为实现经营目标。所以，当两种期望差距都为顺差且一致性程度越来越高时，企业将从保持战略持续性逐渐过渡到激进型战略变革，以追求更好业绩并稳固行业地位。

当历史业绩期望差距和行业业绩期望差距都为落差时，组织被界定为损失状态，说明组织战略与环境变化不匹配或者组织内部管理效率存在问题，需要进行战略调整。为缩小落差，决策者风险承受能力提高，企业积极尝试冒险或创新行为改变现状的意愿增强，从而促使企业进行诸如市场重新定位、增加研发投入、开发新产品、收购并购或剥离不良资产等战略调整行为。基于企业行为理论，在双重经营期望参考下业绩期望落差越来越显著一致时，组织内部管理效率和外部合法性将会受到利益相关者质疑，从而决策者推动企业进行战略变革。由此提出以下假设：

假设2 业绩反馈相关性的正相关性越强,即一致性关联越高,企业实施战略变革程度越高。

5.2.1.4 不一致性反馈与战略变革

不一致性业绩反馈是指历史业绩期望差距和行业业绩期望差距的相关性为负,两种差距可能存在一顺差一落差情况,不一致性程度越高则评估结果相背离状态越明显。不一致性反馈信息有助于企业更有效地在双重业绩评估标准下对其行业处境和经营状态进行识别,从而有针对性地开展战略调整。此时管理者在模糊业绩评估中的自我增强策略失效,即难以美化或掩饰业绩评估中的落差事实。由于组织对威胁做出的反应往往比面对机会做出的反应更强烈,因此,绩效低于期望水平的现实将引起决策者更多的重视,缩小业绩期望落差的动机将驱动企业实施战略变革。

当历史业绩期望差距为顺差、行业业绩期望差距为落差时,这表明实际业绩虽然高于自身历史业绩但仍低于行业平均。一方面,历史期望顺差使企业具有一定冗余资源和乐观心态,自我提高心理将会激励决策者采取“向上社会比较”,从而提升决策者向上奋争的信心。比如Baum等以曼哈顿酒店管理为研究对象发现,当管理者汇报酒店业绩超过其预期时往往倾向于设定更大规模的酒店为竞争对手[144]。另一方面,行业期望落差说明企业在行业竞争中仍处于弱势,面临生存空间遭受挤压的威胁。为缩小与竞争对手的业绩差距,决策者可能密切关注行业绩优者的竞争战略和行为动向,同时审视自身战略定位和治理机制存在的问题,大胆采用模仿或创新策略[118]。

当历史业绩期望差距为落差、行业业绩期望差距为顺差时,这表明实际业绩虽然高于行业平均却未实现自我预期目标。随着历史期望落差的增大,企业可能因缺乏充足的资源投入而导致竞争优势难以持续,面临行业地位岌岌可危的困境。由此,企业为缩小历史业绩落差并稳固行业地位,可能会积极进行“问题驱动型的冗余搜寻”。另外,历史业绩期望落差和行业业绩期望顺差也可能表明行业环境不景气,在此行业发展下滑或衰退背景下,企业的危机意识被激发,对风险的容忍度提升,从而引发一系列战略变革,技术、产品和服务进行创新。正如Fleming等研究发现,在1975年到1999年间,美国企业突破性专利大都出自实际业绩超过行业平均业绩却未超过其历史业绩的企业里[173]。

综上所述,当出现不一致性业绩反馈时,企业恐惧潜在问题将导致业绩下滑而威胁其现有竞争优势或行业地位,因此在“危机型”或“救火式”心理的驱动下,大胆进行战略变革。由此提出以下假设:

假设3 业绩反馈相关性的负相关性越强,即不一致性关联越高,企业实施战略变革的程度越高。

5.2.1.5 管理层权力的调节作用

决策者对业绩反馈的主观认知在很大程度上决定了企业是否进行搜寻、变革和采用冒险措施[72]。管理层是企业冒险决策的重要参与者,在企业外部缺乏相应制度约束和内部治理机制弱化的环境下,管理层可能通过权力影响企业战略实施。管理层权力是指管理层对公司治理体系(决策权、监督权与执行权)的影响能力[130]。管理层权力越大,管理者自主权越高,决策方向越充分体现个人利益和偏好[122,123]。

模糊性业绩反馈结果包含强烈的噪声,管理层可能利用信息不对称和其权力影响抑制企业适应性战略变革。首先,出于自我增强和风险规避动机,管理者会对企业的重要结果表现出自我服务倾向,会比实际情况更积极乐观地去理解[71]。根据委托代理理论，管理者与所有者的利益函数存在分歧，管理者是风险规避，而所有者是风险中性。管理层权力越大，政治联盟权力越强，受到的监督越弱，管理层有可能利用模糊性反馈结果实施机会主义行为，将反馈结果以有利于提升个人利益的方向来诠释，以提升自我价值、避免负面评价的冲击，因而适应性战略变革程度减少。其次，从我国企业的治理结构看，内部治理制度缺陷和外部约束制度缺乏使得企业战略决策更多地体现管理层偏好，因而管理层在模糊性反馈解读过程中有深度影响力。对于民营企业而言，其管理层权力体现了大股东利益。模糊性反馈被解读为绩差状态时，管理层治理能力遭到质疑，董事会可能考虑调整资源配置、更换经理人或变动管理层等。而将模糊性反馈暂时归结为积极结果，管理层可获得职业安全和后续补救性战略实施机会。对于国有企业而言，所有者缺位现象弱化了董事会对管理层的监督，因此模糊性业绩被界定为积极状态的可能性较大，从而企业适应性反应钝化。

综上所述，管理层权力影响组织对业绩反馈信息的理解和反应。管理层权力越高，当面对模糊性反馈时，自利性动机越强，自我增强心理发挥的空间越大，企业战略决策方向愈发体现管理层利益，那么企业决策者越可能将模糊性结果转化为成功结果来理解，从而延缓战略变革；当面对不一致性结果时，管理层则越可能引导利益相关者关注业绩期望顺差，从而持续原有战略，减少变革；当面对一致性结果时，如果都是业绩期望顺差，将进一步增强管理者过度自信心理，提高对前期战略定位和实施的合理性认知，从而抑制变革，而如果都是落差，管理层权力越高，由于组织惯性和管理者思维定式，则越难以进行根本性战略变革。由此提出以下假设：

假设4 管理层权力对业绩反馈相关性与企业战略变革之间的关系有调节作用，即相对于管理层权力较低的情况，那些管理层权力较高的企业面对同等业绩反馈相关性程度时，管理层呈现的自我增强心理和自利倾向越强，进而风险规避动机越强，战略变革程度越弱。

5.2.2　样本与研究设计

为验证以上理论假设，需开展实证分析。首先进行实证分析的样本选择和数据处理。

5.2.2.1　样本和数据

考虑到我国从2007年开始实施新会计准则，为使数据具有一致性和可靠性，参照其他学者的方法，以2007年作为数据搜集的起始点[12]。由于不同行业间产品生产周期、战略调整程度等有显著的差异，为保证统计口径的一致性和行业背景的可比性，设定一个行业为研究对象，以更好地排除行业背景差异对研究结论的影响[174]。参考以往的相关文献，以2007—2015年在深沪A股上市的信息科技行业为研究对象。为确保样本选择的合理性，剔除了ST、PT财务状况出现异常、数据存在严重缺失的公司样本[92,111]。同时，为克服离群值的影响，对连续变量上下各1%的极端值进行缩尾处理。考虑到企业的历史业绩水平是一种重要的战略参考目标，选择至少有连续三年财务情况记录的上市公司，最终获取223家公司882个观测值的非平衡面板样本。企业财务指标、企业基本特征和企业治理结构等指标主要源于CSMAR数据库和CCER数据库。为确保数据的准确性，通过新浪财经网和金融界等国内网站对相关数据进行核实。

5.2.2.2　变量测量

实证分析模型所需的变量主要包括因变量、自变量、调节变量和控制变量四类。

(1)业绩反馈相关性($Cor_{i,t}$)

业绩反馈相关性表示多个连续时期的历史业绩期望差距与行业业绩期望差距之间的关联性程度。此指标的计算关键在于两个环节:第一,业绩反馈时间单元的确定;第二,期望水平的衡量。由此自变量的计算过程如下:

首先,关于业绩反馈时间单元。不同行业发展情境下企业应对环境变化而做出反应的速度不同,具体表现在业绩反馈时间单元的选择差异上。有的企业基于年度业绩比较而进行战略规划,例如计算机硬件行业以年度业绩为反馈时间单元[52],医疗服务行业也以年度业绩为评估单元[7]。而有的企业对战略反应速度和灵活性比较关注,以季度数据为参考,频繁地调整战略,比如移动手机制造企业通常以季度业绩为反馈时间单元[111]。考虑到企业从业绩反馈到实施适应性战略决策存在一个时间周期,而且中国上市企业对年报数据较为重视,因此将年度数据作为业绩反馈时间单元,并以连续三年的反馈信息为时间窗口,据此来衡量业绩反馈相关性。

其次,关于两种业绩反馈相关性的计算。先分别计算历史业绩期望差距和行业业绩期望差距,然后以连续三年滚动形式测量这两种业绩期望差距的相关性。具体步骤为:

1)历史业绩期望差距($AD_{i,t}$)

企业 i 在 t 期的历史业绩期望差距 $AD_{i,t}$ 是指企业实际绩效 $P_{i,t}$ 与历史业绩期望水平 $HA_{i,t}$ 之差。其中,$P_{i,t}$ 代表企业 i 在 t 期的实际业绩,参照以往研究选取资产利润率(ROA)来衡量[3];$HA_{i,t}$ 代表企业 i 在 t 期的历史业绩期望,其公式为:

$$HA_{i,t} = \alpha P_{i,t-1} + (1 - \alpha) HA_{i,t-1} \tag{5-1}$$

其中,α 是介于[0,1]的调整参数,表示当期历史业绩期望指标中前一期绩效与前一期期望水平之间的权重。考虑到样本行业特征，并借鉴前期学者的研究方法[46,47]，对 α 从 0.5 开始，将每次以 0.1 递增所计算的历史业绩期望值纳入模型进行稳健性检验，结果无显著差异。此处仅汇报模型拟合值最高时的参数值 $\alpha=0.6$ 的检验结果，即历史业绩期望 $HA_{i,t}$ 是由企业 i 在 $t-1$ 期的实际绩效（权重为 0.6）和 $t-1$ 期的历史业绩期望（权重为 0.4）的加权组合。如果历史业绩期望差距（$AD_{i,t}$）大于 0，则说明企业 i 在 t 期实际业绩高于历史业绩期望；若 $AD_{i,t}$ 小于 0，则表明企业 i 在 t 期实际业绩低于历史业绩期望。

2）行业业绩期望差距（$IAD_{i,t}$）

企业 i 在 t 期的行业业绩期望差距 $IAD_{i,t}$ 是实际绩效 $P_{i,t}$ 与行业业绩期望 $SA_{i,t}$ 之差。此步骤关键在于计算行业业绩期望水平 $SA_{i,t}$，其公式为[3]：

$$SA_{i,t}=\sum_{j\neq i}\frac{P_{j,t}}{N} \tag{5-2}$$

其中，$P_{j,t}$ 是指同行业中除目标企业以外的其他企业 j 在 t 期的实际业绩，N 指 t 期目标企业 i 同行业竞争的公司数量。所以，行业业绩期望 $SA_{i,t}$ 是指除目标企业外的行业平均业绩。如果行业业绩期望差距 $IAD_{i,t}>0$，则说明企业 i 在 t 期实际业绩超过行业业绩期望；若 $IAD_{i,t}<0$，则表明企业 i 在 t 期实际业绩低于行业业绩期望。

3）业绩反馈相关性（$Cor_{i,t}$）及反馈类型

借鉴前期学者[71]，将历史业绩期望差距 $AD_{i,t}$ 和行业业绩期望差距 $IAD_{i,t}$ 按连续三年滚动计算得到相关性指标 $Cor_{i,t}$，反映企业决策过程中遇到的一致性、不一致性和模糊性业绩反馈结果。$Cor_{i,t}>0$，则表示正相关，值越大说明一致性程度越高；$Cor_{i,t}<0$，则表示负相关，值越小说明不一致性程度越高；

$Cor_{i,t}$临近 0,说明相关性较弱,处于反馈信息模糊性状态。

为深入理解业绩反馈与企业适应性战略变革之间的关系,通过分段函数具体化业绩反馈结果一致性和不一致性的类型。设定 $I_1=1$ 来表示 $Cor_{i,t}>0$ 的样本,那么 $I_1 * Cor_{i,t}$得到截尾的业绩反馈正相关变量 $PCor_{i,t}$,反映目标企业 i 在 t 期的历史业绩期望差距和行业业绩期望差距同为顺差或同为落差的反馈一致性状态。设定 $I_1=0$ 来表示 $Cor_{i,t}<0$ 的样本,那么 $(1-I_1) * Cor_{i,t}$则得到截尾的业绩反馈负相关变量 $NCor_{i,t}$,表现目标企业 i 在 t 期的历史业绩期望差距和行业业绩期望差距同时存在顺差和落差的不一致反馈情况。此外,还设定业绩反馈相关性的平方项 $Corsq_{i,t}$。

(2)战略变革指数($Str_{i,t}$)

借鉴 Zhang 的研究方法[175],用企业战略资源配置上的年度变动率来表示战略变革程度。若战略资源配置在设定时间范围内变动较大,则说明企业战略调整的程度较大。具体测量方法为:首先获取企业每年在六个维度的资源分配情况:①广告支出(广告支出与营业收入比);②研发投入(研发支出与营业收入比);③固定资产更新程度(固定资产净值与固定资产总值比);④存货收入比(存货与营业收入比);⑤资本密集度;⑥财务杠杆。然后计算这六个指标每期的变动率的绝对值。最后对这六个变动率的指标进行标准化后再计算均值,从而得到每期的战略变革指数 $Str_{i,t}$。考虑到业绩反馈与变革行为反应存在一定的时滞,对企业战略变革的检验采取滞后一年的数据处理,即将 $Str_{i,t+1}$ 纳入模型进行回归。

(3)管理层权力($Power_{i,t}$)

参考已有的研究[130],选取四个维度的指标:①CEO 是否兼任董事长(是则取值为 1,否则为 0);②CEO 任期(取 CEO 任职年数加 1 的自然对数);③股权分散度(第二至第十大股东持股比例平方和除以第一大股东持股比例平方);④董事会规模(董事会人数的自然对数)。将这四个指标标准化后相加,得到管理层权力的指标 $Power_{i,t}$,指标越大,表示管理层权力越高。

(4)控制变量

根据以往的研究,主要对以下影响业绩期望反馈相关性与企业战略变革程度的变量进行控制:①企业寿命($Age_{i,t}$),企业成立时间的自然对数;②企业性质($Nature_{i,t}$),若企业最终控制人为国有则设定为1,其他为0;③企业规模($Size_{i,t}$),企业期末总资产的自然对数;④债务资本比($Debt_{i,t}$),企业负债与所有者权益的比值;⑤企业冗余资源($Slack_{i,t}$),用流动比率、资产负债率和费用收入比这3个值的均值来表示;⑥独立董事比例($Idpro_{i,t}$),即独立董事人数占董事会总人数之比;⑦机构投资者持股比例($Insp_{i,t}$),前十大机构投资者持股比例之和;⑧第一大股东持股比例($Shrc_{i,t}$);⑨管理层持股比例($Mgshp_{i,t}$);⑩多元化程度($Mul_{i,t}$),表示企业 i 在 t 期的多元化程度,用熵指数来计算,公式为 $Mul=\sum_{j=1}^{n}P_j ln(1/P_j)$,其中 n 为企业业务数,P_j 为企业在 j 行业中的营业收入占总营业收入的比重;⑪历史业绩期望差距($AD_{i,t}$),即企业实际业绩与其历史业绩期望水平之差;⑫行业期望差距($IAD_{i,t}$),即企业实际业绩与其行业业绩期望水平之差。此外,还设定了年度虚拟变量($Year_{i,t}$)。以上所有变量的定义参见表5-1。

表5-1　变量定义

变量代码	变量名称	变量定义
1. $Str_{i,t+1}$	战略变革指数	由6个企业战略资源配置维度上的年度变动率来表示
2. $Cor_{i,t}$	业绩反馈相关性	定义为历史业绩期望差距与行业业绩期望差距在3个连续年度上的相关性
3. $PCor_{i,t}$	业绩反馈正相关性	表示业绩反馈相关性为正的情况,即两种业绩期望差距呈现一致性反馈状态
4. $NCor_{i,t}$	业绩反馈负相关性	表示业绩反馈相关性为负的情况,即两种业绩期望差距呈现不一致性反馈状态

续表 5-1

变量代码	变量名称	变量定义与含义
5. $Power_{i,t}$	管理层权力	由 CEO 两职兼任、CEO 任期、股权分散度和董事会规模这 4 个维度进行标准化后的和
6. $Age_{i,t}$	企业年龄	企业成立日期的自然对数
7. $Nature_{i,t}$	企业性质	最终控制人为国有时取值为 1，否则为 0
8. $Size_{i,t}$	企业规模	企业期末总资产的自然对数
9. $Debt_{i,t}$	债务资本比	企业负债与所有者权益的比值
10. $Slack_{i,t}$	组织冗余	流动比率、资产负债率和费用收入比这 3 个值的均值
11. $Idpro_{i,t}$	独立董事比例	独立董事人数占董事会总人数之比
12. $Insp_{i,t}$	机构投资者持股比例	前十大机构投资者持股比例之和
13. $Mul_{i,t}$	多元化程度	计算公式 $Mul = \sum_{j=1}^{n} P_j ln(1/P_j)$，$P_j$ 为企业在 j 行业中的营业收入占总营业收入的比重
14. $Shrc_{i,t}$	第一大股东持股比例	第一大股东持股数量占总股数之比
15. $Mgshp_{i,t}$	管理层持股比例	管理层人员持股数量之和占总股数之比
16. $AD_{i,t}$	历史业绩期望差距	企业实际业绩与历史业绩期望水平之差
17. $IAD_{i,t}$	行业业绩期望差距	企业实际业绩与行业业绩期望水平之差

5.2.2.3 描述性统计与相关性分析

表 5-2 列出了主要变量的描述性统计结果，其中，战略变革指数（$Str_{i,t+1}$）的均值为-0.037，标准差为 0.498；业绩反馈相关性（$Cor_{i,t}$）的均值为 0.504，标准差为 0.635，最小值为-0.999，最大值为 1.000，表明此样本呈现一致性、不一致性和模糊性的反馈结果。从相关性分析看，业绩反馈相关性与战略变革程度为显著正相关关系（$p<0.01$），管理层权力（$Power_{i,t}$）与战略变革程度也为显著正相关关系（$p<0.01$）。业绩期望反馈正相关性（$PCor_{i,t}$）即一致性业绩反馈与战略变革为显著的正相关关系（$p<0.01$），反馈负相关性（$NCor_{i,t}$）即不一致性业绩反馈与战略变革也为显著的正相关关系（$p<0.01$）。下面将对这些变量间的假设关系进行统计检验。

表 5-2　主要变量描述性统计与相关性分析

代码	1	2	3	4	5	6	7	8	9
$Str_{i,t+1}$	1								
$Cor_{i,t}$	0.157#	1							
$PCor_{i,t}$	0.173#	0.951#	1						
$NCor_{i,t}$	0.108#	0.898#	0.717#	1					
$Power_{i,t}$	0.101#	0.0230	0.0300	0.00900	1				
$Age_{i,t}$	-0.0230	0.0290	0.0360	0.0140	0.189#	1			
$Nature_{i,t}$	-0.154#	-0.156#	-0.142#	-0.149#	-0.381#	-0.358#	1		
$Size_{i,t}$	-0.248#	-0.078+	-0.094#	-0.0410	-0.197#	-0.146#	0.349#	1	
$Debt_{i,t}$	0.00200	0.0160	0.00800	0.0250	-0.0070	-0.130#	0.230#	0.358#	1
$Slack_{i,t}$	0.0530	-0.0070	0.00001	-0.0160	0.187#	0.273#	-0.248#	-0.261#	-0.333#
$Idpro_{i,t}$	0.0200	-0.0270	-0.0120	-0.0420	0.172#	0.069+	-0.151#	0.106#	0.113#
$Insp_{i,t}$	0.0230	-0.0100	-0.0120	-0.0040	-0.074+	-0.0180	0.182#	0.136#	0.097#
$Mul_{i,t}$	0.0430	0.0140	0.0290	-0.0100	-0.0180	-0.139#	-0.0110	0.0230	0.0310
$Shrc_{i,t}$	-0.135#	-0.127#	-0.131#	-0.099#	-0.0170	0.067+	0.292#	0.071+	0.00300
$Mgshp_{i,t}$	0.105#	0.113#	0.103#	0.107#	0.297#	0.429#	-0.518#	-0.209#	-0.179#
$AD_{i,t}$	-0.103#	-0.0180	-0.0160	-0.0190	-0.0460	-0.0380	0.0270	-0.0080	-0.0350
$IAD_{i,t}$	-0.383#	-0.150#	-0.152#	-0.121#	0.0140	0.188#	-0.128#	0.067+	-0.190#
均值	-0.037	0.504	0.633	-0.128	2.241	7.6	0.516	21.73	0.842
标准差	0.498	0.635	0.402	0.282	0.428	0.002	0.5	1.168	0.939
代码	10	11	12	13	14	15	16	17	
$Slack_{i,t}$	1								
$Idpro_{i,t}$	-0.0470	1							
$Insp_{i,t}$	-0.0290	-0.144#	1						
$Mul_{i,t}$	-0.0220	0.0170	-0.0480	1					
$Shrc_{i,t}$	-0.101#	0.070+	0.196#	-0.0440	1				
$Mgshp_{i,t}$	0.367#	0.098#	-0.113#	0.0250	-0.142#	1			
$AD_{i,t}$	-0.0450	-0.0010	-0.0310	0.0410	0.0310	-0.0140	1		
$IAD_{i,t}$	0.198#	-0.0520	0.093#	0.00700	0.096#	0.126#	0.532#	1	
均值	1.084	0.375	0.078	0.169	31.47	0.09	-0.001	-0.011	
标准差	0.773	0.054	0.114	0.358	13.47	0.167	0.054	0.058	

注：#$p<1\%$，+$p<5\%$，* $p<10\%$；$N=882$；企业规模、企业寿命是经过自然对数处理后的值。

5.2.3 实证检验与结果分析

5.2.3.1 模型设定

基于研究假设,为检验的假设1和假设4,设定以下研究模型:

$$Str_{i,t+1} = \beta_0 + \beta_1 Cor_{i,t} + \beta_2 Corsq_{i,t} + \beta_3 C_{i,t} + \beta_4 Year_{i,t} + \varepsilon_{i,t} \quad (5-3)$$

$$Str_{i,t+1} = \beta_0 + \beta_1 Cor_{i,t} + \beta_2 Corsq_{i,t} + \beta_3 Power_{i,t} Cor_{i,t} + \beta_4 Power_{i,t} Corsq_{i,t} + \beta_5 C_{i,t} + \beta_6 Year_{i,t} + \varepsilon_{i,t} \quad (5-4)$$

为检验的假设2和假设3,设定以下研究模型:

$$Str_{i,t+1} = \beta_0 + \beta_1 PCor_{i,t} + \beta_2 C_{i,t} + \beta_3 Year_{i,t} + \varepsilon_{i,t} \quad (5-5)$$

$$Str_{i,t+1} = \beta_0 + \beta_1 NCor_{i,t} + \beta_2 C_{i,t} + \beta_3 Year_{i,t} + \varepsilon_{i,t} \quad (5-6)$$

其中,$Str_{i,t+1}$是因变量,表示企业i在$t+1$期的战略变革程度。$Cor_{i,t}$是自变量,表示企业i在t期的业绩反馈相关性,$Corsq_{i,t}$是其平方项。其中$PCor_{i,t}$是业绩反馈正相关性,表示业绩反馈一致性,$NCor_{i,t}$是业绩反馈负相关性,表示业绩反馈不一致性,$C_{i,t}$是控制变量,$Power_{i,t}$表示管理层权力。为避免多重共线性,对模型中的交互项变量进行中心化处理。考虑到面板数据可能存在的异方差等问题,参考相关研究的做法[103],以下回归分析均采用Driscoll-Kraay标准误方法进行估计,所有数据处理和模型估计工作均用STATA12.0完成。

5.2.3.2 检验结果

(1)业绩反馈相关性与战略变革程度之间关系的检验

表5-3列出了业绩反馈相关性与战略变革程度之间关系的检验结果。其中,模型1为含有控制变量和调节变量的基准模型,模型2是加入自变量

及其平方项后的检验模型，结果显示业绩反馈相关性 $Cor_{i,t}$ 的回归系数为正但不显著（$beta=0.004$，$p>0.1$），而其平方项的回归系数显著为正（$beta=0.064$，$p<0.01$），而且在模型 3 中加入与调节变量的交互项后平方项系数仍显著为正（$beta=0.179$，$p<0.01$），说明结果稳健，这表明业绩反馈相关性与战略变革呈 U 型关系。基于模型 3，绘制图 5-1 进一步表现此关系，其中横轴为业绩反馈相关性，纵轴为企业战略变革程度，阴影部分即表示战略变革 95% 的置信区间。参考 Lind 和 Mehlum（2007）[176] 的研究方法，由回归结果计算得到业绩反馈模糊性区间为（-0.256，0.524），反馈相关性为 0 的状态正落在这个区间，其中业绩反馈相关性为-0.033 时是拐点，此时战略变革程度为最低点。由此可见，当业绩反馈模糊性较高时，企业战略调整的动机较弱，战略变革程度较低。假设 1 得到支持。

表 5-3 业绩反馈相关性与战略变革之间关系的检验结果

代码	模型 1	模型 2	模型 3	模型 4	模型 5
$Cor_{i,t}$		0.00400	-0.00600		
		(0.02)	(0.03)		
$Corsq_{i,t}$		0.064***	0.179***		
		(0.02)	(0.04)		
$Cor_{i,t}*Power_{i,t}$			0.00400		
			(0.01)		
$Corsq_{i,t}*Power_{i,t}$			-0.068***		
			(0.02)		
$PCor_{i,t}$				0.071**	0.211***
				(0.04)	(0.05)
$NCor_{i,t}$				-0.056***	-0.216***
				(0.02)	(0.06)
					(0.04)
$PCor_{i,t}*Power_{i,t}$					-0.082***
					(0.03)

续表 5-3

代码	模型 1	模型 2	模型 3	模型 4	模型 5
$NCor_{i,t} * Power_{i,t}$					0.089**
$Power_{i,t}$	0.0120	0.0120	0.0100	0.0120	0.00900
	(0.02)	(0.02)	(0.02)	(0.02)	(0.02)
$Age_{i,t}$	-7.417	-7.755	-8.181	-7.815	-8.531
	(6.34)	(6.00)	(6.08)	(6.03)	(6.07)
$Nature_{i,t}$	-0.112***	-0.112***	-0.114***	-0.112***	-0.115***
	(0.03)	(0.03)	(0.03)	(0.02)	(0.02)
$Size_{i,t}$	-0.078***	-0.076***	-0.073***	-0.077***	-0.073***
	(0.02)	(0.02)	(0.02)	(0.02)	(0.02)
$Debt_{i,t}$	0.00500	0.00600	0.00600	0.00500	0.00500
	(0.05)	(0.05)	(0.05)	(0.05)	(0.05)
$Slack_{i,t}$	0.00900	0.0100	0.0110	0.0100	0.0110
	(0.01)	(0.01)	(0.01)	(0.01)	(0.01)
$Idpro_{i,t}$	-0.0410	-0.0500	-0.0910	-0.0430	-0.0850
	(0.18)	(0.18)	(0.18)	(0.17)	(0.18)
$Insp_{i,t}$	0.549***	0.542***	0.530***	0.543***	0.531***
	(0.15)	(0.14)	(0.14)	(0.15)	(0.14)
$Mul_{i,t}$	0.043**	0.040**	0.038**	0.040**	0.038**
	(0.02)	(0.02)	(0.02)	(0.02)	(0.02)
$Shrc_{i,t}$	-0.00100	-0.00100	-0.00100	-0.00100	-0.00100
	(0.00)	(0.00)	(0.00)	(0.00)	(0.00)
$Mgshp_{i,t}$	0.190***	0.191***	0.198***	0.190***	0.198***
	(0.02)	(0.02)	(0.02)	(0.02)	(0.02)
$AD_{i,t}$	1.201	1.166	1.136	1.171*	1.147*
	(0.73)	(0.71)	(0.70)	(0.71)	(0.69)
$IAD_{i,t}$	-3.355***	-3.291***	-3.290***	-3.302***	-3.312***
	(0.59)	(0.55)	(0.54)	(0.56)	(0.53)
_cons	57.87	60.35	63.47	60.81	66.08
	(47.74)	(45.20)	(45.80)	(45.42)	(45.69)
$Adj.\ R^2$	0.358	0.360	0.361	0.359	0.361
F	51.12	172.5	185.6	166.3	193.7

注:***、**和*分别表示1%、5%、10%的显著性水平;年度效应已控制;括号中是回归系数标准差。$N=882$。

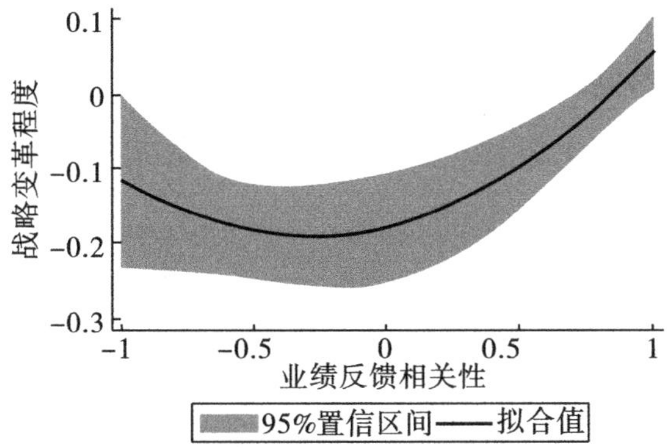

图 5-1　业绩反馈相关性与战略变革

表5-3 中模型4 和模型5 通过分段函数，检验一致性和不一致性反馈类型下企业战略决策的差异。由模型4 结果可知，业绩反馈正相关性（$PCor_{i,t}$）的回归系数显著为正（$bata=0.071, p<0.05$），业绩反馈负相关性（$NCor_{i,t}$）的回归系数显著为负（$bata=-0.056, p<0.01$），在模型5 中加入与调节变量的交互项后此结果依旧稳健。这表明当业绩反馈一致性程度较高时，一种情况是，当两种反馈都呈现一致性顺差时，出于向上奋争追求更优绩效，企业风险承担倾向增强，战略变革程度提高；另一种情况是，当两种反馈都呈现一致性落差时，双重业绩反馈结果向企业提示目前经营处于下滑阶段，为缩小业绩期望落差以尽快走出经营困境，战略变革动机增强。因此假设2 得到支持。而当业绩反馈不一致性程度较高时，两种业绩反馈分别呈现顺差和落差情况，组织对整体经营状态界定存在一定争议。然而，以企业历史业绩和行业业绩为基准，可清楚地看到企业目前的经营不足，有助于企业以此反馈信息有针对性地搜寻问题和解决方案，因而战略变革动机增强。因此假设3 得到支持。

(2)管理层权力的调节效应检验

表5-3中模型3考虑管理层权力对业绩反馈相关性与战略变革之间关系的调节效应,结果显示业绩反馈相关性与管理层权力的交互项为负但不显著,但其平方项与管理层权力的交互项显著为负($beta=-0.068$,$p<0.01$)。这就意味着管理层权力对业绩反馈相关性与企业战略变革程度之间具有显著的负向调节作用,即当企业管理层权力较高时,在同等业绩反馈相关性情况下,企业战略变革的程度较低。表5-3中模型5以分段函数形式检验了管理层权力对业绩反馈一致性、不一致性分别与战略变革关系的调节作用,结果显示管理层权力与业绩反馈正相关性的交互项显著为负($beta=-0.082$,$p<0.01$),管理层权力与业绩反馈负相关性的交互项显著为正($beta=0.089$,$p<0.05$),说明较高的管理层权力将弱化同等业绩反馈状态下企业战略变革程度。

为更清晰地表明这种交互影响模式,根据Cohen等[177]的研究方法,分别以高于均值一个标准差和低于均值一个标准差为基准描绘了不同管理层权力水平下企业的业绩反馈相关性与战略变革程度的差异,如图5-2所示。低管理层权力企业的业绩反馈相关性与战略变革之间的关系呈显著的U型,与全样本回归检验所得到的结果相似。然而,在高管理层权力企业中,业绩反馈相关性与战略变革之间的关系比较稳定,变化不大,而且总体战略变革程度偏小,说明较高的管理层权力弱化了企业在既定业绩反馈情况下可能进行的战略变革程度。因此假设4得到支持。

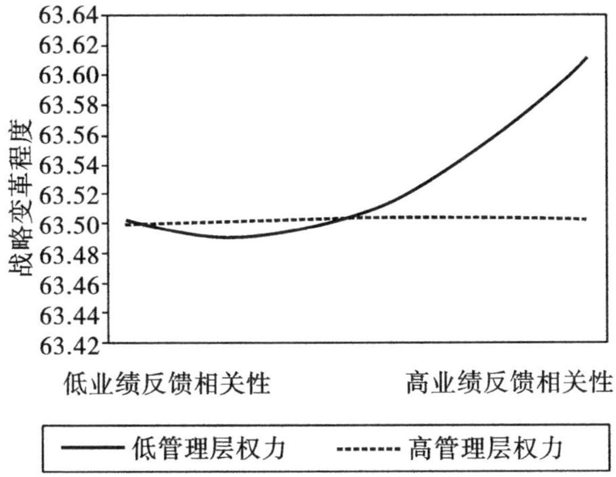

图 5-2　管理层权力、业绩反馈相关性与战略变革

5.2.3.3　稳健性检验

为确保检验结果稳健，使用了最小二乘法（OLS）、Robust 异方差方法、对标准误差进行企业层面的 Cluster 群聚调整方法对结果进行检验。所得结果无显著差异。参考以往的文献[129]，考虑到模型内生性问题、变量测量方法以及观察业绩反馈时间窗口的差异可能对检验结果有影响，进行以下稳健性检验。

（1）内生性检验

业绩反馈相关性能够影响企业战略变革，同时战略变革也会反过来影响业绩反馈结果，可能造成内生性和自回归问题。同时，业绩反馈结果是否具有一致性或模糊性可能内生于企业自身的一些特征，如企业规模、市场地位、治理机制等。为了减轻这种潜在的内生性变量偏差影响，参考以往研究[132]，采用两阶段最小二乘法对模型的内生性问题进行处理。

第一阶段，采用 Probit 模型对企业特征变量，如企业规模、年龄、研发投入强度、治理结构和机制等，与业绩反馈相关性一致性的虚拟变量进行回归。同时,将相应企业的前一年的行业竞争性($HHI_{i,t}$)(用赫芬德尔指数来衡量)作为市场竞争水平的工具变量加入第一阶段的模型中[178]。赫芬德尔指数用企业 i 在行业 j 中所占市场份额的平方和来衡量,计算公式为 $HHI_{ij}=1-\sum(X_{ij}/\sum X_j)^2$,其中 X_{ij} 为行业 j 中企业 i 的主营业务收入,$\sum X_j$ 为行业 j 中所有企业的主营业务收入之和。第二阶段,将第一阶段回归分析中得到的业绩反馈一致性的内生性偏差调整项($Eed_{i,t}$)纳入模型回归,最终结果如表 5-4 所示。

从表 5-4 结果看,行业竞争性、管理层持股等与业绩反馈一致性均呈显著正向作用,而企业性质、组织冗余、第一大股东持股比例与是否业绩反馈具有一致性呈显著负相关关系。内生性偏差调整项($Eed_{i,t}$)在模型 3 和模型 5 中比较显著,说明存在一定程度的内生性偏差,但从其他回归结果看,均与表 5-3 的检验结果一致,说明内生性偏差对主要结论影响有限,结果具有较强稳健性。

表 5-4 业绩反馈相关性与战略变革间关系的内生性检验结果

代码	第一阶段	第二阶段				
	模型 1	模型 2	模型 3	模型 4	模型 5	模型 6
$Cor_{i,t}$			0.00800	0.00200		
			(0.02)	(0.03)		
$Corsq_{i,t}$			0.060***	0.175***		
			(0.02)	(0.03)		
$Cor_{i,t}*Power_{i,t}$				0.00200		
				(0.01)		
$Corsq_{i,t}*Power_{i,t}$				-0.068***		
				(0.02)		
$PCor_{i,t}$					0.071**	0.216***
					(0.04)	(0.05)

续表 5-4

代码	第一阶段	第二阶段				
	模型 1	模型 2	模型 3	模型 4	模型 5	模型 6
$NCor_{i,t}$					-0.047**	-0.203***
					(0.02)	(0.07)
$PCor_{i,t} * Power_{i,t}$						-0.085***
						(0.03)
$NCor_{i,t} * Power_{i,t}$						0.087**
						(0.04)
$HHI_{i,t-1}$	0.460*					
	(0.93)					
$Eed_{i,t}$		-0.490	-0.509	-0.538*	-0.513	-0.546*
		(0.31)	(0.34)	(0.31)	(0.34)	(0.34)
$Power_{i,t}$	-0.157	-0.0110	-0.0120	-0.0150	-0.0120	-0.0160
	(0.14)	(0.02)	(0.02)	(0.02)	(0.02)	(0.02)
$Age_{i,t}$	-10.45	-8.943	-9.310	-9.805	-9.371	-10.173*
	(26.25)	(6.36)	(6.10)	(6.18)	(6.13)	(6.15)
$Nature_{i,t}$	-0.458***	-0.174***	-0.175***	-0.180***	-0.175***	-0.182***
	(0.14)	(0.05)	(0.05)	(0.05)	(0.05)	(0.05)
$Size_{i,t}$	-0.0400	-0.082***	-0.080***	-0.077***	-0.080***	-0.077***
	(0.06)	(0.02)	(0.02)	(0.02)	(0.02)	(0.02)
$Debt_{i,t}$	0.0780	0.0130	0.0130	0.0130	0.0130	0.0130
	(0.07)	(0.05)	(0.05)	(0.04)	(0.05)	(0.05)
$Slack_{i,t}$	-0.135*	-0.00600	-0.00600	-0.00600	-0.00600	-0.00600
	(0.08)	(0.01)	(0.01)	(0.01)	(0.01)	(0.01)
$Idpro_{i,t}$	-1.385	-0.220	-0.232	-0.283	-0.226	-0.280
	(1.05)	(0.25)	(0.26)	(0.27)	(0.26)	(0.26)
$Insp_{i,t}$	0.546	0.621***	0.616***	0.606***	0.617***	0.608***
	(0.46)	(0.15)	(0.14)	(0.14)	(0.14)	(0.14)
$Mul_{i,t}$	-0.0650	0.036**	0.033**	0.030*	0.033**	0.029*
	(0.14)	(0.02)	(0.02)	(0.02)	(0.02)	(0.02)

续表 5-4

代码	第一阶段	第二阶段				
	模型 1	模型 2	模型 3	模型 4	模型 5	模型 6
$Shrc_{i,t}$	-0.011**	-0.003*	-0.002*	-0.002*	-0.003*	-0.002*
	(0.00)	(0.00)	(0.00)	(0.00)	(0.00)	(0.00)
$Mgshp_{i,t}$	0.705*	0.270***	0.273***	0.284***	0.272***	0.285***
	(0.42)	(0.06)	(0.06)	(0.06)	(0.06)	(0.06)
$AD_{i,t}$	2.586*	1.561*	1.535*	1.522*	1.543*	1.539*
	(1.41)	(0.82)	(0.82)	(0.82)	(0.82)	(0.81)
$IAD_{i,t}$	-4.591***	-3.946***	-3.898***	-3.927***	-3.913***	-3.958***
	(1.32)	(0.77)	(0.76)	(0.74)	(0.76)	(0.74)
_ cons	81.57	70.04	72.76	76.42	73.23	79.185*
	(199.44)	(47.94)	(46.05)	(46.67)	(46.25)	(46.40)
Adj. R^2		0.359	0.361	0.363	0.360	0.363
F		239.8	166.7	158.1	169.2	175.1

注：***、** 和* 分别表示 1%、5%、10% 的显著性水平；年度效应已控制；括号中是回归系数标准差。N=882。

(2) 更换测量指标

1) 更换业绩指标测量方法

根据以往文献研究，如果业绩反馈模型中业绩衡量指标不同，业绩评估结果也会不同，以致影响业绩反馈相关性及企业后续决策行为。为避免因业绩指标的选取而导致检验结果的差异性，同时鉴于研究样本为信息科技行业且企业较重视产品市场的实时反馈情况，因此选取 ROS 作为业绩衡量指标进行稳健性检验，回归结果如表 5-5 所示。从模型 1 和模型 2 的结果看，业绩反馈相关性与战略变革程度依然呈现 U 型曲线关系，业绩反馈相关性较低，即模糊性程度较高时，企业战略变革的程度较低，假设 1 得到验证。从模型 3 和模型 4 的结果看，分段函数所呈现的一致性业绩反馈的回归系数显著为正,这表明假设2得到支持;然而,不一致性业绩反馈的回归系数为负但不显著,因此假设3只能得到部分支持。再从模型2和模型4的结果看,虽然管理层权力表现为负调节作用,但不显著,所以假设4也只能得到部分支持。

2)更换管理层权力指标测量方法

借鉴已有对企业管理层权力的研究方法,对管理层权力的调节效应进行了检验。Finkelstein(1992)[179]认为,CEO会利用其权力影响,在企业战略决策、战略选择、战略变革过程中发挥重要作用。例如,如果企业董事会的监管相对较弱,CEO则可能出于自利和风险规避动机,坚守现状,并发挥其权力减少战略变革[180]。因此,该部分将管理层权力替换为CEO权力,并参考Dowell[181]的测量方法,对CEO权力的调节效应进行检验。其中,CEO权力指标包括三个维度:①CEO结构权力(CEO与董事长是否两职兼任,是则取值为1,否则为0);②CEO所有权权力(CEO所持企业股权比例);③CEO是不是创始人(是则取值为1,否则为0)。将这三个维度分别进行标准化处理后加总,得到CEO权力的指标。指标越大,说明CEO权力越高。从表5-5中模型5到模型8的回归结果看,与表5-3中检验结果一致,支持前述假设。

表5-5 更换变量测量后业绩反馈相关性与战略变革的检验结果

代码	更换业绩衡量指标ROS测量				更换管理层权力指标测量			
	模型1	模型2	模型3	模型4	模型5	模型6	模型7	模型8
$Cor_{i,t}$	0.047***	0.115**			0.00400	-0.00200		
	(0.02)	(0.04)			(0.02)	(0.02)		
$Corsq_{i,t}$	0.057***	0.0570*			0.064***	0.165***		
	(0.02)	(0.07)			(0.02)	(0.04)		

续表 5-5

代码	更换业绩衡量指标 ROS 测量				更换管理层权力指标测量			
	模型 1	模型 2	模型 3	模型 4	模型 5	模型 6	模型 7	模型 8
$Cor_{i,t}*Power_{i,t}$		-0.046**				0.00200		
		(0.02)				(0.01)		
$Corsq_{i,t}*Power_{i,t}$		-0.0500*				-0.074**		
		(0.04)				(0.03)		
$PCor_{i,t}$			0.121***	0.182***			0.071**	0.211***
			(0.01)	(0.07)			(0.04)	(0.05)
$NCor_{i,t}$			-0.0280	-0.0500			-0.056***	-0.216***
			(0.04)	(0.11)			(0.02)	(0.05)
$PCor_{i,t}*Power_{i,t}$				-0.0470				-0.102***
				(0.04)				(0.04)
$NCor_{i,t}*Power_{i,t}$				0.0460				0.110***
				(0.05)				(0.04)
$Power_{i,t}$	0.0140	0.0150	0.0140	0.0150	-0.0120	-0.0110	-0.0120	-0.0100
	(0.01)	(0.02)	(0.01)	(0.01)	(0.02)	(0.02)	(0.02)	(0.02)
$Age_{i,t}$	-7.508*	-6.857*	-7.538*	-6.897*	-7.755	-7.965	-7.815	-8.345
	(4.01)	(3.66)	(4.05)	(3.69)	(6.00)	(5.97)	(6.03)	(5.90)
$Nature_{i,t}$	-0.095***	-0.086***	-0.095***	-0.087***	-0.112***	-0.113***	-0.112***	-0.115***
	(0.03)	(0.03)	(0.03)	(0.03)	(0.03)	(0.03)	(0.02)	(0.02)
$Size_{i,t}$	-0.089***	-0.085***	-0.088***	-0.085***	-0.076***	-0.074***	-0.077***	-0.074***
	(0.02)	(0.02)	(0.02)	(0.02)	(0.02)	(0.02)	(0.02)	(0.02)
$Debt_{i,t}$	0.00900	0.00900	0.00900	0.00900	0.00600	0.00700	0.00500	0.00600
	(0.05)	(0.05)	(0.05)	(0.05)	(0.05)	(0.05)	(0.05)	(0.05)
$Slack_{i,t}$	0.018**	0.020**	0.018**	0.021***	0.0100	0.0110	0.0100	0.0100
	(0.01)	(0.01)	(0.01)	(0.01)	(0.01)	(0.01)	(0.01)	(0.01)
$Idpro_{i,t}$	0.0600	0.0180	0.0610	0.0200	-0.0500	-0.0780	-0.0430	-0.0770
	(0.18)	(0.21)	(0.18)	(0.21)	(0.18)	(0.19)	(0.17)	(0.18)
$Insp_{i,t}$	0.466***	0.462***	0.467***	0.464***	0.542***	0.532***	0.543***	0.532***
	(0.11)	(0.10)	(0.11)	(0.10)	(0.14)	(0.14)	(0.15)	(0.14)

续表 5-5

代码	更换业绩衡量指标 ROS 测量				更换管理层权力指标测量			
	模型 1	模型 2	模型 3	模型 4	模型 5	模型 6	模型 7	模型 8
$Mul_{i,t}$	0.043**	0.039*	0.043**	0.038*	0.040**	0.040**	0.040**	0.040**
	(0.02)	(0.02)	(0.02)	(0.02)	(0.02)	(0.02)	(0.02)	(0.02)
$Shrc_{i,t}$	-0.002**	-0.001*	-0.002**	-0.001*	-0.00100	-0.00100	-0.00100	-0.00100
	(0.00)	(0.00)	(0.00)	(0.00)	(0.00)	(0.00)	(0.00)	(0.00)
$Mgshp_{i,t}$	0.137***	0.095***	0.138***	0.096***	0.191***	0.193***	0.190***	0.194***
	(0.02)	(0.04)	(0.02)	(0.04)	(0.02)	(0.02)	(0.02)	(0.02)
$AD_{i,t}$	0.566*	0.558	0.566*	0.558	1.166	1.133	1.171*	1.140
	(0.34)	(0.34)	(0.34)	(0.34)	(0.71)	(0.71)	(0.71)	(0.70)
$IAD_{i,t}$	-1.339***	-1.334***	-1.341***	-1.335***	-3.291***	-3.268***	-3.302***	-3.286***
	(0.31)	(0.31)	(0.31)	(0.30)	(0.55)	(0.53)	(0.56)	(0.53)
_ cons	58.686*	53.633*	58.892*	53.924*	60.40	61.89	60.86	64.72
	(30.11)	(27.44)	(30.43)	(27.72)	(45.25)	(45.02)	(45.47)	(44.46)
Adj. R^2	0.344	0.349	0.345	0.349	0.360	0.361	0.359	0.361
F	18.01	82.04	18.70	83.04	172.5	221.3	166.3	160.3

注：***、** 和 * 分别表示 1%、5%、10% 的显著性水平；括号中是回归系数标准差；年度控制变量包含其中但未列示。N=882。

3）更换观察业绩反馈的时间窗口

从外部环境视角，不同行业所处的竞争环境的变化速度具有较大差异；从内部管理视角，不同企业对适应环境变化、追求反应敏捷性和灵活性方面表现出不同程度的关注和投入。因此，不同企业对业绩反馈时间单元和时间窗口的选择存在差别。为了检验结果的稳健性，该部分以季度数据和半年度数据为业绩反馈时间单元，分别以连续 5 个季度滚动和连续 5 个半年度滚动为业绩反馈时间窗口，计算出两种业绩反馈相关性，再纳入对应的模型进行检验，结果如表 5-6 所示。从模型 1、模型 2、模型 5、模型 6 的结果看，业绩反馈相关性与战略变革呈现 U 型曲线关系，假设 1 得到支持。从模型 3

和模型4的结果可以看到,以季度数据衡量的业绩反馈相关性模型中,管理层权力的调节作用基本符合假设。从模型7和模型8的结果看,业绩反馈正相关性的回归系数显著为正,且管理层权力的负调节作用显著;而业绩反馈负相关性的回归系数为负但不显著,且管理层权力的负调节作用也不显著。但总的来说,不管是以年度、半年度还是季度数据为业绩反馈时间单元,业绩反馈相关性与战略变革程度之间都呈现U型曲线关系,符合前述所提出的假设。然而管理层权力在不同业绩反馈时间窗口下所表现的调节作用不稳健,说明其管理层权力作用的发挥受到时间效应的影响。

表5-6　更换观察业绩反馈时间窗口的检验结果

代码	以季度为业绩反馈时间单元				以半年度为业绩反馈时间单元			
	模型1	模型2	模型3	模型4	模型5	模型6	模型7	模型8
$Cor_{i,t}$	0.147*	0.168**			0.132***	0.201***		
	(0.08)	(0.07)			(0.02)	(0.02)		
$Corsq_{i,t}$	0.329**	1.022***			0.070**	0.176***		
	(0.16)	(0.32)			(0.03)	(0.05)		
$Cor_{i,t}*Power_{i,t}$		-0.0840				-0.085***		
		(0.07)				(0.02)		
$Corsq_{i,t}*Power_{i,t}$		-0.560***				-0.107***		
		(0.15)				(0.03)		
$PCor_{i,t}$			0.533**	1.354***			0.210***	0.421***
			(0.21)	(0.34)			(0.04)	(0.04)
$NCor_{i,t}$			-0.237	-1.000***			-0.0530	-0.0350
			(0.19)	(0.38)			(0.03)	(0.06)
$PCor_{i,t}*Power_{i,t}$				-0.708***				-0.217***
				(0.17)				(0.03)
$NCor_{i,t}*Power_{i,t}$				0.520***				0.0570
				(0.16)				(0.05)
$Power_{i,t}$	0.209**	0.252**	0.205*	0.240**	-0.048**	-0.047**	-0.048**	-0.046**
	(0.11)	(0.12)	(0.10)	(0.12)	(0.02)	(0.02)	(0.02)	(0.02)

续表 5-6

代码	以季度为业绩反馈时间单元				以半年度为业绩反馈时间单元			
	模型 1	模型 2	模型 3	模型 4	模型 5	模型 6	模型 7	模型 8
$Age_{i,t}$	0.0620	-0.668	-0.0970	-1.150	10.609***	10.844***	10.737***	11.374***
	(16.15)	(15.43)	(16.25)	(15.63)	(2.55)	(2.83)	(2.62)	(2.94)
$Nature_{i,t}$	0.0520	0.081***	0.0480	0.067**	-0.027*	-0.0190	-0.027*	-0.0190
	(0.03)	(0.03)	(0.03)	(0.03)	(0.01)	(0.01)	(0.01)	(0.01)
$Size_{i,t}$	-0.230***	-0.228***	-0.230***	-0.229***	-0.058***	-0.049***	-0.058***	-0.048***
	(0.07)	(0.07)	(0.07)	(0.07)	(0.01)	(0.01)	(0.01)	(0.01)
$Debt_{i,t}$	0.328**	0.370**	0.329**	0.368**	0.0270	0.0320	0.0270	0.0330
	(0.16)	(0.16)	(0.16)	(0.16)	(0.03)	(0.02)	(0.03)	(0.02)
$Slack_{i,t}$	0.162***	0.154***	0.162***	0.154***	-0.021***	-0.014**	-0.021***	-0.014**
	(0.04)	(0.04)	(0.04)	(0.04)	(0.01)	(0.01)	(0.01)	(0.01)
$Idpro_{i,t}$	-0.061***	-0.063***	-0.061***	-0.062***	-0.109	-0.142	-0.114	-0.152
	(0.02)	(0.02)	(0.02)	(0.02)	(0.14)	(0.14)	(0.14)	(0.14)
$Insp_{i,t}$	-0.00100	-0.00100	-0.00100	-0.00100	0.164**	0.118	0.163**	0.117
	(0.00)	(0.00)	(0.00)	(0.00)	(0.08)	(0.08)	(0.08)	(0.08)
$Mul_{i,t}$	-0.0440	-0.0100	-0.0440	-0.00500	-0.0170	-0.0140	-0.0160	-0.0120
	(0.12)	(0.12)	(0.12)	(0.12)	(0.04)	(0.04)	(0.04)	(0.04)
$Shrc_{i,t}$	-1.512***	-1.452***	-1.511***	-1.448***	-0.001*	-0.00100	-0.001*	-0.00100
	(0.33)	(0.33)	(0.33)	(0.33)	(0.00)	(0.00)	(0.00)	(0.00)
$Mgshp_{i,t}$	0.439*	0.521**	0.446*	0.543**	0.099***	0.080**	0.098***	0.076**
	(0.23)	(0.21)	(0.23)	(0.21)	(0.03)	(0.03)	(0.04)	(0.03)
$AD_{i,t}$	1.983	2.630	1.917	2.521	1.773***	1.898***	1.759***	1.888***
	(3.37)	(3.34)	(3.36)	(3.34)	(0.27)	(0.26)	(0.27)	(0.26)
$IAD_{i,t}$	11.918***	10.008***	11.998***	10.241***	-3.698***	-4.021***	-3.684***	-3.999***
	(3.79)	(3.63)	(3.78)	(3.60)	(0.25)	(0.24)	(0.25)	(0.23)
_cons	4.380	9.375	5.519	12.85	-79.664***	-81.717***	-80.656***	-85.815***
	(123.41)	(117.93)	(124.15)	(119.38)	(19.36)	(21.50)	(19.84)	(22.27)
N	1804	1804	1804	1804	1848	1848	1848	1848
$Adj. R^2$	0.520	0.524	0.520	0.524	0.344	0.357	0.344	0.358
F	4148	1652	6069	1223	675.0	221.5	441.8	279.3

注:***、** 和* 分别表示 1%、5%、10% 的显著性水平;括号中是回归系数标准差;年度控制变量包含其中但未列示。

至此可以看到，基于中国上市企业数据对业绩反馈模糊性、一致性和不一致性与企业战略变革之间关系的研究结果，与前期学者[18]基于西方情境而进行的业绩反馈与企业反应行为之间呈U型曲线关系的研究结论大体一致，说明通过业绩反馈相关性来表现的业绩反馈类型与企业战略反应行为之间的关系存在一定规律，具体表现为，一致性和不一致性反馈基于双重期望目标为企业经营状态提供了相对清晰的信号，有助于企业有针对性地实施战略调整与变革，而模糊性反馈为管理者自我增强心理的发挥提供了空间，对当前战略决策及经营状态呈现积极错觉，进而抑制企业进行战略改变。此外，基于管理层权力视角对情境机制进行探讨，发现管理层权力越大，则越倾向于利用权力在决策过程中施加影响，使决策方向体现个人利益和意愿，尤其是面临模糊性反馈状态时，管理者自我增强心理进一步得到加强，从而降低了企业实施战略变革的程度。另外，通过更换变量测量和更换业绩反馈时间窗口等方法检验了研究结果的稳健性，深化并拓展了业绩反馈与企业适应性战略变革之间关系的理解。

5.3 企业适应性战略变革对企业成长路径提供的新思路

利用2007—2015年在深沪A股上市的信息科技行业公司的数据进行理论研究与数据检验，得到以下结论：①当企业面对模糊性业绩反馈结果时，决策者受自我增强心理驱动，将模糊性结果理解为比实际情况更积极，即倾向于把模糊性结果转化为非失败状态加以诠释，从而对内可获得利益相关者认可，对外有利于维护组织声誉及合法性并提升决策者自我价值，以致会削弱企业问题搜寻动机，因此企业实施战略变革的意愿较低，此时的企业决策倾向于保守、谨慎与战略刚性；②同时以历史业绩期望和行业业绩期望为战略参考目标，当企业面对一致性或不一致业绩反馈结果时，出于对业绩期望落差的敏感或向上奋争的需求，企业谋求变革发展的动机增强；③管理层权力越大，模糊性业绩反馈下自我增强心理越强，这会削弱业绩反馈相关性与战略变革的关系，并进一步遏制企业适应性战略调整行为。在中国情境下，企业的外部治理环境和内部治理机制发展不完善，比如国有企业管理层权力随着政府的逐步放权而不断增强，出现所有者缺位、内部人控制等现象，从而延缓企业的适应性战略变革行为；此外，民营企业上市后由创始人或其家族成员担任高管时，董事会和高管的职能重合易造成管理层拥有凌驾于董事会的战略决策权和契约拟定权，这助长了管理层的自利动机，从而延缓了企业的适应性战略变革行为。

研究结果具有以下几个方面的启示：

第一，企业是一个适应性理性系统，经验性学习通常是一个适应性理性过程。模糊性业绩反馈结果为企业的经验型学习提供了有效且真实的学习情境，为企业适应性理性的成长积累了经验，因此，越是面对模糊的反馈信息，越是需要管理者进行理性思考，进而做出有价值的判断和决策，这亦是企业异质性和不可模仿竞争优势的来源。由于企业所处的环境是不稳定的，企业行为则表现为短期适应性反应过程，企业对模糊性反馈结果的解读过程既受决策者非理性心理因素的影响，也体现出多方利益主体的博弈。研究结论表明，业绩反馈的模糊性程度越高，企业变革程度越小。所以，企业的利益相关者在评判企业的业绩反馈结果及其决策时不能简单受决策者经过自我增强心理影响后的诠释结果所影响，应透过决策者自我增强心理倾向，理性看待面对模糊性业绩反馈结果时管理者的自我增强行为既是管理者规避风险的需要，也是企业增强对外部环境适应性的表现，更是企业成长学习和积累不可模仿优势的过程，即既有其消极的一面，又有其积极的一面。这也进一步证明了组织学习和决策中模糊性和不确定性对现代组织成长的重要性。

第二,以行业业绩期望和历史业绩期望的双重期望水平作为业绩评估标准,对于企业的成长发展而言具有重要的意义。研究结论发现,双重期望水平的业绩反馈结果相关性为一致或不一致时,都会增强企业的适应性战略变革。所以,企业的管理者应当采取积极的态度选取适合企业成长发展的多重期望水平,在目标期望水平以及业绩反馈的引领下,寻求适合自己的发展推进路径,从而获得企业不断成长的驱动力。

第三,管理层权力结构对于企业战略调整的实施具有重要的作用力。研究表明,无论是面对业绩反馈的模糊性、一致性抑或不一致性结果,强势的管理层权力结构都对企业的战略变革起到削弱的作用。这对企业成长发展过程中的管理层权力结构的分配具有一定的启示意义,特别是对于那些谋求变革驱动型发展战略的国有企业与民营企业而言,为其管理权力治理结构的优化提供了一定的参考视角。

将业绩反馈引入企业适应性战略变革研究框架,尤其强调模糊性反馈结果对企业反应行为的影响,丰富了“反馈-反应”决策理论的研究成果。同时,把管理层权力这个决策者因素纳入基于业绩反馈的决策模型中,为深入理解企业适应性战略行为提供了新的视角。但仍存在一些问题有待今后改进与完善。①对于期望目标的选择,采用的是传统业绩反馈研究中常用的历史业绩期望水平和行业业绩期望水平,未来研究可通过社会调研把握企业实践中目标期望值并进行论证,比如市场份额、企业声誉等,有利于更为深入和现实地了解业绩反馈与企业适应性战略调整行为的关系。②影响业绩反馈与企业战略变革行为关系的因素除了管理层权力外,还可能有其他外部制度环境因素或内部治理因素,这有待今后进一步探究。

6 组织期望的内外性与企业战略背离

2020年,中国某咖啡品牌财务造假事件又一次将中国概念股推向风口浪尖,中概股信任危机对中国企业的估值和形象产生了不可磨灭的负面影响。事实上,资本市场早就已经成为企业发展的重要环境因素,企业在进行战略选择时,不仅要考虑自身的经营业绩,更要确保股票市值的稳定以及维护好企业的声誉和形象。因此,在资本市场环境下,企业如何进行战略选择是当前迫切需要明晰的问题。企业在进行战略选择时,战略背离和战略趋同是两种逻辑相异、方向相反的战略决策。为了能使企业突破原有的路径束缚,越来越多的企业会选择“不走寻常路”的战略背离。战略背离是指企业的战略是否与同一行业中其他企业的战略相一致,即企业战略相对于一般行业惯例的偏差[182-184]。不同程度的战略背离反映着企业不同的战略冒险选择方向。

学者们大多对企业战略背离的组织内部影响因素进行了分析,其中包括:CEO权力[185]、管理层任期[153,186]、CEO薪酬及薪酬差距[187]、CEO开放性特征[188]、组织合法性[189]、企业自身资源以及行业期望差距[190]等。同时也有部分学者分析了组织外部影响因素,其中包括:制度环境[191]、文化习俗[192]、行业竞争环境[193]、外部利益相关者对组织的评价[194]等。在中概股信任危机背后所映射的分析师在资本市场中的作用不言而喻,一方面,分析师能够为资本市场提供信息,降低上市公司与投资者之间的信息不对称程度,提高投资效率;另一方面,分析师能够起到市场监督与约束管理层行为的作用,可以视为一种外部治理机制。由此可见,分析师作为专业化的金融市场中介,是影响企业战略背离程度的重要因素。

值得注意的是,分析师关注作为外部影响因素之一与上述因素存在着显著的异质性。首先,上述外部因素更多的是从国家制度层面与行业环境层面探讨其对组织战略背离的影响,而分析师关注则是聚焦于资本市场环境之下的一个重要外部因素;其次,分析师关注也可视为来自企业外部的组织期望,正如已有学者研究所发现的,分析师期望差距可以作为外部业绩反馈直接作用于企业绩效[195],进而影响企业的战略决策,这是其他外部环境因素所不具备的特点。然而目前这方面的理论探讨尚不多见。同时,以往研究更多地聚焦于某一具体的微观角度,分析企业行为对分析师关注产生的反馈,以及分析师关注对企业单一决策行为的影响,如企业创新[196]、企业研发投入[197]、企业并购行为[9]等。然而,如何从战略视角考察企业应对资本市场分析师关注而做出的选择方向,如战略趋同或背离,对于身处高度发达资本市场中的企业而言,这无疑具有重要的实践意义。可见,分析师关注如何影响企业战略适应性行为的问题,值得在以往研究的基础上进一步探索。

6.1 组织期望的内外性特征与内涵

企业行为理论认为,决策者将业绩期望差距作为企业后续行为决策的依据[29]。该理论认为,实际业绩高于期望水平时,企业倾向于保持现有战略不变,战略变革动机减弱,战略持续性增强[107,131,138,198]。研究发现,当企业绩效达到期望水平时,企业管理者做出创新性变革行为的频率会降低;当企业实际业绩低于期望水平时,企业问题搜寻行为增加[3,131],战略变革动机增强,如兼并收购[91]、建立技术联盟[67]等。以往研究更多地探讨了业绩期望差距对企业战略调整程度的影响,以及对企业单一决策行为的影响,仅有少数学者对业绩期望差距与企业战略背离的关系进行了研究。连燕玲等

(2019)[190]研究发现行业业绩期望落差能促进企业实施战略背离；Schimmer和Brauer(2012)[143]发现相比于绩优企业，绩差企业更倾向于采取偏离当前所在战略群组的战略。可见，当企业处于业绩期望顺差或逆差时，其风险承受能力不同，此时对来自资本市场中分析师关注的压力感知程度也不同，从而使得不同经营状况的企业对分析师关注做出不同的决策反馈，因此企业的业绩期望差距对分析师关注和企业战略决策行为具有调节效应。由此，组织期望不仅有来自企业内部的业绩期望，还有来自企业外部，如来自行业的、来自资本市场上分析师的业绩期望。

基于组织期望的内外性，尝试将业绩期望差距纳入研究框架，进一步从企业行为理论的视角来考察业绩期望差距对战略背离的驱动机制。由于企业战略背离是基于行业层面的决策行为，因此，以行业业绩期望差距作为调节变量，将分析师关注与行业业绩期望差距结合起来，探讨在分析师关注与战略背离的模型中行业业绩期望差距起到什么方向以及何种程度的影响，在企业内外部因素的共同影响下，从多维度进一步明晰资本市场环境中不同经营状况的企业是如何选择战略调整方向的。

综上所述，为厘清来自企业外部的业绩期望即分析师关注与企业战略背离之间的关系，拟探讨以下问题：第一，分析师关注是如何影响企业战略背离的？分析师关注究竟可以促进还是抑制企业战略背离？第二，分析师关注在影响企业战略背离的过程中受到何种因素的影响？在不同的情境下，两者的关系会受到何种程度的影响？为此，选取沪深A股制造业为研究样本，搜集并整理了2011—2019年制造企业的相关数据对上述问题进行检验，讨论了企业处于不同的经营状况下，行业业绩期望差距对上述两者关系的影响。

6.2 组织期望的内外性对企业战略背离的影响机制

6.2.1 理论框架与研究假设

根据产业组织理论,同一行业的企业面临同质的经营风险以及监管压力,他们相互学习和模仿促使行业形成普遍适用的行业惯例[46]。一般而言,大多数企业都会选择行业常规战略,以降低经营风险,实现稳健发展[185]。但也有企业根据自身拥有的资源禀赋以及外部行业环境的不同,制定偏离行业标准的战略决策,即产生战略背离。这些战略未经行业内其他企业实践检验,缺乏相关的经验参考,与勘探型战略有一定相似之处。企业对于新领域进行探索时,从合法性角度来看,通常有三种途径,即合规型、不违规型①、违规型。同时,在资本市场环境下,分析师对企业的影响力不容忽视,分析师对于上市企业的治理作用,通常存在两种假说,即监督假说与压力假说,因此,可以从分析师的监督视角与压力视角出发探讨分析师关注与企业战略背离之间的关系。

6.2.1.1 分析师关注与企业战略背离

从监督视角看,分析师通过缓解企业与投资者之间的信息不对称,有效地限制了企业实施背离战略过程中的投机行为(不违规型途径和违规型途径),阻碍了实施背离战略的企业走出逆境的"捷径"。当企业采取战略背离中的不违规型途径时,企业是否符合监管法规的要求尚未可知,可能会促使其无法继续获取外部资源的支持[46]。此外,Hambrick(1983)[199]的研究发

① 此处是指新情况新环境新业态下,由于立法的滞后性,会出现很多暂时的"无规"地带,即没有已有法律可做解释,而这个地带也往往是企业发展创新探索的方向之一。作者在此处将其表述为"不违规型"。

现,采取勘探型战略的企业的经营现金流和投资回报率要大幅度低于实施常规战略的企业。因此,偏离行业常规战略的企业可能面临无法继续获取外部资源的支持,以及自身盈利能力较低的困境,这将大概率促使企业采取投机行为向违规型途径转变,进而释放关于自身利好的信号来撬动外部资源。叶康涛(2015)[200]以中国A股上市公司为样本的研究发现,战略差异度越大的企业,越有可能出现应计盈余管理行为。分析师不仅拥有丰富的专业知识和经验,还能通过特殊渠道获取上市企业的非公开信息,进而可以很好地解读与验证企业财务报表,识别企业的异常状况并形成研究报告。而企业战略背离度越高,外界利益相关者越难了解企业的经营信息[187],分析师通过发布研究报告向投资者展示所研究公司的经营状况以及表达他们对该公司的看法,能有效地缓解企业与投资者之间的信息不对称,对背离战略中的不违规型和违规型途径起到了良好的监管作用。加之企业战略背离本身存在着较大的不确定性,适当的投机行为可能会成为其过渡困境的有效手段,但随着分析师关注度的提高,企业受到的外部监管力度加强,来自外部资本市场的强大外部压力对企业内部的行为动机起到了较强的约束作用,从而限制了企业处于困境时可供选择的解决方案,进而也对企业的战略背离起到了一定的抑制作用。

从压力视角看,分析师赋予了企业管理者强烈的外部压力,有效地阻碍了企业管理层对于背离战略的选择。无论企业采取何种途径进行战略背离,分析师预测作为一种外部业绩反馈对企业管理层实施的短期业绩压力都会存在,若企业实际业绩低于分析师预测目标,则会导致企业股价暴跌、管理层薪酬降低、声誉受损甚至被解聘的负面影响[201]。管理者为避免分析师期望落差可能引发的一系列负面后果,将积极拉升企业短期业绩以维护自身利益,避免那些对企业短期业绩不会产生正面影响的组织行为。企业背离战略正是需要避免的战略决策,因为偏离行业惯例的战略通常未经行业内其他企业实践，缺乏类似的经验参考，进而造成企业存在较高的试错成本，且背离战略实施后并不一定会对企业经营绩效产生积极影响。有研究发现，采用差异化战略的企业本身留存利润率较低，不仅要承担改变战略的风险成本，还需要大量研发资金投入差异化商品的生产，进而致使企业盈利能力降低[202]。相关学者的研究也表明，企业采取偏离行业惯例的战略会引起更严格的监管、更大的经营风险，显著降低了企业绩效[203]。因此，分析师关注度较高的企业，管理层业绩压力更大，其对短期业绩的提高更加重视，在这种业绩压力下，管理层不会选择试错成本高，并且可能会对企业绩效产生消极影响的背离战略，而是更愿意保持当前战略的稳定性与延续性。

综上所述，分析师关注对企业战略背离程度的影响是综合的，不论是从监督视角还是从压力视角来看，随着分析师关注度的提高，都能在一定程度上削弱企业战略背离程度。由此提出以下假设：

假设1 分析师关注度越高的企业，其战略背离程度越弱。

6.2.1.2 行业业绩期望差距的调节效应

企业的战略决策行为还会受到业绩期望差距的显著影响，根据组织期望-业绩反馈决策模型，决策者以期望水平为心理参考基准[8,29]，业绩超过期望水平，则被界定为经营成功，企业倾向于维持原有战略，规避风险[6]；而业绩低于期望水平则被界定为失败，企业会进行问题搜寻，倾向于突破原有战略束缚，承担风险[8]。对决策者的决定起关键性作用的因素是判断成功或失败的参考点，在企业层面即为期望水平（aspiration level），期望水平的确定对后续战略决策的制定十分重要[20]。以往的研究通常以历史业绩期望水平和行业业绩期望水平为参照，前者由企业本身过去的经营业绩所决定，后者由所处行业中其他企业的经营业绩所决定，也有研究将标杆企业、创新型企业或战略集团的业绩作为战略参考点[143]，还有研究将企业创新类指标作为战略参考点。由于组织战略背离讨论的是企业战略与同行业竞争者的一般战略是否一致，那么行业业绩期望更适用。可见，企业所处的经营状态不同会导致其所采取的战略调整方向也截然不同，由此，将引入行业期望差距作为分析师关注与战略背离关系的调节因素，探讨企业处于绩优状态下和绩差状态下，分析师关注对战略背离的影响会有何不同。

(1)当企业处于绩优状态时，企业实际业绩高于期望水平，随着行业期望顺差的扩大，分析师关注与企业战略背离的负相关关系得到增强。这是因为：

第一，从风险承担的角度看，战略背离是一把双刃剑，虽然企业可以通过构建偏离行业惯例的战略获得竞争优势，进而获得超额利润[204]，但战略背离程度越大其盈余持续性越差[205]，难以获得稳定持续的超额利润。同时，战略背离程度大的企业由于偏离行业规则，将面临更大的诉讼风险和经营风险[185]，处理不善可能出现严重亏损[203]。当企业的业绩反馈为正时，成功的经营状况证明了企业当前战略的有效性，企业管理者对当前战略规划和实施较满意，倾向于维持当前战略以求相对稳定的业绩水平[116]，随着业绩期望顺差的扩大，企业规避风险的意愿更强烈，不敢承担新的风险进行战略变革[107]，以免出现亏损，得不偿失。因此，行业业绩期望顺差的扩大增强了分析师关注对企业战略背离的“监督效应”。

第二，从业绩压力的角度看，绩优企业的经营状况良好，在行业中享有一定的声誉以及地位，并且与利益相关者建立了稳固可靠的合作关系，绩优企业会受到更多分析师的关注，往往被寄予厚望[206]。由于分析师对绩优企业的预期更高，从而施加给管理层不断向上追赶的压力[12]。若绩优企业业绩达不到分析师设定的高水平预期，会付出更加惨痛的代价，比如企业声誉、地位以及外部合作关系受损，甚至是合法性降低。管理层在巨大的业绩压力下，不可避免地会做出短视行为，从而导致企业表现出一定程度的战略趋同。因此,随着行业业绩期望顺差不断扩大,管理层处在不断追赶更高的分析师预期水平的重压下,更可能将资源投入短期项目上,而降低企业战略背离程度,行业业绩期望顺差的扩大增强了分析师关注对企业战略背离的“压力效应”。

综上所述,当行业业绩期望顺差持续扩大时,企业的风险承担意愿减弱,且追赶性压力更加加剧了管理层的短视行为,此时企业的战略背离程度减弱。因此行业期望顺差可能加强分析师关注与战略背离之间的负相关关系。由此提出以下假设:

假设2 行业业绩期望顺差对分析师关注与企业战略背离的关系起到调节作用,即随着行业业绩期望顺差的提高,分析师关注对企业战略背离的负向影响将增强。

(2)当企业处于绩差状态时,企业实际业绩低于期望水平,随着行业期望逆差的扩大,分析师关注与企业战略背离的负相关关系遭到削弱。这是因为:

第一,从竞争优势的角度看,当企业的业绩反馈为负时,表明企业目前的经营存在问题,决策者为了摆脱当前的经营困境,风险承担意愿增强,大多会进行战略变革。战略背离作为一种能改变企业竞争地位、提高企业竞争优势的战略决策[204],为企业走出经营困境提供了思路和方向。采用差异化的战略可以提高企业的创新能力,使企业获得竞争者无法模仿的能力[207]。虽然采用常规战略可以提高企业合法性,但是对于绩差企业来说,如果不能改善其经营状况,即使获得较高的合法性也是无济于事的。正如Schimmer和Brauer(2012)[143]的研究发现,相比于绩效高于期望水平的企业,绩效低于期望水平的企业更倾向于采取偏离当前所在战略群组的战略。因此,绩差企业为了改变现状,承担战略背离带来风险的意愿增强,行业业绩期望逆差的扩大削弱了分析师关注对企业战略背离的“监督效应”。

第二,从业绩压力的角度看,一般经营状况良好,资质较高的企业知名度高,会得到分析师的青睐,而业绩状况糟糕的企业可能会出现无人问津的情况,分析师关注度较低,自然分析师对其的预期也较低[115]。此时对绩差企业来说,分析师关注带给其的短期业绩压力并不是很大,改善企业整体的经营状况才是迫在眉睫。企业经营状况差说明当前的战略不符合企业的发展要求,企业若想要实现从劣质企业到优质企业的转变,不能只关注短期业绩的提高,转变企业战略模式,提高行业竞争优势才是当务之急[8]。绩差企业急需实施战略背离来获取竞争优势,改变企业经营现状,且分析师施加给绩差企业的短期业绩压力也比较低,所以,行业业绩期望逆差的扩大削弱了分析师关注对企业战略背离的“压力效应”。

综上所述,当行业业绩期望逆差持续扩大时,企业积极寻求不同的战略模式以提高竞争优势,风险承担意愿增强,且管理层短期业绩压力较小,此时企业更倾向于激进的战略决策,通过战略背离扭转竞争困境的动机增强。因此行业期望逆差可能削弱分析师关注与战略背离之间的负相关关系。由此提出以下假设:

假设3 行业业绩期望逆差对分析师关注与企业战略背离的关系起到调节作用,即随着行业业绩期望逆差的提高,分析师关注对企业战略背离的负向影响将减弱。

6.2.2 样本与研究设计

为验证以上理论假设,需开展实证分析。首先进行实证分析的样本选择和数据处理。

6.2.2.1 样本和数据

研究搜集了2011—2019年深沪A股制造业上市公司的样本数据,在剔除ST/PT的公司样本以及数据存在严重缺失的公司样本后,共得到9440个样本观测值,涵盖了2011—2019年共1699家制造业公司。选取制造业企业为研究样本,是由于不同行业间战略背离程度有显著差异,为避免行业差异给研究结果带来的偏差,设定了一个行业为研究对象。同时也通过CSMAR和CCER数据库获取了公司基本情况、财务指标、战略资源配置以及分析师关注等相关数据。为确保样本数据的质量和准确性,还利用公司年报,以及新浪财经网、金融界等专业网站,对数据进行核实和多途径相互验证。

6.2.2.2 研究设计

基于研究假设,设定以下待检验模型:

$$DS_{i,t+1} = \beta_0 + \beta_1 Coverage_{i,t} + \beta_2 Psa_{i,t} Coverage_{i,t} + \beta_3 Nsa_{i,t} Coverage_{i,t} + \beta_4 CV_{i,t} + \varepsilon_{i,t} \quad (6-1)$$

其中,下标 i 和 t 分别表示企业和年份, $DS_{i,t}$ 表示战略背离程度, $Coverage_{i,t}$ 表示分析师关注度, $Psa_{i,t}$ 表示行业业绩期望顺差, $Nsa_{i,t}$ 表示行业业绩期望逆差, $CV_{i,t}$ 代表所有的控制变量, ε 表示残差。该模型所涉及的变量解释和测量如下。

6.2.2.3 变量测量

实证分析模型所需的变量主要包括因变量、自变量、调节变量和控制变量四类。

(1)因变量

参考以往的文献[185],研发投入、资本密集度、财务杠杆系数、固定资产更新程度、广告和宣传投入以及管理费用投入，是反映企业战略的六个维度，分别代表企业在创新、生产能力扩张、营销、费用结构、资本运营方式方面的行为，每个维度都从一个角度反映企业的战略，将这六个变量整合起来就能反映企业的总体战略。具体而言，六个变量的计算方式分别为无形资产净值与营业收入的比率，固定资产与员工人数的比率，短期借款、长期借款与应付债券之和除以所有者权益，固定资产净额与资产总计的比率，销售费用与营业收入的比率，管理费用与营业收入的比率；然后将以上六个战略指标值与当年每个细分行业均值相减后再除以行业标准差，并取绝对值，最终以六个指标的均值作为该企业当年的战略背离程度（$DS_{i,t}$），变量 $DS_{i,t}$ 的值越大代表企业偏离行业常规战略的程度越大。该指标的计算是基于企业当前所实施的战略情况，而不是管理层的计划，这也进一步反映了该指标的合理性。

(2)自变量

以往学者将分析师关注度（$Coverage_{i,t}$）定义为对目标企业发布盈余预测或投资评级报告的分析师人数[208]。如果在过去一个财务年度中，券商分析师发布过某家公司至少一份盈余预测或评级报告，则被看作关注了这家公司。由此，采用关注企业的分析师人数加 1 的自然对数来衡量分析师关注度。

(3)调节变量

鉴于组织战略背离讨论的是企业战略与同行业竞争者的一般战略是否一致，那么行业业绩期望更适用于此研究，另外，采用了总资产收益率(ROA)作为业绩衡量指标。行业业绩期望差距（$P_{i,t} - SA_{i,t}$）则界定为企业实际业绩（$P_{i,t}$）与行业期望水平（$SA_{i,t}$）之间的距离，业绩期望差距为正时，企业处于绩优状态；反之，业绩期望差距为负时，企业处于绩差状态。以同期同行业平均业绩标准表示行业业绩期望水平[18]，其计算公式为：

$$SA_{i,t}=\frac{\sum_{j\neq i}P_{j,t}}{N} \tag{6-2}$$

其中，$SA_{i,t}$ 即行业业绩期望，是指除目标企业外的行业平均业绩；$P_{j,t}$ 即企业实际业绩，是指企业 i 在行业内的竞争对手企业 j 在 t 期的实际业绩，N 指除企业 i 之外行业中的其他企业数。设定 $I=1$ 来表示 $(P_{i,t}-SA_{i,t})>0$ 的企业，即处于行业业绩期望顺差状态的企业；$I=0$ 来表示 $(P_{i,t}-SA_{i,t})<0$ 的企业，即处于行业业绩期望逆差状态的企业。那么 $I*(P_{i,t}-SA_{i,t})$ 得到截尾的行业业绩期望顺差变量 $Psa_{i,t}$，而 $(1-I)*(P_{i,t}-SA_{i,t})$ 则得到截尾的行业业绩期望落差变量 $Nsa_{i,t}$。

(4)控制变量

根据以往的常规研究，选择如下控制变量：企业规模（$Size_{i,t}$），企业寿命（$Life_{i,t}$），企业性质（$Soe_{i,t}$），股权集中度（$ShrC_{i,t}$），市场份额（$Mktshr_{i,t}$），组织冗余（$Slack_{i,t}$），破产指数（$AltZ_{i,t}$），两职兼任（$Dceo_{i,t}$），经理人变更（$Chg_{i,t}$），独立董事比例（$Inbrd_{i,t}$），市场化程度（$Dum_{i,t}$）。此外，考虑到年度变化趋势、行业环境变化对战略背离可能产生的影响，设定了年度虚拟变量（$Yr_{i,t}$）、行业虚拟变量（$Ind_{i,t}$）来进行控制。主要变量的定义见表 6-1。

表 6-1 变量定义表

变量类型	变量代码	变量名称	变量定义
被解释变量	$DS_{i,t}$	战略背离	衡量企业战略与同行业主流趋势的偏离程度，计算过程详见前文
解释变量	$Coverage_{i,t}$	分析师关注度	对企业发布盈余预测或投资评级报告的分析师人数加1后取对数

续表 6-1

变量类型	变量代码	变量名称	变量定义
调节变量	$Psa_{i,t}$	行业业绩期望顺差	企业实际业绩与行业业绩期望之差,计算过程详见前文
	$Nsa_{i,t}$	行业业绩期望逆差	企业实际业绩与行业业绩期望之差,计算过程详见前文
控制变量	$Size_{i,t}$	企业规模	以企业期末总资产的自然对数衡量
	$Life_{i,t}$	企业寿命	以企业成立之日至统计当年的年限长度(取自然对数)来测量
	$Soe_{i,t}$	企业性质	若企业为国企则设定为1,其他则为0
	$ShrC_{i,t}$	股权集中度	通过前五位大股东持股比例的赫芬达尔指数来衡量
	$Mktshr_{i,t}$	市场份额	企业主营业务收入与行业主营业务收入之比
	$Slack_{i,t}$	组织冗余	流动比率、资产负债率和费用收入比这三个值的均值
	$AltZ_{i,t}$	破产指数	采用 Altman'Z 指数来衡量企业财务危机状况
	$Dceo_{i,t}$	两职兼任	若 CEO 同时兼任了董事长,则设定为1,否则为0
	$Chg_{i,t}$	经理人变更	若企业在两年内发生董事长或总经理变更则设为1,否则设为0
	$Inbrd_{i,t}$	独立董事比例	外部独立董事所占董事会总人数的比例
	$Dum_{i,t}$	市场化程度	根据樊纲市场化指数来测度
	$Yr_{i,t}$	年度虚拟变量	以2011年为基准,共9个年度,设立8个虚拟变量
	$Ind_{i,t}$	行业虚拟变量	根据中国证监会的公司行业分类指引(2012版)划分

6.2.2.4 描述性分析和相关性分析

表6-2为主要变量的描述性统计结果,在表中可以看到分析师关注度的标准差和均值分别为1.093以及1.786;战略背离程度的标准差和均值分别为0.339以及0.672。从表6-3相关性分析看,分析师关注度与战略背离程度为显著负相关关系($r=-0.143, p<0.01$),表明分析师关注度越高,企业战略背离的程度越弱。行业业绩期望顺差与战略背离程度呈显著负相关关系($r=-0.118, p<0.01$),即行业业绩期望顺差越大,战略背离的程度越弱;行业业绩期望逆差与战略背离程度呈显著正相关关系($r=0.085, p<0.01$),即行业业绩期望逆差越大,战略背离的程度越强。这些结果与前文研究假

设的方向是一致的,为假设的验证提供了初步的证据。下述研究将通过回归分析进一步检验假设。

表 6-2 主要变量描述性统计

变量代码	平均值	标准差	最小值	中位数	最大值
1. $DS_{i,t}$	0.672	0.339	0.201	0.595	2.160
2. $Coverage_{i,t}$	1.786	1.093	0	1.946	3.807
3. $Psa_{i,t}$	0.0200	0.0330	0	0	0.166
4. $Nsa_{i,t}$	0.0210	0.0980	0	0	2.756
5. $Dceo_{i,t}$	0.279	0.448	0	0	1
6. $Chg_{i,t}$	0.274	0.446	0	0	1
7. $Life_{i,t}$	7.600	0.00200	7.594	7.600	7.605
8. $Size_{i,t}$	21.81	1.130	19.85	21.65	25.26
9. $Soe_{i,t}$	0.334	0.472	0	0	1
10. $AltZ_{i,t}$	7.156	7.164	1.120	4.765	45.55
11. $Inbrd_{i,t}$	0.371	0.0520	0.333	0.333	0.571
12. $Slack_{i,t}$	1.157	0.913	0.417	0.802	4.600
13. $Dum_{i,t}$	7.668	1.738	2.920	7.850	10
14. $ShrC_{i,t}$	10.10	16.97	1	3.750	109.2
15. $Mktshr_{i,t}$	0.0220	0.0490	0	0.00500	0.313

表 6-3 主要变量相关性分析

代码	1	2	3	4	5	6	7	8
1. $DS_{i,t}$	1							
2. $Coverage_{i,t}$	-0.143***	1						
3. $Psa_{i,t}$	-0.118***	0.372***	1					
4. $Nsa_{i,t}$	0.085***	-0.140***	-0.107***	1				
5. $Dceo_{i,t}$	0.0120	0.026**	0.031***	-0.0130	1			
6. $Chg_{i,t}$	0.023**	-0.021**	-0.0160	0.0140	-0.0130	1		

续表 6-3

代码	1	2	3	4	5	6	7	8
7. $Life_{i,t}$	-0.043***	0.109***	0.051***	-0.024**	0.111***	0.034***	1	
8. $Size_{i,t}$	-0.033***	0.329***	-0.00800	-0.018*	-0.167***	-0.065***	-0.152***	1
9. $Soe_{i,t}$	0.00800	-0.037***	-0.092***	0.024**	-0.267***	-0.00100	-0.264***	0.334***
10. $AltZ_{i,t}$	0.063***	0.045***	0.294***	-0.061***	0.103***	0.031***	0.106***	-0.367***
11. $Inbrd_{i,t}$	0.0110	-0.00900	-0.0120	0.0100	0.116***	0.00800	0.061***	-0.00400
12. $Slack_{i,t}$	0.079***	0.069***	0.173***	-0.063***	0.158***	0.110***	0.183***	-0.360***
13. $Dum_{i,t}$	-0.073***	-0.00100	0.045***	-0.027***	0.157***	0	0.100***	-0.052***
14. $ShrC_{i,t}$	-0.00600	-0.099***	-0.055***	0.00900	-0.109***	-0.0140	-0.117***	0.149***
15. $Mktshr_{i,t}$	0	0.198***	0.036***	-0.0150	-0.074***	-0.034***	-0.068***	0.458***
代码	9	10	11	12	13	14	15	
9. $Soe_{i,t}$	1							
10. $AltZ_{i,t}$	-0.193***	1						
11. $Inbrd_{i,t}$	-0.058***	0.025**	1					
12. $Slack_{i,t}$	-0.246***	0.736***	0.018*	1				
13. $Dum_{i,t}$	-0.286***	0.104***	0.048***	0.073***	1			
14. $ShrC_{i,t}$	0.261***	-0.116***	0.00900	-0.138***	-0.110***	1		
15. $Mktshr_{i,t}$	0.133***	-0.143***	0.036***	-0.159***	-0.019*	0.073***	1	

注：*** $p<1\%$，** $p<5\%$，* $p<10\%$；$N=9440$。

6.2.3 实证检验与结果分析

正式检验前，对数据与模型进行了如下处理：①对解释变量与调节变量在交乘前进行了中心化处理；②考虑到多重共线性问题，对模型中所有的解释变量进行方差膨胀因子诊断后显示 VIF 均在 2.30 以内；③去除连续变量上下各 1% 水平的极端值的影响；④采用 Driscoll-Kraay 标准差方法估计后续的非平衡面板数据模型[103]，以避免可能存在的异方差、序列相关和横截面相关等问题。

表 6-4　分析师关注与企业战略背离的关系检验

代码	模型 1	模型 2	模型 3	模型 4
$Coverage_{i,t}$		-0.060***	-0.049***	-0.055***
		(0.005)	(0.005)	(0.004)
$Psa_{i,t}$			-0.862***	
			(0.140)	
$Coverage_{i,t} * Psa_{i,t}$			-0.573***	
			(1.111)	
$Nsa_{i,t}$				0.397***
				(0.086)
$Coverage_{i,t} * Nsa_{i,t}$				0.308**
				(0.100)
$Dceo_{i,t}$	0.017***	0.022***	0.022***	0.022***
	(0.004)	(0.005)	(0.005)	(0.005)
$Chg_{i,t}$	0.011	0.010	0.011	0.011
	(0.006)	(0.006)	(0.007)	(0.007)
$Life_{i,t}$	-6.533**	-2.972*	-3.214**	-2.914*
	(2.050)	(1.249)	(1.196)	(1.252)
$Size_{i,t}$	0.003	0.035***	0.032***	0.033***
	(0.008)	(0.004)	(0.004)	(0.004)
$Soe_{i,t}$	0.007	-0.011	-0.014	-0.012
	(0.011)	(0.013)	(0.013)	(0.013)
$AltZ_{i,t}$	0.001	0.003***	0.004***	0.003***
	(0.001)	(0.001)	(0.001)	(0.001)
$Inbrd_{i,t}$	0.141**	0.115	0.105	0.106
	(0.054)	(0.061)	(0.061)	(0.061)
$Slack_{i,t}$	0.029*	0.031*	0.028*	0.033*
	(0.014)	(0.014)	(0.012)	(0.014)
$Dum_{i,t}$	-0.016***	-0.014***	-0.014***	-0.013***
	(0.003)	(0.002)	(0.002)	(0.002)
$ShrC_{i,t}$	-0.000*	-0.001***	-0.001***	-0.001***
	(0.000)	(0.000)	(0.000)	(0.000)
$Mktshr_{i,t}$	-0.348***	-0.370***	-0.343***	-0.354***
	(0.063)	(0.050)	(0.041)	(0.051)

续表 6-4

代码	模型 1	模型 2	模型 3	模型 4
Con	50.270**	22.633*	24.530**	22.207*
	(15.756)	(9.587)	(9.179)	(9.613)
Adj. R^2	0.041	0.068	0.076	0.077
F	1474.151	449.910	1052.408	50.444
N	9440	9440	9440	9440

注：* $p<0.1$，** $p<0.05$，*** $p<0.01$；括号内为 Driscoll-Kraay 标准误。

表6-4为分析师关注（$Coverage_{i,t}$）与组织战略背离（$DS_{i,t}$）之间关系的检验结果，其中模型1为仅包含所有控制变量的基准模型，模型2在模型1的基础上加入了自变量分析师关注（$Coverage_{i,t}$），模型3在模型2的基础上加入了调节变量行业业绩期望顺差（$Psa_{i,t}$）与自变量分析师关注（$Coverage_{i,t}$）的交互项，同样的，模型4加入了调节变量行业业绩期望逆差（$Nsa_{i,t}$）与自变量分析师关注（$Coverage_{i,t}$）的交互项。回归结果显示，分析师关注（$Coverage_{i,t}$）的回归系数显著为负（$\beta=-0.060$，$p<0.01$），这表明随着分析师关注度的提高，企业战略与行业惯例的偏离程度越低。由此假设1得到支持。

模型3为行业业绩期望顺差（$Psa_{i,t}$）对分析师关注（$Coverage_{i,t}$）与组织战略背离（$DS_{i,t}$）关系调节效应的检验结果。结果显示，行业业绩期望顺差（$Psa_{i,t}$）与分析师关注（$Coverage_{i,t}$）的交互项（$Coverage_{i,t} * Psa_{i,t}$）系数显著为负（$\beta=-0.573$，$p<0.01$），这意味着行业业绩期望顺差加强了分析师关注与企业战略背离之间的负相关关系，即随着行业业绩期望顺差的扩大，企业的风险承担意愿减弱，且实施战略背离的机会成本增加，则越可能削弱企业实施战略背离决策的动机及程度。由此假设2得到支持。

模型4为行业业绩期望逆差（$Nsa_{i,t}$）对分析师关注（$Coverage_{i,t}$）与组织战略背离（$DS_{i,t}$）关系调节效应的检验结果。结果表明，行业业绩期望逆差（$Nsa_{i,t}$）与分析师关注（$Coverage_{i,t}$）的交互项（$Coverage_{i,t} * Nsa_{i,t}$）系数显著为正（$\beta=0.308$，$p<0.05$），这意味着行业业绩期望逆差削弱了分析师关注与企业战略背离之间的负相关关系，即随着行业业绩期望逆差的扩大，企业更倾向于通过战略背离来寻找新的战略发展方向，改变组织经营困境，则越可能增强企业实施战略背离决策的动机及程度。由此假设 3 得到支持。

为了更直观地表现主效应以及调节效应，根据回归结果，绘制了图 6-1 及图 6-2。由图 6-1 可见，当行业业绩期望顺差较大时，随着分析师关注度的提高，企业战略背离的程度减弱，相比于低行业业绩期望顺差，高行业业绩期望顺差的企业中分析师关注与企业战略背离程度之间的关系的斜率更陡峭。这说明随着行业业绩期望顺差扩大，分析师关注与战略背离间的显著负向关系被强化，从而支持了假设 2 所提出的行业业绩期望顺差对主效应的正向调节作用。图 6-2 表现了行业业绩期望逆差对分析师关注与战略背离程度之间的关系的调节影响。相比于低行业业绩期望逆差，高行业业绩期望逆差的企业中分析师关注与企业战略背离程度之间的关系的斜率更平坦。这说明随着行业业绩期望逆差扩大，分析师关注与战略背离间的显著负向关系被削弱，因此假设 3 再次得到支持。

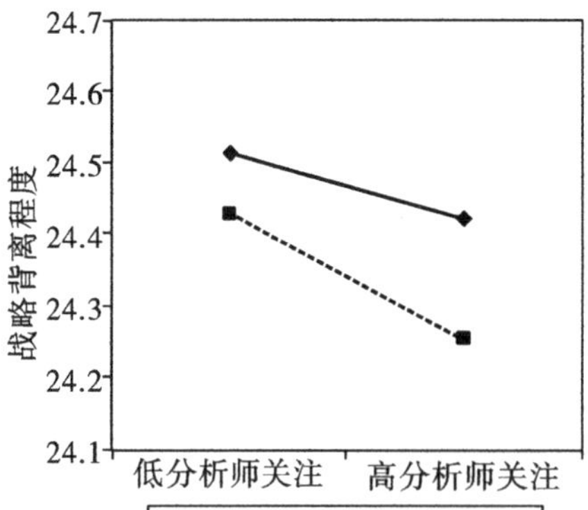

图 6-1　分析师关注，行业业绩期望顺差与战略背离

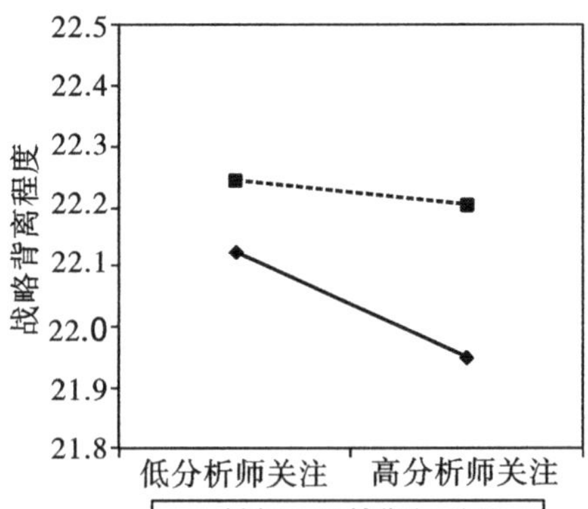

图 6-2　分析师关注，行业业绩期望逆差与战略背离

6.2.4 稳健性检验

研究表明,分析师关注度越高,企业的战略背离程度越弱,且行业业绩期望顺差增强了两者之间的负相关关系,行业业绩期望逆差削弱了两者之间的负相关关系。为了确保这一研究结果稳健,采取更换测量指标和内生性检验两种方式进行稳健性检验。

6.2.4.1 更换测量指标

(1)改变企业战略背离程度的度量方法

借鉴以往学者对战略背离程度的度量方法,仅利用固定资产更新程度、资本密集度、管理费用投入、财务杠杆系数这四个维度指标来衡量企业战略背离程度[185]。这是因为上市公司中研发投入和广告投入的信息披露相对欠缺,用无形资产净值和销售费用作为他们的替代变量度量战略背离程度可能不够准确。

(2)改变行业业绩期望差距的度量方法

用 ROS 替代 ROE 作为业绩衡量指标,以保证检验结果的稳健性。另外,不同于前文中用行业平均业绩作为企业的战略参考点,参考 Chen (2008)[21]的研究方法,行业期望水平($SA_{i,t}$)可以由以下公式计算得到:

$$SA_{i,t} = \alpha IM_{i,t-1} + (1 - \alpha) SA_{i,t-1} \qquad (6-3)$$

其中, $SA_{i,t}$ 代表企业 i 在 t 期的行业业绩期望(social aspiration), $IM_{i,t-1}$ 表示企业 i 在 t-1 期的行业业绩均值, $SA_{i,t-1}$ 代表企业 i 在 t-1 期的行业业绩期望值,α 表示权重值,介于[0,1],赋予权重值 α 为 0.75,那么将企业在 t-1 期的行业业绩均值与 t-1 期的行业业绩期望进行加权即可得到企业 i 在 t 期的行业期望水平,再由实际业绩与行业期望水平之差得到行业业绩期望差距。

(3)改变分析师关注度的度量方法

参考李春涛等(2014)[209]的研究方法,用分析师对目标企业发布的报告数量加1取对数来衡量分析师关注度。因此,稳健性检验的具体过程是将衡量战略背离的6个维度指标中的研发投入和广告宣传投入剔除,并用分析师发布的报告数量作为分析师关注的衡量指标,同时将ROS作为业绩衡量指标,并以加权业绩作为行业业绩期望目标,表6-5是稳健性检验结果。

表6-5中,模型1为基准模型,只包含控制变量,在模型1的基础上加入自变量得到了模型2,在模型2的基础上分别加入调节变量行业业绩期望顺差和行业业绩期望逆差得到了模型3和模型4。从模型2的结果看,分析师关注度与企业战略背离程度呈显著负相关关系($\beta=-0.073, p<0.1$),这与前文结论一致,假设1得到支持。从模型3的结果看,行业业绩期望顺差与分析师关注度的交互项为负($\beta=-0.216, p<0.1$),这表明行业业绩期望顺差将加强分析师关注与战略背离的关系,因此假设2得到支持。从模型4的结果看,行业业绩期望逆差与分析师关注度的交互项为正($\beta=0.336, p<0.1$),这表明行业业绩期望逆差将削弱分析师关注与战略背离的关系,因此假设3得到支持。综上,在更换战略背离程度、分析师关注度和行业业绩期望差距衡量指标后,检验结果仍然具有较强的稳健性。

表6-5　分析师关注与战略背离之间关系的稳健性检验结果

代码	模型1	模型2	模型3	模型4
$Coverage_{i,t}$		-0.073***	-0.074***	-0.048***
		(0.004)	(0.004)	(0.004)
$Psa_{i,t}$			0.239***	
			(0.057)	
$Coverage_{i,t} * Psa_{i,t}$			-0.216***	
			(0.032)	

续表 6-5

代码	模型 1	模型 2	模型 3	模型 4
$Nsa_{i,t}$				1.494***
				(0.086)
$Coverage_{i,t}$ * $Nsa_{i,t}$				0.336***
				(0.046)
$Dceo_{i,t}$	0.015	0.022	0.025*	0.025*
	(0.012)	(0.011)	(0.011)	(0.011)
$Chg_{i,t}$	0.034**	0.020	0.023*	0.010
	(0.012)	(0.012)	(0.011)	(0.011)
$Life_{i,t}$	-8.929***	-4.080*	-3.391	-4.241*
	(2.052)	(2.033)	(2.014)	(1.979)
$Size_{i,t}$	0.010	0.056***	0.055***	0.053***
	(0.006)	(0.006)	(0.006)	(0.006)
$Soe_{i,t}$	0.020	-0.008	-0.001	-0.019
	(0.012)	(0.012)	(0.012)	(0.012)
$AltZ_{i,t}$	0.001	0.002***	0.002**	0.002***
	(0.001)	(0.001)	(0.001)	(0.001)
$Inbrd_{i,t}$	0.191*	0.153	0.128	0.125
	(0.092)	(0.091)	(0.090)	(0.088)
$Slack_{i,t}$	0.028***	0.033***	0.027***	0.048***
	(0.008)	(0.008)	(0.008)	(0.008)
$Dum_{i,t}$	-0.024***	-0.021***	-0.018***	-0.019***
	(0.003)	(0.003)	(0.003)	(0.003)
$ShrC_{i,t}$	-0.001*	-0.001***	-0.001***	-0.001***
	(0.000)	(0.000)	(0.000)	(0.000)
$Mktshr_{i,t}$	-0.224*	-0.252*	-0.255*	-0.238*
	(0.113)	(0.111)	(0.110)	(0.108)
Con	68.329***	30.675*	25.425	31.879*
	(15.603)	(15.462)	(15.316)	(15.050)
Adj. R^2	0.032	0.068	0.086	0.117
F	5.671	12.305	15.319	21.551
N	8025	8025	8025	8025

注：* $p<0.1$，** $p<0.05$，*** $p<0.01$；年度和行业控制变量未加列示；括号内为 Driscoll-Kraay 标准误。

6.2.4.2 内生性检验

分析师关注能够影响企业战略背离,同时战略背离也会反过来影响分析师关注度,两者之间存在反向因果关系。为了准确反应分析师关注对企业战略背离产生的影响,参考前期学者的研究方法,构造工具变量,用两阶段最小二乘法(2SLS)处理该模型的内生性问题。根据 Yu(2008)[208] 的研究,分析师关注的工具变量的构造过程如下:

$$Exp\_Coverage_{i,j,t} = \frac{Analyst_{j,t}}{Analyst_{j,0}} \times Coverage_{i,j,0} \tag{6-4}$$

$$Exp\_Coverage_{i,t} = \sum_{j=1}^{n} Exp\_Coverage_{i,j,t} \tag{6-5}$$

其中,$Analyst_{j,t}$ 表示券商 j 在 t 年拥有的分析师数量;$Analyst_{j,0}$ 表示券商 j 在基年拥有的分析师数量;$Coverage_{i,j,0}$ 表示企业 i 在基年受到券商 j 的分析师关注的数量;$Exp\_Coverage_{i,j,t}$ 表示估计的企业 i 在 t 年受到券商 j 的分析师关注的数量;$Exp\_Coverage_{i,t}$ 表示估计的企业 i 在 t 年受到分析师关注的总数。预期关注程度($Exp\_Coverage$)即为分析师关注的工具变量,其与分析师关注度相关,但对企业战略背离程度没有直接影响,可以作为分析师关注的工具变量。参考余明桂等(2017)[196] 的研究,将基年定为 2006 年,这是因为截止到 2006 年我国券商完成了较大规模的整改清理,此时券商的分析师队伍规模较为稳定。

表 6-6 是分析师关注与战略背离之间关系的内生性检验结果,其中模型 1 只包含自变量,模型 2 和模型 3 分别加入了行业业绩期望顺差和行业业绩期望逆差为调节变量。从结果看,分析师关注度($Coverage_{i,t}$)在模型 1 中显著为负,回归系数为-0.168,表明分析师关注度($Coverage_{i,t}$)与企业战略背离程度($DS_{i,t}$)显著负相关,可以认为分析师关注度越高,企业战略背

离程度越弱,假设1成立。分析师关注度($Coverage_{i,t}$)在模型2中显著为负,结果与模型1一致,同时模型2中交互项($Coverage_{i,t} * Psa_{i,t}$)在5%水平显著,回归系数为-0.713,表明行业业绩期望顺差能促进分析师关注与企业战略背离之间的负相关关系,假设2成立。分析师关注度($Coverage_{i,t}$)在模型3中显著为负,结果与模型1一致,同时模型3中交互项($Coverage_{i,t} * Nsa_{i,t}$)在1%水平显著,回归系数为0.402,表明行业业绩期望逆差能削弱分析师关注与企业战略背离之间的负相关关系,假设3成立。以上结果均再次验证了假设。

表6-6 分析师关注与战略背离之间关系的内生性检验结果

代码	模型1	模型2	模型3
$Coverage_{i,t}$	-0.168***	-0.219***	-0.154***
	(-6.17)	(-6.79)	(-5.81)
$Psa_{i,t}$		3.676***	
		(6.99)	
$Coverage_{i,t} * Psa_{i,t}$		-0.713**	
		(-2.31)	
$Nsa_{i,t}$			0.401***
			(3.61)
$Coverage_{i,t} * Nsa_{i,t}$			0.402***
			(6.36)
$Dceo_{i,t}$	0.013	0.016	0.012
	(0.88)	(1.07)	(0.86)
$Chg_{i,t}$	0.013	0.006	0.016
	(0.85)	(0.41)	(1.07)
$Life_{i,t}$	-2.642	-0.326	-0.151
	(-0.70)	(-0.09)	(-0.04)
$Size_{i,t}$	0.091***	0.105***	0.086***
	(4.97)	(5.63)	(4.93)

续表 6-6

代码	模型1	模型2	模型3
$Soe_{i,t}$	-0.004	0.016	-0.009
	(-0.30)	(1.09)	(-0.66)
$AltZ_{i,t}$	0.011***	0.004	0.011***
	(3.94)	(1.34)	(4.05)
$Inbrd_{i,t}$	0.258*	0.298**	0.237*
	(1.90)	(2.36)	(1.85)
$Slack_{i,t}$	-0.048*	-0.039	-0.051*
	(-1.65)	(-1.33)	(-1.83)
$Dum_{i,t}$	-0.025***	-0.026***	-0.024***
	(-5.80)	(-6.07)	(-5.54)
$ShrC_{i,t}$	-0.001***	-0.002***	-0.001***
	(-4.52)	(-4.44)	(-4.39)
$Mktshr_{i,t}$	-0.120	-0.272*	-0.051
	(-0.76)	(-1.65)	(-0.34)
Con	19.0418	1.1150	0.1798
	(0.67)	(0.04)	(0.01)
$Adj.\ R^2$	0.811	0.810	0.827
F	6.748	6.638	7.837
N	3025	3025	3025

注：* $p<0.1$，** $p<0.05$，*** $p<0.01$；括号内为 t 值。

6.3 企业战略背离对企业发展的意义

通过搜集整理2011—2019年1699家深沪A股上市公司的样本数据，分析了分析师关注与企业战略背离之间的关系，并且基于企业行为理论，引入了行业业绩期望顺差和行业期望逆差两个调节变量，探讨了在不同的企业经营状况下分析师关注对战略背离的影响有何变化，得出以下结论：第一，分析师关注对企业战略背离有显著的影响。在“监督效应”与“压力效应”的共同影响下,分析师关注与企业战略背离呈现显著的负相关关系。第二,当企业处于绩优状态时,随着行业业绩期望顺差的扩大,分析师关注与企业战略背离之间的负相关关系得到强化。第三,当企业处于绩差状态时,随着行业业绩期望逆差的扩大,分析师关注与企业战略背离之间的负相关关系得到削弱。

上述结论对于企业的发展具有以下启示意义:研究发现,分析师关注能够抑制企业实施战略背离,这表明分析师在资本市场上的监督作用得到了发挥,约束了企业的战略变革行为,以保护投资者的利益。但同时也应看到,战略变革带来的不仅是风险,还有新的发展模式带来的竞争优势,企业根据制度环境不断地更新自身的战略,是企业对市场变化做出的积极反应,这对企业的发展也是至关重要的。因此,企业面临分析师关注度提高的情况时,既应考虑到如何最大限度地降低战略调整所带来的风险,也应根据自身情况适度地调整战略,以使得企业既符合监管要求,又能够创造更高的企业价值,如何平衡“求同”和“存异”是企业发展过程中面临的一个重要的大问题。

还存在一些不足需要在后续研究中进一步完善。例如,虽然对分析师关注与企业战略背离的关系进行了研究,但企业进行战略背离可能涉及战略扩张和战略收缩,在企业处于业绩期望落差时其战略调整的方向如何,对此并没有进行讨论,未来研究可对此进一步探索。另外,研究样本仅来自制造业上市公司,没有涵盖其他行业,这可能会使结果与实际情况有偏差,在今后的研究中,可以尝试将研究样本扩大至更多的行业,以求获得更为真实可靠的研究结论。

7 双重组织期望与企业战略风险承担

企业如何在复杂多变的经济环境下合理地选择并承担风险，是一个重要的战略决策。战略风险承担是企业应对变化的一种适应性行为，也是一种资源消耗型行为。承担过多的战略风险会加重企业财务负担，甚至导致经营陷入危机，但风险承担不足可能使企业错失发展良机[2,3]。尤其是当新技术、新模式对传统商业格局造成冲击时，企业面临前所未有的经营不确定性，因此，战略风险承担对企业追求创新和持续成长有着至关重要的意义。但是战略冒险行为（比如研发投资、拓展新市场、建立战略联盟等）往往面临较高的风险性，而控制风险又是企业经营的一个基本要求，那么，对于企业而言，究竟是选择承担风险还是控制风险？企业的治理机制又是如何发挥作用来影响企业的风险承担决策的呢？对这些问题的探索具有重要的实践与理论意义。

关于企业战略风险承担的驱动因素，一直是战略和组织研究者所关注的议题。前期学者主要从经验学习、经营业绩和组织结构等视角探索影响企业冒险决策的因素[6,8,171]，也有学者从前景预测视角探究企业风险承担的诱因，如技术变革、竞争加剧、需求增长和潜在的盈利机会等[210-212]。值得注意的是，Gavetti 和 Levinthal[213]提出，企业行为决策是“向后看”与“向前看”思维模式的结合，即战略风险承担行为，不仅依赖于决策者的历史经验和经营现状感知，还受其前瞻性战略思维的影响。那么，过去的经验和对未来的认知是如何指导当前行动的呢？两者的交互作用会如何影响企业的风险承担决策？目前这方面的研究尚不多见，为此，将“向后看”与“向前看”的思维模式与业绩反馈范式结合起来，用于探讨企业战略风险承担问题。

7.1 双重组织期望的内涵

企业行为理论提出,企业是目标导向型体系,其行为具有参考依赖(reference-dependence)和规则遵循特征[29]。其中,业绩反馈理论是企业行为理论的核心内容,它为企业冒险行为的驱动力研究提供了理论支撑[8,50]。它认为,有限理性的决策者为简化决策过程会设定业绩目标或期望水平(aspiration levels)作为业绩评估的参考点,将实际业绩与期望目标的差距作为决策的依据,引导后续冒险行为:如果业绩高于期望水平,当前经营被框定为获益,即积极业绩反馈状态,进而冒险行为动机较弱;反之,如果业绩低于期望水平,当前经营被框定为受损,即消极业绩反馈状态,为缩小业绩期望差距,企业问题搜寻和风险承担的动机增强,进而可能增加研发强度或资本性支出[6,214]、推进技术联盟或战略变革[8,215]等。

通过梳理文献可以发现,前期学者较多基于"反馈-反应"范式,关注消极业绩反馈对企业战略决策的影响,比如,消极业绩反馈会驱动企业增强搜寻强度[3]、扩大生产规模[17]、进行兼并收购[91,216]、实施多元化战略[109]、调整市场定位[217]、建立技术联盟[67]等。纵观前期组织期望-业绩反馈决策模型的相关文献,较多研究以单一期望目标为战略参考点,考察业绩期望差距对企业冒险行为的影响。然而,企业不是孤立的个体,而是生存在一定社会经济环境中的有机体,其行为决策受到多重期望目标影响。为此,越来越多的学者关注企业决策过程中多重期望目标对战略选择的作用机理,例如,Greve[74]研究发现,在盈利性目标与规模性目标的共同影响下,企业决策会出现序贯关注和关注转换的特征;Chen[21]将基于企业历史业绩的期望目标与管理层预测目标同时纳入组织期望-业绩反馈决策模型,探究两种业绩反馈对企业研发投资决策的影响;Rowley[218]基于组织期望-业绩反馈决策模型,研究了外部机构对企业治理状况的排名与企业内部盈利目标对企业治理行为的共同作用机制。

值得注意的是,从组织学习理论的视角看,企业战略决策过程亦是企业不断学习的过程,只有通过学习才能使自身适应快速变化的环境。组织不仅会从过去的经验中学习,而且会从当前现状和未来可能的情景中学习[219-221]。将组织学习的时空维度与业绩反馈范式相结合,正如 Gavetti 和 Levinthal[213]所提出的,企业行为决策是“向后看”与“向前看”思维模式的结合。已有的大部分文献中将实际业绩与期望目标的差距作为决策的依据,这是一种基于历史经验的后视性业绩反馈决策模式,反映了企业渐进性试错学习和适应性战略调整的过程。与之不同的是,前瞻性行为决策模式是决策者基于企业发展前景和对预期行为结果认知的战略思维。这种对未来的认知表征是影响组织行为和选择的重要因素,但这种结果逻辑如何影响企业风险偏好和风险承担态度,并将对未来的认知转化成实际行动,是一个仍在探讨中的问题[21,213]。有研究指出,战略参考目标是影响企业制定冒险决策的关键[222]。后视性业绩反馈决策模式通常是以历史业绩或行业平均业绩为参考目标,而前瞻性决策思维模式中的参考点选择和界定具有相当的主观性和模糊性[56]。尽管如此,越来越多的组织战略研究者开始关注未来认知对企业冒险行为的驱动作用[22,68],尤其对于竞争环境快速变化的行业,未来导向的决策模型具有重要的理论和实践价值。其中,证券分析师预测企业业绩被学者们视为企业前瞻性思维模式的典型代表,其对上市公司的竞争行为和风险承担决策起着不可忽视的作用。

分析师预测是资本市场发展的产物,是否实现分析师预测成为衡量企业经营现状和未来业绩的指征,日益引起投资者、管理者、股东等利益相关者的重视[206,223]，并作为一种“向前看”的外部业绩反馈影响企业行为[21]。证券分析师通过收集、处理、过滤和分析宏观经济、行业发展趋势、企业战略和经营业绩等相关信息，对企业业绩前景进行预测并对股票评级和推荐，以此影响投资者行为和股价[224]。当未实现分析师预测目标，企业为维护企业声誉和资本市场融资渠道，进行实质性战略调整或象征性策略应对，如改变竞争模式或进行盈余管理[225,226]。

值得注意的是，学界目前存在两种相反的研究结论。有学者认为，分析师关于未来竞争环境和技术发展的展望推动企业积极承担风险、探索创新[227]；也有学者指出，短期性导向的分析师预测对企业经营形成难以避免的资本市场业绩压力，管理者为实现预期目标容易出现代理问题和短视行为，从而抑制长期性投资和创新活动[228]。在中国情境下，由于资本市场发展起步较晚，相关制度设计尚不完善，分析师预测受信息披露制度、信息披露质量以及潜在利益冲突的影响[229-231]，存在系统性偏差和主观性偏误，以致影响其有效性和准确性。那么，值得思考的是，由分析师预测引致的资本市场业绩压力是推动还是抑制消极反馈企业进行战略风险承担？这是相对缺乏且值得深思的问题。当然，探究此问题，还需进一步明晰决策主体的风险偏好和压力感知，其中企业治理机制在风险承担与控制中发挥的作用不容忽视。

组织是由多重行动者组成的集体决策体系，组织决策是不同行为主体之间相互冲突、相互妥协的结果。当消极业绩反馈同时遭遇未实现分析师预测的双重困境时，不同行为主体之间的冲突与矛盾被放大。其中，董事会代表的内部治理机制和机构投资者代表的外部治理机制对企业战略冒险决策具有一定的监控作用。譬如，董事会是由不同利益主体组成的决策团队，企业冒险决策反映多方权力联盟复杂的动态博弈过程，表现在：一方面，董事会中权力占优的一方可能主导战略决策方向，例如家族企业在面临业绩下滑危机时，为避免社会情感财富损失会进行更多的风险性行为，比如创新投资或多元化战略[11,232]；另一方面，董事会作为一个群体决策体系，在低绩效状态下的企业高管和董事会成员在冒险决策过程中的利益分歧和反复磋商模式则可能导致更少的冒险[233]。由此，当消极业绩反馈企业面临巨大的资本市场业绩压力时，董事会如何通过权力影响企业风险承担？此外，随着资本市场不断发展完善，机构投资者在上市公司治理中发挥的作用越来越明显。机构投资者通过股权所有者身份，以实现股东利益最大化为准则并监督约束管理者行为，同时在资本市场上表现出信息挖掘、信号传递和投资者保护的积极作用[96,228]。但是，对于陷入经营困境的企业，机构投资者在战略冒险决策中的角色是“价值选择者”还是“价值创造者”？这些问题在前期研究文献中都未能给出系统的解释。

可见，不同治理机制下的企业决策者在应对双重消极业绩反馈时会做出不同的诠释，进而使战略冒险性选择呈现异质性。由此认为，有必要从内外治理机制视角，探析企业应对双重业绩反馈的认知和行为差异，从而打开企业决策的“黑箱”。

基于此，以中国高科技上市公司数据为研究样本，构建三维交互模型对以下问题进行探讨：第一，前瞻性与后视性双重业绩反馈对战略风险承担的作用机制。具体而言，分析消极业绩反馈对企业战略风险承担的影响作用，以及探析分析师评估差距对此作用关系的调节效应。第二，不同治理机制下（董事会权力和机构投资者持股），分析师评估差距对消极业绩反馈的作用过程的影响差异，即探究分析师评估差距与治理机制对消极业绩反馈作用过程的联合调节效应。

7.2 双重组织期望对企业战略风险承担的作用机制

7.2.1 理论与假设

根据组织期望业绩反馈的双重性内涵，分别阐述后视性消极业绩反馈与前瞻性消极业绩反馈对企业战略风险承担的作用机制。

7.2.1.1 后视性与前瞻性双重业绩反馈与战略风险承担

(1)后视性消极业绩反馈与战略风险承担

企业行为理论认为，经营状况是企业选择战略决策的基础[29]。有限理性的决策者通常将实际业绩与设定的参考目标或期望水平相比较，通过简化的决策规则评估企业是否需要进行战略调整：如果实现期望目标，决策者倾向于安于现状、战略持续；如果未实现期望目标，决策者将启动问题搜寻，采用新方法、调整旧战略，扭转业绩下滑状况。实际业绩与期望目标之间的差距将影响企业后续风险承担行为的方向和强度：如果实际业绩略低于期望目标，企业可能搜寻本地的、成熟有效的方法进行渐进性战略调整；若相对于期望水平的业绩持续下滑，企业可能采用激进的、冒险创新性方法推动战略变革，例如进入新市场或引进新技术[7,50]、导入新产品或淘汰现有产品线[234]、启动企业风险投资或实施扩张战略等[91,92]。

虽然这些冒险决策蕴含着使企业业绩进一步恶化的潜在风险，但是处于消极业绩反馈下的决策者往往相对于积极业绩反馈状态下的决策者能承受更大的风险。这是因为：其一，从行为动机视角看，消极业绩反馈表明企业经营存在问题，损失规避心理促使企业启动搜寻行为，寻找问题和解决方案。其二，从适应与竞争视角看，业绩低于期望水平将激励企业为获取竞争资源和发展机会而进行冒险和变革，并积极推动探索性和开发性创新，以适应环境变化。其三,从压力视角看,实际业绩与经营期望之间的差距所形成的业绩压力是导致企业采用冒险行为的动因,同时,业绩下滑所表现的技术压力和经营压力也促进企业承担更多战略风险。

对于高科技企业,随着技术更迭加速和行业竞争加剧,企业竞争优势不断受到挑战,战略跟随与模仿并不能显著且持续地提升业绩。虽然对新技术和新产品的探索需要大量投入且存在较高风险,但高科技企业的生存和适应就是在不断的试错和探索过程中得以提升的。业绩反馈越消极,决策者的经营压力越大,为提升业绩而进行冒险行为的动机越强,进而战略风险承担程度越高。由此提出以下假设:

假设1 当企业实际业绩低于期望水平时,业绩反馈越消极,企业战略风险承担水平越高。

(2)前瞻性消极业绩反馈(分析师评估差距对消极业绩反馈)作用过程的调节效应

证券分析师作为资本市场发展的产物,利用其信息获取优势、经验和专业知识,通过收集、分析、处理和挖掘企业当前经营情况和行业发展趋势等相关信息,发布有关企业盈余预测和未来投资建议的报告,是影响投资者行为的一个重要中间角色[229]。分析师预测机制以更低成本和更高效率实现信息到价值的转换,有利于减少不确定性和信息不对称的影响,从而促进资本市场更加有效地发挥资源配置功能,同时也作为一种外部监管机制约束企业的行为[115]。当未实现分析师预测会影响股价波动和投资者行为时,企业会因此而做出反应[225]。

业绩反馈决策模型中,企业历史业绩或行业业绩作为一种内源性、后视性、经验依赖的战略参考目标驱动企业承担战略风险,而分析师预测则作为一种外源性、前瞻性、制度框架下的短期参考目标推动企业进行战略调整和应对。消极业绩反馈企业同时遭遇分析师评估差距不断扩大时，企业面临的危机被放大，为了提升业绩，企业会提高战略风险承担水平，这是因为：

第一，基于内部期望和外部预期的业绩反馈都出现落差时，企业面临“内忧外患”的双重压力，在股东和投资者为代表的内外双重审视下，企业倾向于采取战略冒险行为而走出经营困境。消极业绩反馈传递经营出现问题的警示性信号，迫使企业审慎思考经营活动和战略规划，而资本市场的负面反应则会放大经营困境，组织的声誉和行为合法性将受到质疑，利益相关者则要求企业为业绩下滑给出合理解释并及时应对。随着分析师评估差距的扩大，消极业绩反馈企业采用渐进性的战略调整可能不足以缓解业绩下滑的危机，而实施一些实质性的战略冒险行为，比如导入新产品、进入新市场、重新战略定位等[66,217,235]，才可能获得利益相关者的认可，以挽救不断恶化的经营局面。

第二，基于“向后看”的历史性反馈和“向前看”的前瞻性反馈都出现落差时，双重业绩评估标准放大了企业当前存在的问题和迫切变革需求，战略风险承担动机提高。Gavetti 和 Levinthal[213]认为，组织行为决策是将“向后看”(backward looking)与“向前看”(forward looking)两种行为逻辑相融合的结果。当后视性业绩评估出现消极反馈的信号时，损失规避心理提高了企业对风险的忍耐度。若前瞻性业绩预测也同时出现消极反馈信号时，分析师评估差距扩大将促使管理者思考当前战略存在的问题，为改善经营而实施搜寻、冒险和变革。对于高科技行业，技术更迭和产业变迁给企业带来了更多的机遇与挑战，基于历史和未来的消极反馈将激发高科技企业为生存和竞争而追求冒险与创新。

综上所述，消极业绩反馈是企业提高适应性和竞争力的驱动因素，而这个结果是在不断承担风险的过程中实现的。从积极治理和持续经营视角看，消极业绩反馈企业在面对分析师评估差距逐渐加大时，财务业绩下滑和资本市场股价波动对企业而言，无疑是敲响了警钟。原有技术拓展和战略的渐进性调整可能难以适应环境变化和维持业绩持续增长，而唯有通过战略风险承担获取和吸收新知识、新技术和新商业理念，才能推动企业成长。由此提出以下假设：

假设2 分析师评估差距越大，消极业绩反馈对企业战略风险承担的推动作用越强。

7.2.1.2 内外部治理机制的影响效应

前瞻性与后视性两种业绩反馈如何共同影响企业战略风险承担，在很大程度上取决于决策主体对两种业绩反馈的解读。每种业绩反馈都是企业经营情况的一个侧面反映，业绩反馈在组织战略决策中能否有效发挥影响，需要与具体的情境要素相匹配。企业风险承担决策与其风险控制机制息息相关。面对双重消极业绩反馈，不同治理机制下的决策者对风险和压力的认知存在差异，进而影响其战略冒险性选择。研究双重业绩反馈对企业战略风险承担的作用机制，需要进一步对企业治理机制的调节作用进行探讨。以下将对以董事会权力为特征的内部治理机制和以机构投资者持股为代表的外部治理机制的调节效应进行深入分析。

（1）董事会权力与分析师评估差距的联合调节效应

董事会作为连接股东和管理者的桥梁，是企业治理机制的核心，具有资源提供、咨询建议和代表股东和外部利益相关者监督企业行为的三大职能[236]。董事会权力反映了董事会成员通过正式或非正式手段实现其所期望结果的能力。面对双重消极业绩反馈，董事会的决策参与度提升，同时企业内部不同行为主体之间的利益冲突被放大[96]，董事会权力越大，其与管理

者、投资者等的利益分歧越严重,且难以达成一致意见,以致战略风险承担水平减弱。这是因为:

第一,资本市场消极反馈激化了董事会的内部矛盾与冲突。董事会是由多重行动者组成的集体决策体系,决策者们具有不同的风险偏好和身份。不同利益集团进行决策时,组织目标常常是多重的、不一致的和不稳定的,且决策过程具有政治性和冲突性[24]。组织内权力结构对组织决策有重要影响,战略冒险程度往往反映权力占优一方的风险偏好。随着资本市场业绩压力加大,所有者、管理者和投资者在风险偏好和投资视野方面的分歧随之扩大,以致减少冒险活动。有研究发现,业绩下滑将导致董事会内部斗争加剧,尤其是家族企业的董事们,考虑到股权价值降低将威胁其控制权并导致社会情感财富损失,则更倾向于选择短视行为,比如减少研发投入、增加短期营销支出,以缓解当前业绩压力。而当董事会权力较小时,假定其他条件不变,双重消极反馈将进一步促使企业决策者更注重问题搜寻并聚焦业务,通过冒险创新来提升业绩。

第二,双重消极反馈提高了董事会的战略参与程度与权力影响。探讨董事会在消极反馈状态下对企业战略决策的影响力,可以从董事会持有股权、董事长和 CEO 两职分离、董事会相对任期和董事会独立性等四个方面深入剖析。首先,董事会持有股权比例越高,责任心和影响力越大,面对消极反馈,董事会对战略决策参与度和对管理者行为的监控力度都会相应提高。然而,董事会内部不同股东在利益导向和风险偏好上存在差异,那么董事会的高度参与和监管可能会减缓消极反馈企业的反应速度,削弱战略变革程度[97]。其次,董事长和 CEO 两职分离加重了企业内部在应对消极业绩反馈上的意见分歧。业绩反馈越消极,管理者和股东在经营目标和风险偏好上的冲突被加强,企业可能最终选择风险中性得以妥协,比如通过盈余管理和增加短期销售支出来缓解当前的经营困境,因而长期性冒险创新活动减少。

再次,董事会相对任期也是董事会权力的一个表征[237]。董事会相对于 CEO 的任期越长,在企业决策中的权力和影响力越大,但是其决策行为惯性也越强,面对消极反馈,愿意承担更多风险而实施战略变革的动机减弱[96]。最后,董事会的独立性往往被视为反映董事会治理效果的重要指标。当企业面临双重消极业绩反馈时,独立董事往往妥协于各方权力主体利益,选择风险中性立场,或对企业盈余管理保持默许,而没有强烈的动机反对或质疑管理者的行为。由此提出以下假设:

假设 3 分析师评估差距对消极业绩反馈与企业战略风险承担之间关系的调节作用依赖于董事会权力特征。当董事会权力越高时,随着分析师评估差距扩大,消极业绩反馈对企业战略风险承担的推动作用被削弱。

(2)机构投资者持股与分析师评估差距的联合调节效应

机构投资者在企业战略决策中的角色究竟是监督者还是投机者的问题一直处于探讨中,但机构投资者对企业治理的效应愈发引起关注[228]。由此认为,机构投资者持股比例越高,对内外反馈信号越重视,相比于股权分散的投资者,机构投资者更有能力和动机对企业行为决策进行积极监管[115],从而推动消极反馈企业实施战略冒险行为。这是因为:

第一,双重消极反馈提升了机构投资者的信息识别和管理监督动机,从而推动企业改善治理,减少代理问题。市场投资者中,机构投资者往往是信息需求、解读和传递的重要群体,相对于分散股权的投资者,他们更有机会、资源和能力获得及时准确的信息并监督约束企业管理层行为[96]。当企业遭遇分析师评估差距扩大时,高股权投资的机构股东更有动机去收集信息,探究导致企业业绩下滑的问题所在。对于所持股权比例较高的机构投资者,从投资理念上更重视价值投资和支持企业长期价值导向的战略行为,从而监督管理者行为，推动企业改善治理，提高战略风险承担，减少代理问题。

第二，双重消极反馈增强了机构投资者的自我保护和长期投资倾向，驱动企业实施长期价值创造战略。首先，相对于小投资者，机构投资者因多元化和规模化持股，更具成本优势和专业能力来实现自我保护和提升投资价值。机构投资者持股规模会影响机构投资者对公司决策的作用能力。如果机构投资者持股比例高，持有时间相对较长且股票流动性差，则有更大的动力监督公司管理层；当机构投资者持有股权相对较小时，如果企业业绩下滑且管理层改进行为不积极，他们将逐步清理相关投资，用脚投票。其次，公司治理是一个相互作用的系统[238]。持股比例较高的机构投资者在面对分析师评估差距时，往往有较强的抗压能力，为了获取持续投资收益，会鼓励企业长期价值投资，并保持与管理层的互动，实现长期价值回报。最后，机构投资者通过股权影响，对企业管理者的战略风险承担行为实施积极的监督作用。当企业遭遇业绩下滑的危机状况时，机构投资者可以利用其信息优势、专业技能和股权影响增强其监督作用，相比于其他外部监管机制能更有效地抑制企业的投机行为和代理问题。由此提出以下假设：

假设4 分析师评估差距对消极业绩反馈与企业战略风险承担之间关系的调节作用依赖于机构投资者持股比例。当机构投资者持股比例越高时，随着分析师评估差距扩大，消极业绩反馈对企业战略风险承担的推动作用被强化。

7.2.2 研究设计

为验证以上理论假设，需开展实证分析。首先进行实证分析的样本选择和数据处理。

7.2.2.1 样本选择与数据来源

考虑到我国从2007年实施新会计准则，为使数据具有一致性和可靠性，参照其他学者的方法以2007年作为数据搜集的起始点[129]。由于不同行业间产品生产周期、战略冒险行为等有显著的差异[102]，为保证统计口径的一致性和行业背景的可比性，选择一个行业为研究对象，以更好地排除行业背景差异对研究结论的影响。参考以往相关主题的研究方法[102,239]，选取以2007—2017年在深沪A股上市的高科技公司为研究对象，因为此行业处于高度动态变化的环境中，技术更新加速，产品开发周期缩短，企业对市场前景和业绩反馈信息较敏感，而且风险承担对企业生存和竞争至关重要。同时，为确保样本选择的合理性，剔除了ST、PT财务状况出现异常的样本，删除数据存在严重缺失的公司样本，最终获得2007—2017年区间内共计444家公司1817个非平衡面板观测值。为克服离群值的影响，对连续变量上下各1%的极端值进行缩尾处理。企业基本特征、企业财务指标和企业治理结构等指标主要源于CSMAR数据库和CCER数据库。为确保数据的准确性，通过新浪财经网和金融界等专业网站对相关数据进行核实。就样本企业所处区域分布，大部分样本主要集中在东南地区（占总样本量的50.23%），其次是环渤海地区（22.52%）、中部（10.59%），以及西南地区（8.56%）；就样本企业所属性质统计，国有企业占样本总量的30.04%，非国有企业占68.96%。

7.2.2.2 变量定义与模型设定

实证分析模型所需的变量主要包括因变量、自变量、调节变量和控制变量四类。

（1）因变量

战略风险承担（$Srt_{i,t}$）表示企业 i 在 t 期的战略风险承担程度。借鉴前期学者的研究方法[42]，通过以下指标来衡量企业战略风险承担程度：①研发支出，即企业年度投入研究开发的支出总额；②资本支出，指经营租赁所支付的现金，以及购建固定资产、无形资产和其他长期资产所支付的现金，再减去处置固定资产、无形资产和其他长期资产而收回的现金净额；③长期负债，即年度长期负债各项目的总和。由于研发投资金额、资本支出和长期负债水平反映企业对未来收益不确定项目的投入力度，在一定程度上体现了企业战略风险承担倾向。此方法采用一些典型的战略风险承担支出作为管理风险承担水平的代理变量，表现企业在资源配置方面积极主动的战略选择，与所关注的战略风险承担行为是一致的。考虑到战略行为的多样性和协同性特征，并综合体现企业战略风险承担水平，对研发支出、资本支出和长期负债指标进行主成分分析后发现，KMO 为 0.669，且 Bartlett's 球形检验的 Chi-Square 达到显著水平（$p<0.01$），因子分析的累计百分比为 84.875%，表明这三个指标能较好地聚合为一个因子，因子载荷分别为 0.598、0.604、0.527。

（2）自变量

消极业绩反馈（$Ngap_{i,t}$）也称业绩期望落差，表现企业实际业绩低于期望水平的情况，即业绩未实现企业期望目标的状态，通常用实际业绩与期望水平之差来衡量。参考以往的研究文献[17]，实际业绩（$Perf_{i,t}$）由资产收益率（ROA）来衡量。借鉴 Rudy[240] 的研究方法，对期望水平（$Asp_{i,t}$）的测量采用由历史业绩期望和行业业绩期望加权组合而成的综合业绩期望水平。具体计算公式如下：

$$Asp_{i,t} = \alpha_1 SA_{i,t} + (1-\alpha_1) HA_{i,t} \tag{7-1}$$

$$SA_{i,t} = \left(\sum_{j\neq i} Perf_{i,t}\right)/(N-1) \tag{7-2}$$

$$HA_{i,t} = \alpha_2 HA_{i,t-1} + (1-\alpha_2) Perf_{i,t-1} \tag{7-3}$$

式(7-1)中的综合期望水平($Asp_{i,t}$)是由式(7-2)中的行业业绩期望水平($SA_{i,t}$)和式(7-3)中的历史业绩期望水平($HA_{i,t}$)加权组合而得的。其中,行业业绩期望水平($SA_{i,t}$)是企业 i 所在行业内除企业 i 外其他公司的业绩均值,历史业绩期望水平($HA_{i,t}$)是由企业 i 在 $t-1$ 期的历史业绩期望水平与其在 $t-1$ 期的实际业绩的加权组合。α_1 和 α_2 代表权重,是介于[0,1]的数值。具体方法为:首先,对于式(7-3)中的历史业绩期望水平($HA_{i,t}$),参考 Chen[21] 的研究方法,将权重值 α_2 设定为0.4,这表示企业 i 在 t 期的历史业绩期望水平是由企业 i 在 $t-1$ 期的历史业绩期望水平($HA_{i,t-1}$)(权重为0.4)与企业 i 在 $t-1$ 期的实际业绩($Perf_{i,t-1}$)(权重为0.6)的加权组合。其次,对于式(7-1)中的综合期望水平,参考 Rudy[240] 的测量方法,将 α_1 从0.5开始,每递增0.1并根据估计模型的拟合值进行权重设定。结果显示,最佳拟合值出现在 $\alpha_1=0.7$ 时。参照以往的研究方法,在之后的回归中仅将 $\alpha_1=0.7$ 和 $\alpha_2=0.4$ 时所得的综合期望水平纳入模型进行检验。

当企业实际业绩($Perf_{i,t}$)低于期望水平($Asp_{i,t}$)时,两者的差距($Perf_{i,t}-Asp_{i,t}$)就表现为业绩期望落差,即消极业绩反馈状态($Ngap_{i,t}$)。反之,当企业实际业绩高于期望水平时为业绩期望顺差,即积极业绩反馈状态($Pgap_{i,t}$)。进一步,设置虚拟变量 I_1,当企业处于消极业绩反馈时 I_1 赋值为1,则 $I_1*(Perf_{i,t}-Asp_{i,t})$ 表示实际业绩低于期望水平的差距,其值越小,说明差距越大。为了便于理解,对业绩期望落差 $I_1*(Perf_{i,t}-Asp_{i,t})$ 进行了绝对值处理,得到消极业绩反馈变量($Ngap_{i,t}$),其值越大,则表明业绩与期望目标的落差越大,业绩反馈情况越糟糕。同理,当企业处于业绩期望顺差状态(积极业绩反馈)时,设置 I_1 等于0,那么由 $(1-I_1)*(Perf_{i,t}-Asp_{i,t})$ 得到积极业绩反馈变量($Pgap_{i,t}$),其值越大,表明实际业绩超过期望目标越多,业绩反馈情况越好。

(3)调节变量

调节变量主要包括分析师评估差距、董事会权力和机构投资者持股比例。

1)分析师评估差距($Afgap_{i,t}$)

分析师评估差距是指企业实际业绩与分析师预测业绩水平的差距,通常用每股收益(EPS)来衡量。借鉴 Puffer 和 Weintrop[241]、Gentry 和 Shen[206]的研究方法,分析师评估差距变量采用证券分析师预测的每股收益与企业实际每股收益之差与分析师预测的每股收益的比率来衡量。其中,可能存在多个分析师对于同一家公司在同一时间范围内发布多个业绩预测值,那么为了获得“一致性”预测值,分析师预测的每股收益是取多个分析师最终预测值的平均来表示。考虑到证券分析师们对企业每股收益预测的基准有差异,故采用比率测量方法来更好地体现预测业绩与实际业绩的相对差距。分析师评估差距的值越大,则表明企业未实现分析师预测业绩的程度越高,经营状况不佳,未实现资本市场业绩预期,进而企业所感知的经营压力和竞争威胁越大。分析师评估差距的值越小,则意味着企业经营状况越好,实现或超过证券分析师预测业绩。

2)董事会权力($Bpwr_{i,t}$)

衡量董事会相对于 CEO 的权力。借鉴 Zajac 和 Westphal[237]的研究方法,该指标是选取 4 个维度的指标来测量:①董事长和 CEO 是否两职分离,是则取值为 1,否则为 0;②董事会成员相对任期,由董事会成员平均任期与 CEO 的任期之比来衡量,此值越高,表明董事会通过对组织资源配置和运营管理方法具有的默契和熟悉度越高,因而具有较高的专家权力;③外部独立董事比例,由独立董事人数与董事总人数之比来表示,此值越高,表明董事会独立性越高;④董事会持股比例,由董事会持股与总股数之比来测量。然后,分别对这四个指标进行标准化操作,而后加总得到董事会权力指标。该指标值越大，说明董事会相对于CEO的权力越大，进而在公司治理和企业战略决策过程中的监督和控制力越强，战略参与程度越高，且对战略决策的风险和收益更为敏感。

3）机构投资者持股比例（$Invst_{i,t}$）

根据惯例，该变量采用年末前十大机构投资者持股比例之和来度量。

（4）控制变量

根据以往的研究文献[20]，主要有以下三大类控制变量：①组织属性。企业规模（$Size_{i,t}$），即企业期末总资产的自然对数；企业年龄（$Age_{i,t}$），即企业成立时间的自然对数。②财务状况。组织冗余（$Slack_{i,t}$），定义为流动比率、资产负债率和费用收入比这三个值的均值；净资产收益率（$Roe_{i,t}$），净利润与股东权益余额的比例；债务资本比（$Debt_{i,t}$），以产权比率来衡量，表现企业偿债能力；无形资产比率（$IArat_{i,t}$），采用无形资产净值与总资产的比例。③经营处境。市场份额（$Mktshr_{i,t}$），定义为企业主营业务收入与行业主营业务收入之比；行业销售增长率（$Igrow_{i,t}$），用行业的年度主营业务收入增长率来衡量；历史业绩期望差距（$Had_{i,t}$），用企业实际业绩（$Perf_{i,t}$）与历史期望水平（$HA_{i,t}$）之差来表示；积极业绩反馈（$Pgap_{i,t}$），着重关注消极业绩反馈与企业战略风险承担之间的关系，由于业绩反馈结果是由分段函数的形式表示的，考虑到模型的现实性和完整性，本研究同时把积极业绩反馈作为控制变量纳入模型中。此外，分别设定了年度、区域和行业虚拟变量来控制年度变化趋势、区域经济发展特征和行业经济发展差异对企业行为决策的可能影响。参考以往的研究[21]，由于分析业绩反馈和业绩预测对企业后续决策行为的影响关系，自变量、调节变量和控制变量均采取了相对于因变量滞后一期的测量。

7.2.3 检验结果与分析

7.2.3.1 描述性统计与相关性分析

表7-1列示了主要变量的描述性统计,结果显示,战略风险承担($Srt_{i,t}$)的均值是0.008,消极业绩反馈($Ngap_{i,t}$)的均值是0.016,分析师评估差距($Afgap_{i,t}$)的均值是0.142,表明证券分析师预测盈余比实际盈余略高。此外,董事会权力($Bpwr_{i,t}$)的均值是-0.057,机构投资者持股($Invst_{i,t}$)的均值为0.086。从表7-1的相关性分析看,消极业绩反馈与战略风险承担显著正相关($p<0.01$),即消极业绩反馈越大,企业战略风险承担程度越高。分析师评估差距与战略风险承担是负相关但不显著($p>0.1$),与消极业绩反馈之间呈显著正相关($p<0.01$)。董事会权力与战略风险承担水平为显著正相关($p<0.01$),与分析师评估差距也是显著正相关($p<0.01$)。机构投资者持股与战略风险承担呈正相关但不显著关系($p>0.1$),但分别与消极业绩反馈和董事会权力为显著负相关($p<0.01$),且与分析师评估差距也是显著负相关关系($p<0.05$)。为进一步分析上述变量之间的关系,下文将做进一步讨论。

表 7-1　主要变量描述性统计与相关性分析

代码	变量名称	1	2	3	4	5	6	7	8	9
1. $Srt_{i,t}$	战略风险承担	1								
2. $Ngap_{i,t}$	消极业绩反馈	0.086***	1							
3. $Afgap_{i,t}$	分析师评估差距	−0.0020	0.421***	1						
4. $Bpwr_{i,t}$	董事会权力	0.109***	−0.0080	0.073***	1					
5. $Invst_{i,t}$	机构投资者持股	0.00100	−0.131***	−0.041***	−0.174***	1				
6. $Shzd_{i,t}$	股权制衡度	−0.0020	−0.0150	0.047**	0.069***	−0.0270	1			
7. $HHI_{i,t}$	行业竞争性	−0.277***	0.0100	0.0340	0.0120	0.0100	0.108***	1		
8. $Size_{i,t}$	企业规模	0.657***	0.0140	−0.0060	0.0380	0.088***	−0.169***	−0.207***	1	
9. $Age_{i,t}$	企业年龄	−0.093***	−0.090***	0.078***	0.275***	−0.162***	0.065***	0.0270	−0.257***	1
10. $Soe_{i,t}$	企业性质	0.174***	0.073***	−0.095***	−0.271***	0.113******	−0.282***	−0.192***	0.324***	−0.289***
11. $Slack_{i,t}$	组织冗余	−0.138***	−0.108***	0.074***	0.085***	−0.0370	0.213***	0.073***	−0.245***	0.212***
12. $Mktshr_{i,t}$	市场份额	0.546***	0.0300	−0.045*	0.0350	0.0360	0.0130	−0.214***	0.515***	−0.210***
13. $Igrow_{i,t}$	行业销售增长率	0.00001	0.0300	−0.056**	−0.0100	0.0360	0.040*	−0.0060	−0.061***	−0.0150
14. $IArat_{i,t}$	无形资产比率	0.0260	0.181***	0.138***	0.052**	−0.0360	0.00600	0.00600	−0.077***	0.083***
15. $Roe_{i,t}$	净资产收益率	−0.128***	−0.661***	−0.282***	0.043*	0.100***	0.129***	−0.0100	−0.113***	0.117***
16. $Debt_{i,t}$	债务资本比	0.360***	0.315***	0.057**	−0.0290	0.057**	−0.181***	−0.070***	0.440***	−0.254***
17. Had	历史期望差距	−0.0030	−0.429***	−0.542***	−0.0380	0.042*	−0.0170	0.0110	0.00600	−0.053**
18. $Pgap_{i,t}$	积极业绩反馈	−0.112***	−0.367***	−0.169***	−0.0010	0.148***	0.068***	0.060**	−0.041*	0.0310

续表 7-1

代码	变量名称	1	2	3	4	5	6	7	8	9
均值		0.008	0.016	0.142	−0.057	0.086	0.707	0.934	21.61	7.6
标准差		0.373	0.028	0.234	1.279	0.097	0.617	0.141	0.978	0.002
代码	变量名称	10	11	12	13	14	15	16	17	18
10. $Soe_{i,t}$	企业性质	1								
11. $Slack_{i,t}$	组织冗余	−0.230***	1							
12. $Mktshr_{i,t}$	市场份额	0.179***	−0.171***	1						
13. $Igrow_{i,t}$	行业销售增长率	−0.0390	0.0100	0.132***	1					
14. $IAratio_{i,t}$	无形资产比率	−0.093***	0.111***	−0.099***	0.0120	1				
15. $Roe_{i,t}$	净资产收益率	−0.234***	0.398***	−0.125***	0.090***	0.0280	1			
16. $Debt_{i,t}$	债务资本比	0.296***	−0.445***	0.315***	−0.0190	−0.077***	−0.458***	1		
17. $Had_{i,t}$	历史期望差距	0.040*	−0.081***	0.039*	0.078***	−0.098***	0.357***	0.0230	1	
18. $Pgap_{i,t}$	积极业绩反馈	−0.102***	0.177***	−0.058**	−0.0090	−0.149***	0.623***	−0.319***	0.351***	1
均值		0.384	1.379	0.014	0.194	0.094	0.117	0.706	−0.001	0.022
标准差		0.486	1.348	0.027	0.115	0.105	0.116	0.636	0.039	0.035

注：*** $p<0.01$，** $p<0.05$，* $p<0.1$；$N=1817$；消极业绩反馈是取绝对值后的值；企业规模、企业年龄是经过自然对数处理后的值。

7.2.3.2 回归检验结果

为避免多重共线性的影响，对交互项中的连续变量进行中心化处理，并对所有进入模型的解释变量和控制变量进行方差膨胀因子（VIF）诊断，结果显示所有解释变量的方差独立于其他解释变量的比例为23% ~89%，平均VIF为2.18。考虑到选用数据是非平衡面板数据，可能存在异方差、时序相关和横截面相关等问题，通常的面板数据估计方法可能会低估标准误，导致估计结果有偏，故采用Driscoll-Kraay标准误进行估计。

（1）总体样本检验

采用层级回归的方法，对分析师评估差距、董事会权力和机构投资者持股对消极业绩反馈与战略风险承担之间关系的调节作用进行检验，结果如表7-2所示。模型1为基准模型，包括所有控制变量和调节变量在内的检验结果，该模型调整后的可决系数达到61.7%，说明所纳入模型的变量能够在很大程度上对企业战略风险承担做出解释。模型2是在模型1的基础上同时加入自变量消极业绩反馈（$Ngap_{i,t}$）及积极业绩反馈（$Pgap_{i,t}$），结果显示，消极业绩反馈（$Ngap_{i,t}$）的回归系数显著为正（$beta=1.134$，$p<0.01$），且在后续加入调节变量交互项的模型回归检验中此结果仍然稳健，表明当实际业绩低于期望水平时，业绩反馈结果越消极，企业战略风险承担的程度越高。假设1得到验证。

模型3是基于模型2加入消极业绩反馈、分析师评估差距和董事会权力这3个变量的两两交互项。可以看到，消极业绩反馈与分析师评估差距的交互项（$Ngap_{i,t}*Afgap_{i,t}$）的回归系数为正但不显著（$beta=0.435$，$p>0.1$），然而从后续的模型4的回归结果可以看到，在加入与董事会权力调节变量的三维交互项时，消极业绩反馈与分析师评估差距的二维交互项（$Ngap_{i,t}*Afgap_{i,t}$）的回归系数显著为正（$beta=1.153$，$p<0.1$），说明分析师评估差距对消极业绩反馈与企业战略风险承担的关系具有正向调节作用，但此调节效

应依赖于董事会权力。所以，假设2得到部分支持。

模型4是在模型3的基础上将消极业绩反馈、分析师评估差距和董事会权力（$Bpwr_{i,t}$）的三维交互项纳入模型，结果显示，此三维交互项的回归系数显著为负（$beta=-3.414$，$p<0.01$），且（$Ngap_{i,t}*Afgap_{i,t}$）的交互项显著为正（$beta=1.153$，$p<0.1$），这意味着分析师评估差距对消极业绩反馈与企业战略风险承担之间的调节作用依赖于董事会权力，对于董事会权力较高的企业，随着分析师评估差距扩大，消极业绩反馈对企业战略风险承担的推动作用被削弱。因此假设3得到支持。

模型5是在模型2的基础上加入机构投资者持股（$Invst_{i,t}$）分别与消极业绩反馈和分析师评估差距的二维交互项。结果表明，三个二维交互项都为正但不显著，且在加入这三个变量的三维交互项后此结果仍不改变。然而，模型6是在模型5的基础上加入消极业绩反馈、分析师评估差距和机构投资者持股的三维交互项，结果显示，此三维交互项的回归系数显著为正（$beta=38.170$，$p<0.05$），这表明消极业绩反馈、分析师评估差距和机构投资者持股的三维交互对企业战略风险承担行为有显著影响，即对于机构投资者持股比例较高的企业，分析师评估差距扩大会增强消极业绩反馈与战略风险承担之间的正向关系。因此假设4得到验证。

表7-2 消极业绩反馈、分析师评估差距与企业战略风险承担之间关系的检验结果

代码	模型1	模型2	模型3	模型4	模型5	模型6
$Ngap_{i,t}$		1.134***	1.072***	1.054***	1.075***	1.103***
		(0.21)	(0.22)	(0.24)	(0.22)	(0.22)
$Ngap_{i,t}*Afgap_{i,t}$			0.435	1.153*	0.537	0.567
			(0.60)	(0.67)	(0.67)	(0.61)
$Afgap_{i,t}*Bpwr_{i,t}$			0.0170	-0.00300		
			(0.02)	(0.02)		

续表 7-2

代码	模型 1	模型 2	模型 3	模型 4	模型 5	模型 6
$Ngap_{i,t} * Bpwr_{i,t}$			0.146	0.514**		
			(0.15)	(0.22)		
$Ngap_{i,t} * Afgap_{i,t} * Bpwr_{i,t}$				-3.414***		
				(0.28)		
$Afgap_{i,t} * Invst_{i,t}$					0.0950	0.0590
					(0.48)	(0.45)
$Ngap_{i,t} * Invst_{i,t}$					7.047	6.922
					(6.72)	(5.14)
$Ngap_{i,t} * Afgap_{i,t} * Invst_{i,t}$						38.170**
						(19.25)
$Afgap_{i,t}$	-0.00300	-0.00800	-0.0110	-0.0140	-0.0110	-0.0110
	(0.01)	(0.01)	(0.01)	(0.02)	(0.01)	(0.01)
$Bpwr_{i,t}$	0.004***	0.004***	0.004***	0.006***	0.004***	0.004***
	(0.00)	(0.00)	(0.00)	(0.00)	(0.00)	(0.00)
$Invst_{i,t}$	-0.063**	-0.0210	-0.0220	-0.0180	-0.0230	-0.0350
	(0.03)	(0.03)	(0.03)	(0.03)	(0.03)	(0.03)
$Shzd_{i,t}$	0.037***	0.035***	0.035***	0.035***	0.036***	0.036***
	(0.01)	(0.01)	(0.01)	(0.01)	(0.01)	(0.01)
$HHI_{i,t}$	1.544***	1.615***	1.611***	1.566***	1.610***	1.591***
	(0.26)	(0.29)	(0.29)	(0.28)	(0.29)	(0.30)
$Size_{i,t}$	0.137***	0.136***	0.136***	0.137***	0.136***	0.137***
	(0.01)	(0.01)	(0.01)	(0.01)	(0.01)	(0.01)
$Age_{i,t}$	5.271***	5.555***	5.525***	5.625***	5.606***	5.287***
	(1.36)	(1.65)	(1.64)	(1.67)	(1.70)	(1.66)
$Soe_{i,t}$	-0.040***	-0.038***	-0.038***	-0.037***	-0.038***	-0.038***
	(0.01)	(0.01)	(0.01)	(0.01)	(0.01)	(0.01)
$Slack_{i,t}$	0.006*	0.00200	0.00200	0.00200	0.00200	0.00200
	(0.00)	(0.00)	(0.00)	(0.00)	(0.00)	(0.00)

续表 7-2

代码	模型 1	模型 2	模型 3	模型 4	模型 5	模型 6
$Mktshr_{i,t}$	3.662***	3.907***	3.913***	3.859***	3.916***	3.897***
	(0.73)	(0.75)	(0.75)	(0.72)	(0.74)	(0.74)
$Igrow_{i,t}$	0.137***	0.114***	0.113***	0.107***	0.115***	0.116***
	(0.04)	(0.03)	(0.03)	(0.03)	(0.03)	(0.03)
$IArat_{i,t}$	0.346***	0.272***	0.272***	0.273***	0.273***	0.282***
	(0.09)	(0.08)	(0.08)	(0.08)	(0.09)	(0.09)
$Roe_{i,t}$	0.0160	0.319***	0.322***	0.334***	0.316***	0.318***
	(0.05)	(0.05)	(0.04)	(0.04)	(0.05)	(0.04)
$Debt_{i,t}$	0.062***	0.048***	0.048***	0.050***	0.048***	0.047***
	(0.01)	(0.01)	(0.01)	(0.01)	(0.01)	(0.01)
$Had_{i,t}$	-0.0500	0.168	0.167	0.185	0.161	0.150
	(0.06)	(0.11)	(0.12)	(0.15)	(0.12)	(0.12)
$Pgap_{i,t}$		-0.753***	-0.777***	-0.793***	-0.765***	-0.754******
		(0.21)	(0.19)	(0.19)	(0.19)	(0.19)
$Pgap_{i,t} * Afgap_{i,t}$			-0.0990	0.115	-0.122	0.00900
			(0.19)	(0.30)	(0.19)	(0.23)
Con	-44.727***	-46.96***	-46.72***	-47.46***	-47.34***	-44.91***
	(10.34)	(12.56)	(12.50)	(12.70)	(12.95)	(12.63)
$Adj.\ R^2$	0.617	0.624	0.625	0.628	0.625	0.626
F	1716	1316	737.3	2648	854.9	201.3

注：* $p<0.1$，** $p<0.05$，*** $p<0.01$；$N=1817$；年度、行业、区域控制变量未加列示；括号内为标准误，上述模型是经过 Driscoll Kraay 标准误调整后的结果。

为了更清晰地表示三维交互关系，分别以高于均值一个标准差和低于均值一个标准差为基准，描绘了不同的董事会权力和机构投资者持股条件下，分析师评估差距对消极业绩反馈与战略风险承担之间关系的影响差异，图 7-1 和图 7-2 分别给出了具体的交互影响模式。

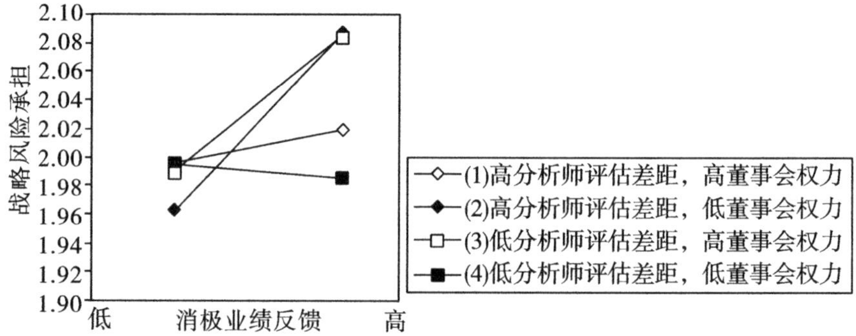

图7-1 消极业绩反馈、分析师评估差距和董事会权力的三维交互对战略风险承担的影响

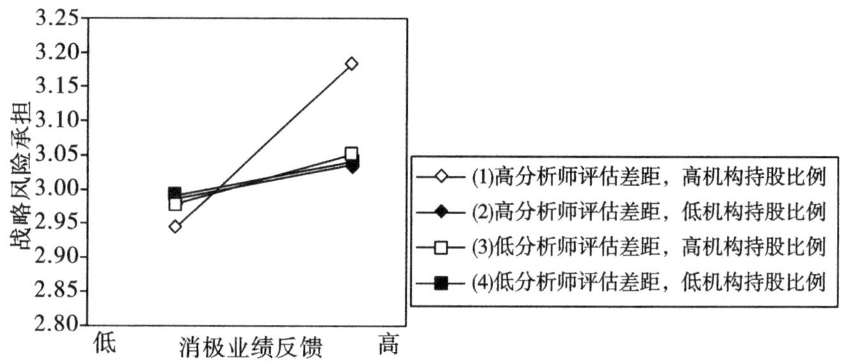

图7-2 消极业绩反馈、分析师评估差距和机构投资者持股的三维交互对战略风险承担的影响

从图7-1看，通过线（1）和线（3）的比较发现，在董事会权力越高时，随着分析师评估差距扩大，消极业绩反馈与企业战略风险承担的正向关系越弱。而且，通过对线（1）和线（3）的斜率差异进行T检验，结果显示，两条线的斜率具有显著差异（$t=-3.819$，$p<0.01$）。同时，通过线（1）和线（2）的比较发现，在低董事会权力的条件下，随着分析师评估差距扩大，消极业绩反馈与企业战略风险承担的正向关系越强。而且，通过对线（1）和线（2）的斜率差异进行T检验，结果显示，两条线的斜率具有显著差异（$t=-3.688$，$p<0.01$），因此假设3得到支持。综上，分析师评估差距对消极业绩反馈与企

业战略风险承担之间的调节作用依赖于董事会权力特征，当董事会权力高时，随着分析师评估差距扩大，消极业绩反馈与企业战略风险承担的正向关系将被弱化，而当董事会权力低时，随着分析师评估差距扩大，消极业绩反馈与企业战略风险承担的正向关系将被强化，从而假设3得到支持。

从图7-2看，通过对线(1)和线(3)的比较发现，在机构投资者持股比例较高的条件下，分析师评估差距越大，消极业绩反馈与企业战略风险承担的正向关系越强。而且，通过对线(1)和线(3)的斜率差异进行T检验，结果显示，两条线的斜率具有显著差异($t=2.075,p<0.05$)。同时，通过对线(1)和线(2)的比较发现，在分析师评估差距较大的条件下，企业中机构投资者持股比例越低，将弱化消极业绩反馈与企业战略风险承担的正向关系。而且，通过对线(1)和线(2)的斜率差异进行T检验，结果显示，两条线的斜率具有显著差异($t=2.120,p<0.05$)。综上，当机构投资者持股比例较高时，分析师评估差距越大，消极业绩反馈与企业战略风险承担的正向关系越强，而当机构投资者持股比例较低时，随着分析师评估差距的增加，消极业绩反馈与企业战略风险承担的正向关系被弱化，从而假设4得到验证。

(2)董事会权力调节效应的分样本检验

为进一步检验董事会权力和分析师评估差距的调节效应，该部分也采用了分样本检验的方法。首先基于总样本，获得董事会权力的均值。然后再分别根据均值，将样本分为高低两个组(采用中位数分类得到相同结果)。

表7-3列示了不同董事会权力条件下，分析师评估差距对消极业绩反馈与战略风险承担之间调节效应的检验结果。从模型1到模型3的结果看，在董事会权力较高的企业中，分析师评估差距弱化了消极业绩反馈与战略风险承担的正向关系。从模型4到模型6的结果看，在董事会权力较低的企业中，分析师评估差距强化了消极业绩反馈与战略风险承担的正向关系。因此假设3得到验证。

表 7-3 董事会权力调节效应的分样本检验结果

代码	高董事会权力			低董事会权力		
	模型 1	模型 2	模型 3	模型 4	模型 5	模型 6
$Ngap_{i,t}$		0.847***	1.129***		1.009***	0.657***
		(0.32)	(0.30)		(0.04)	(0.14)
$Ngap_{i,t} * Afgap_{i,t}$			-1.723***			2.671**
			(0.18)			(1.10)
$Afgap_{i,t}$	0.00600	0.00500	0.0130	0.00800	0.00400	-0.0160
	(0.02)	(0.02)	(0.03)	(0.02)	(0.02)	(0.02)
$Invst_{i,t}$	-0.00900	0.0310	0.0420	-0.0460	-0.0110	-0.0170
	(0.05)	(0.05)	(0.05)	(0.05)	(0.05)	(0.05)
$Shzd_{i,t}$	0.00600	0.00500	0.00500	0.063***	0.059***	0.059***
	(0.01)	(0.01)	(0.01)	(0.01)	(0.01)	(0.01)
$HHI_{i,t}$	2.408***	2.363***	2.364***	0.466	0.533	0.487
	(0.80)	(0.79)	(0.77)	(0.30)	(0.35)	(0.36)
$Size_{i,t}$	0.094***	0.092***	0.094***	0.167***	0.167***	0.166***
	(0.01)	(0.01)	(0.01)	(0.01)	(0.01)	(0.01)
$Age_{i,t}$	-1.446	-1.010	-0.964	8.321***	8.322***	8.184***
	(1.32)	(1.26)	(1.27)	(1.59)	(1.96)	(2.03)
$Soe_{i,t}$	-0.0170	-0.0190	-0.0230	-0.050***	-0.045***	-0.043***
	(0.02)	(0.02)	(0.02)	(0.01)	(0.01)	(0.01)
$Slack_{i,t}$	0.00300	0	-0.00100	0.0100	0.00700	0.00700
	(0.00)	(0.00)	(0.00)	(0.01)	(0.01)	(0.01)
$Mktshr_{i,t}$	6.891***	7.041***	7.024***	1.157*	1.465*	1.499*
	(0.95)	(0.99)	(0.98)	(0.68)	(0.75)	(0.76)
$Igrow_{i,t}$	0.259***	0.241***	0.240***	0.0500	0.0250	0.0250
	(0.06)	(0.05)	(0.05)	(0.05)	(0.04)	(0.04)
$IArat_{i,t}$	0.253***	0.205***	0.214***	0.346***	0.267***	0.276***
	(0.06)	(0.07)	(0.07)	(0.09)	(0.10)	(0.09)
$Roe_{i,t}$	0.179***	0.368***	0.380***	-0.0530	0.272***	0.287***
	(0.05)	(0.08)	(0.08)	(0.07)	(0.10)	(0.09)

续表 7-3

代码	高董事会权力			低董事会权力		
	模型 1	模型 2	模型 3	模型 4	模型 5	模型 6
$Debt_{i,t}$	0.067***	0.058***	0.058***	0.073***	0.057***	0.058***
	(0.01)	(0.01)	(0.01)	(0.01)	(0.01)	(0.01)
$Had_{i,t}$	-0.440*	-0.265	-0.214	0.183*	0.390***	0.347**
	(0.24)	(0.31)	(0.31)	(0.10)	(0.13)	(0.14)
$Pgap_{i,t}$		-0.437	-0.396		-0.895***	-0.980***
		(0.32)	(0.34)		(0.21)	(0.20)
$Pgap_{i,t} * Afgap_{i,t}$			1.472**			-0.229
			(0.63)			(0.28)
Con	6.264	3.009	2.639	-67.45***	-67.54***	-66.42***
	(9.90)	(9.35)	(9.45)	(12.00)	(14.78)	(15.27)
$Adj.\ R^2$	0.736	0.738	0.740	0.567	0.577	0.581
F	1536	4411	500.9	723.5	1228	143.8
N	710	710	710	1107	1107	1107

注：* $p<0.1$，** $p<0.05$，*** $p<0.01$；年度、行业、区域控制变量未加列示；括号内为标准误，上述模型是经过 Driscoll-Kraay 标准误调整后的结果。

(3)机构投资者持股调节效应的分样本检验

为检验机构投资者持股和分析师评估差距的调节效应，该部分也采用了分样本检验的方法。首先基于总样本，获得机构投资者持股的均值。然后再分别根据均值，将样本分为高低两个组(采用中位数分类得到相同结果)。

表 7-4 列示了不同机构投资者持股条件下，分析师评估差距对消极业绩反馈与战略风险承担之间的调节效应的检验结果。从模型 1 到模型 3 的结果看，在高机构投资者持股比例的企业中，分析师评估差距将正向调节消极业绩反馈与企业战略风险承担之间的关系，但统计上未能显著。与之不同，从模型 4 到模型 6 的结果看，分析师评估差距将负向调节消极业绩反馈

与企业战略风险承担之间的关系，但统计上也未能显著。从消极业绩反馈以及其与分析师评估差距的交互项系数可以看出：首先，基于模型 2 和模型 5 中消极业绩反馈的回归系数，相对于低机构投资者持股比例的企业，高机构投资者持股比例的企业会因消极业绩反馈而承担更多的战略风险；其次，基于模型 3 和模型 6 中消极业绩反馈与分析师评估差距交互项的回归系数，分析师评估差距将更能推动高机构投资者持股比例的企业应对消极业绩反馈时提高战略风险承担的程度。因此假设 4 获得部分支持。

表 7-4　机构投资者持股调节效应的分样本检验结果

代码	高机构投资者持股比例			低机构投资者持股比例		
	模型 1	模型 2	模型 3	模型 4	模型 5	模型 6
$Ngap_{i,t}$		1.615***	1.316***		0.826***	0.834**
		(0.45)	(0.42)		(0.31)	(0.41)
$Ngap_{i,t} * Afgap_{i,t}$			2.546			-0.115
			(1.79)			(0.95)
$Afgap_{i,t}$	0.063***	0.055***	0.047**	-0.039***	-0.040***	-0.040***
	(0.02)	(0.02)	(0.02)	(0.01)	(0.01)	(0.01)
$Bpwr_{i,t}$	-0.00600	-0.00400	-0.00400	0.007***	0.006***	0.006**
	(0.01)	(0.01)	(0.01)	(0.00)	(0.00)	(0.00)
$Shzd_{i,t}$	0.055***	0.049***	0.050***	0.022**	0.022**	0.022**
	(0.01)	(0.01)	(0.01)	(0.01)	(0.01)	(0.01)
$HHI_{i,t}$	0.738***	0.863***	0.814***	2.151***	2.238***	2.236***
	(0.28)	(0.26)	(0.29)	(0.57)	(0.53)	(0.53)
$Size_{i,t}$	0.148***	0.146***	0.146***	0.133***	0.133***	0.134***
	(0.02)	(0.02)	(0.02)	(0.02)	(0.02)	(0.02)
$Age_{i,t}$	5.716***	5.481***	5.582***	5.878**	6.116**	6.134**
	(0.87)	(1.17)	(1.19)	(2.45)	(2.63)	(2.61)
$Soe_{i,t}$	-0.056***	-0.052***	-0.051***	-0.030**	-0.028**	-0.028**
	(0.01)	(0.01)	(0.01)	(0.01)	(0.01)	(0.01)

续表 7-4

代码	高机构投资者持股比例			低机构投资者持股比例		
	模型 1	模型 2	模型 3	模型 4	模型 5	模型 6
$Slack_{i,t}$	0.016**	0.011*	0.011*	0	-0.003*	-0.003*
	(0.01)	(0.01)	(0.01)	(0.00)	(0.00)	(0.00)
$Mktshr_{i,t}$	1.482*	1.877**	1.833**	4.559***	4.739***	4.736***
	(0.85)	(0.83)	(0.80)	(1.07)	(1.10)	(1.09)
$Igrow_{i,t}$	0.108*	0.0680	0.0730	0.177***	0.158***	0.157***
	(0.06)	(0.06)	(0.06)	(0.03)	(0.03)	(0.02)
$IArat_{i,t}$	0.280**	0.180	0.178	0.355***	0.301***	0.301***
	(0.12)	(0.12)	(0.11)	(0.06)	(0.06)	(0.06)
$Roe_{i,t}$	-0.0630	0.270***	0.268***	0.0460	0.303***	0.301***
	(0.09)	(0.08)	(0.07)	(0.04)	(0.06)	(0.06)
$Debt_{i,t}$	0.083***	0.059***	0.058***	0.047**	0.038**	0.038**
	(0.01)	(0.01)	(0.01)	(0.02)	(0.02)	(0.02)
$Had_{i,t}$	0.251	0.605***	0.539***	-0.212	-0.0720	-0.0730
	(0.17)	(0.16)	(0.18)	(0.13)	(0.17)	(0.18)
$Pgap_{i,t}$		-0.823***	-0.845***		-0.693***	-0.693***
		(0.18)	(0.16)		(0.22)	(0.20)
$Pgap_{i,t} * Afgap_{i,t}$			-0.0470			-0.170
			(0.15)			(0.34)
Con	-47.525***	-45.82***	-46.54***	-49.89***	-51.80***	-51.94***
	(6.52)	(8.75)	(8.88)	(18.30)	(19.72)	(19.54)
$Adj. R^2$	0.563	0.576	0.579	0.672	0.676	0.676
F	50.22	233.4	1760	112.9	118.6	52.17
N	771	771	771	1046	1046	1046

注：* $p<0.1$，** $p<0.05$，*** $p<0.01$；年度、行业、区域控制变量未加列示；括号内为标准误，上述模型是经过 Driscoll-Kraay 标准误调整后的结果。

7.2.4 稳健性检验

为确保检验结果的稳健性,进行了如下稳健性检验。

7.2.4.1 更换业绩反馈测量方法的检验结果

前文中关于综合期望水平的衡量是采用 α_1 为 0.7 的值,考虑到不同的权重设定会影响期望水平的测定,为了对假设进行稳健性检验,本部分更换了综合期望水平测量方法。具体过程是将 α 值从 0.5 开始,逐渐以 0.1 递增,将得到的新综合期望水平纳入模型,检验变量之间的关系。回归结果与之前的假设检验并无显著差异,此部分只将 $\alpha=0.9$ 的结果加以列示,如表 7-5 所示。结果显示,消极业绩反馈与战略风险承担水平仍然呈稳健显著正相关关系,假设 1 获得支持。从模型 4 的结果看,分析师评估差距对消极业绩反馈与战略风险承担水平之间关系的调节作用依赖于董事会权力特征,因为当加入董事会权力、消极业绩反馈与分析师评估差距的三维交互项时,消极业绩反馈与分析师评估差距的二维交互项显著为正,表明假设 2 得到部分支持。同时,模型 4 中三维交互项显著为负($beta=-3.30$,$p<0.01$),这表明董事会权力越低,分析师评估差距越大,将增强消极业绩反馈对战略风险承担行为的推动作用。类似的,从模型 6 的结果看,三个二维交互项系数都不显著,而只有机构投资者持股、消极业绩反馈与分析师评估差距的三维交互项的回归系数显著为正($beta=44.970$,$p<0.05$),这说明当机构投资者持股比例越高,分析师评估差距越大,将增强消极业绩反馈对战略风险承担水平的促进效应。由此,假设 3 和假设 4 仍然得到支持,而假设 2 依然得到部分验证。可见,当更换业绩反馈测量方法后,假设 1、假设 3 和假设 4 仍然具有较强稳健性。

表 7-5 更换业绩反馈测量方法的稳健性检验结果

代码	模型 1	模型 2	模型 3	模型 4	模型 5	模型 6
$Ngap_{i,t}$		1.420***	1.395***	1.354***	1.395***	1.408***
		(0.19)	(0.21)	(0.22)	(0.23)	(0.23)
$Ngap_{i,t} * Afgap_{i,t}$			0.503	1.250*	0.581	0.798
			(0.75)	(0.69)	(0.85)	(0.75)
$Afgap_{i,t} * Bpwr_{i,t}$			0.0280	0.00900		
			(0.02)	(0.02)		
$Ngap_{i,t} * Bpwr_{i,t}$			-0.0620	0.397*		
			(0.15)	(0.23)		
$Ngap_{i,t} * Afgap_{i,t} * Bpwr_{i,t}$				-3.300***		
				(0.34)		
$Afgap_{i,t} * Invst_{i,t}$					-0.0820	-0.0990
					(0.43)	(0.42)
$Ngap_{i,t} * Invst_{i,t}$					10.44	7.856
					(7.05)	(5.06)
$Ngap_{i,t} * Afgap_{i,t} * Invst_{i,t}$						44.970**
						(21.17)
$Afgap_{i,t}$	-0.00300	-0.0100	-0.0150	-0.0190	-0.0150	-0.0150
	(0.01)	(0.01)	(0.02)	(0.02)	(0.02)	(0.02)
$Bpwr_{i,t}$	0.004***	0.004***	0.004***	0.006***	0.004***	0.004***
	(0.00)	(0.00)	(0.00)	(0.00)	(0.00)	(0.00)
$Invst_{i,t}$	-0.063**	-0.0190	-0.0200	-0.0170	-0.0230	-0.0380
	(0.03)	(0.03)	(0.03)	(0.03)	(0.03)	(0.03)
$Shzd_{i,t}$	0.037***	0.035***	0.035***	0.035***	0.036***	0.036***
	(0.01)	(0.01)	(0.01)	(0.01)	(0.01)	(0.01)
$HHI_{i,t}$	1.544***	1.616***	1.630***	1.587***	1.619***	1.603***
	(0.26)	(0.30)	(0.30)	(0.28)	(0.30)	(0.31)
$Size_{i,t}$	0.137***	0.136***	0.136***	0.137***	0.136***	0.137***
	(0.01)	(0.01)	(0.01)	(0.01)	(0.01)	(0.01)

续表 7-5

代码	模型 1	模型 2	模型 3	模型 4	模型 5	模型 6
$Age_{i,t}$	5.271***	5.646***	5.543***	5.594***	5.578***	5.165***
	(1.36)	(1.67)	(1.62)	(1.66)	(1.66)	(1.62)
$Soe_{i,t}$	-0.040***	-0.037***	-0.038***	-0.037***	-0.038***	-0.038***
	(0.01)	(0.01)	(0.01)	(0.01)	(0.01)	(0.01)
$Slack_{i,t}$	0.006*	0.00200	0.00200	0.00200	0.00200	0.00200
	(0.00)	(0.00)	(0.00)	(0.00)	(0.00)	(0.00)
$Mktshr_{i,t}$	3.662***	3.909***	3.920***	3.865***	3.926***	3.906***
	(0.73)	(0.75)	(0.75)	(0.73)	(0.75)	(0.74)
$Igrow_{i,t}$	0.137***	0.113***	0.115***	0.107***	0.116***	0.116***
	(0.04)	(0.03)	(0.03)	(0.03)	(0.03)	(0.03)
$IArat_{i,t}$	0.346***	0.272***	0.272***	0.276***	0.273***	0.284***
	(0.09)	(0.09)	(0.09)	(0.08)	(0.09)	(0.09)
$Roe_{i,t}$	0.0160	0.321***	0.330***	0.339***	0.322***	0.327***
	(0.05)	(0.06)	(0.05)	(0.05)	(0.05)	(0.05)
$Debt_{i,t}$	0.062***	0.048***	0.047***	0.050***	0.047***	0.046***
	(0.01)	(0.01)	(0.01)	(0.01)	(0.01)	(0.01)
$Had_{i,t}$	-0.0500	0.404**	0.410**	0.423**	0.404**	0.398**
	(0.06)	(0.14)	(0.16)	(0.18)	(0.16)	(0.17)
$Pgap_{i,t}$		-0.942***	-0.944***	-0.946***	-0.926***	-0.923***
		(0.26)	(0.24)	(0.25)	(0.24)	(0.24)
$Pgap_{i,t} * Afgap_{i,t}$			0.682***	0.978***	0.642**	0.854***
			(0.25)	(0.23)	(0.28)	(0.29)
Con	-44.727***	-47.66***	-46.89***	-47.25***	-47.14***	-44.00***
	(10.34)	(12.67)	(12.32)	(12.62)	(12.66)	(12.35)
$Adj.\ R^2$	0.617	0.625	0.625	0.628	0.625	0.627
F	1716	1204	43.67	163.5	1292	135.5

注：* $p<0.1$，** $p<0.05$，*** $p<0.01$；$N=1817$；年度、行业、区域控制变量未加列示；括号内为标准误，上述模型是经过 Driscoll-Kraay 标准误调整后的结果。

7.2.4.2 更换战略风险承担测量方法的检验结果

借鉴 Zhu 和 Chen[44] 对战略风险承担的测量，更换战略风险承担指标的测量方法并重新进行回归检验，结果如表7-6 所示。从模型2 到模型6 的结果看，消极业绩反馈回归系数显著为正，表明消极业绩反馈与战略风险承担水平仍呈现稳健的正向关系。从模型4 和模型6 的结果看，两个三维交互项的回归系数都显著。换言之，分析师评估差距对消极业绩反馈与战略风险承担水平之间关系的正向调节作用依赖于董事会权力和机构投资者持股水平。具体而言，当董事会权力越小，随着分析师评估差距的扩大，消极业绩反馈与战略风险承担的正向关系被强化；而当机构投资者持股越高，随着分析师评估差距的扩大，消极业绩反馈与战略风险承担的正向关系被强化。即假设 1、假设 3 和假设 4 得到支持。同时，从模型 4 的结果看，消极业绩反馈与分析师评估差距的交互项系数为正且显著，但此交互项的回归系数在其他模型中虽为正但不显著，说明此调节效应是否能有效发挥还依赖于董事会权力，因此假设 2 只得到部分支持。

表 7-6 更换战略风险承担测量方式的稳健性检验结果

代码	模型 1	模型 2	模型 3	模型 4	模型 5	模型 6
$Ngap_{i,t}$		1.169***	1.105***	1.086***	1.108***	1.137***
		(0.21)	(0.23)	(0.24)	(0.22)	(0.23)
$Ngap_{i,t} * Afgap_{i,t}$			0.448	1.175*	0.552	0.582
			(0.61)	(0.68)	(0.68)	(0.62)
$Afgap_{i,t} * Bpwr_{i,t}$			0.0170	-0.00300		
			(0.02)	(0.02)		
$Ngap_{i,t} * Bpwr_{i,t}$			0.146	0.518**		
			(0.15)	(0.23)		
$Ngap_{i,t} * Afgap_{i,t} * Bpwr_{i,t}$				-3.451***		
				(0.28)		

续表 7-6

代码	模型 1	模型 2	模型 3	模型 4	模型 5	模型 6
$Afgap_{i,t} * Invst_{i,t}$					0.0890	0.0540
					(0.49)	(0.46)
$Ngap_{i,t} * Invst_{i,t}$					7.190	7.065
					(6.82)	(5.24)
$Ngap_{i,t} * Afgap_{i,t} * Invst_{i,t}$						38.501**
						(19.49)
$Afgap_{i,t}$	-0.00300	-0.00800	-0.0110	-0.0140	-0.0120	-0.0110
	(0.01)	(0.01)	(0.01)	(0.02)	(0.01)	(0.01)
$Bpwr_{i,t}$	0.004***	0.004***	0.004***	0.006***	0.004***	0.004***
	(0.00)	(0.00)	(0.00)	(0.00)	(0.00)	(0.00)
$Invst_{i,t}$	-0.065**	-0.0210	-0.0220	-0.0180	-0.0230	-0.0360
	(0.03)	(0.03)	(0.03)	(0.03)	(0.03)	(0.03)
$Shzd_{i,t}$	0.038***	0.036***	0.036***	0.036***	0.036***	0.037***
	(0.01)	(0.01)	(0.01)	(0.01)	(0.01)	(0.01)
$HHI_{i,t}$	1.568***	1.642***	1.637***	1.591***	1.636***	1.617***
	(0.27)	(0.30)	(0.30)	(0.28)	(0.30)	(0.31)
$Size_{i,t}$	0.139***	0.139***	0.138***	0.139***	0.138***	0.139***
	(0.01)	(0.01)	(0.01)	(0.01)	(0.01)	(0.01)
$Age_{i,t}$	5.336***	5.630***	5.599***	5.700***	5.681***	5.358***
	(1.38)	(1.68)	(1.67)	(1.70)	(1.73)	(1.69)
$Soe_{i,t}$	-0.041***	-0.039***	-0.038***	-0.038***	-0.038***	-0.038***
	(0.01)	(0.01)	(0.01)	(0.01)	(0.01)	(0.01)
$Slack_{i,t}$	0.006*	0.00200	0.00200	0.00200	0.00200	0.00200
	(0.00)	(0.00)	(0.00)	(0.00)	(0.00)	(0.00)
$Mktshr_{i,t}$	3.717***	3.970***	3.976***	3.921***	3.979***	3.960***
	(0.74)	(0.75)	(0.76)	(0.73)	(0.75)	(0.75)
$Igrow_{i,t}$	0.140***	0.116***	0.115***	0.108***	0.116***	0.117***
	(0.04)	(0.03)	(0.03)	(0.03)	(0.03)	(0.03)
$IArat_{i,t}$	0.350***	0.275***	0.274***	0.275***	0.276***	0.284***
	(0.09)	(0.09)	(0.09)	(0.08)	(0.09)	(0.09)

续表 7-6

代码	模型 1	模型 2	模型 3	模型 4	模型 5	模型 6
$Roe_{i,t}$	0.0150	0.328***	0.330***	0.342***	0.324***	0.326***
	(0.06)	(0.05)	(0.05)	(0.04)	(0.05)	(0.05)
$Debt_{i,t}$	0.063***	0.049***	0.049***	0.051***	0.049***	0.048***
	(0.01)	(0.01)	(0.01)	(0.01)	(0.01)	(0.01)
$Had_{i,t}$	-0.0500	0.174	0.173	0.192	0.167	0.156
	(0.07)	(0.11)	(0.13)	(0.15)	(0.12)	(0.12)
$Pgap_{i,t}$		-0.773***	-0.798***	-0.814***	-0.785***	-0.774***
		(0.21)	(0.19)	(0.20)	(0.19)	(0.19)
$Pgap_{i,t} * Afgap_{i,t}$			-0.103	0.113	-0.126	0.00600
			(0.19)	(0.30)	(0.19)	(0.23)
Con	-45.294***	-47.60***	-47.36***	-48.10***	-47.98***	-45.53***
	(10.49)	(12.78)	(12.72)	(12.93)	(13.18)	(12.85)
Adj. R^2	0.616	0.623	0.623	0.627	0.624	0.625
F	1591	1358	716.3	2974	857.9	199.9

注：* $p<0.1$，** $p<0.05$，*** $p<0.01$；$N=1817$；年度、行业、区域控制变量未加列示；括号内为标准误，上述模型是经过 Driscoll-Kraay 标准误调整后的结果。

7.2.4.3 延长滞后效应的检验结果

上述对企业战略风险承担行为的检验采取了滞后一年的方法，考虑到企业资源调整、分配再到战略的实施可能存在一个时间差，尤其是长期投资项目需要决策团队在尽职调查和磋商讨论后再进行决策，将其他变量相对于因变量采取滞后两年的方法进行统计处理，即因变量为 $Srt_{i,t+2}$，然后再对模型中各变量之间的关系进行回归。基于此，延长之后效应的稳健性检验结果如表 7-7 所示。结果表明，消极业绩反馈对战略风险承担的正向推动作用仍旧显著，假设 1 得到验证；分析师评估差距对业绩期望与战略风险承担之间的调节作用只有在加入与董事会权力的三维交互影响下呈现显著性，且三维交互的回归系数显著为负，这表明假设 3 得到支持。然而，从模型

6 的结果看，对于机构投资者持股，其与消极业绩反馈、分析师评估差距的三维交互效应虽然为正但不显著，意味着这种外部机构投资者的监督作用随着时间的推移并不能让企业管理者充分认识到内外两种消极业绩反馈对企业经营状态的警示意义，因而企业的战略风险承担程度并没有显著提升。综上，基于以上延长滞后效应的检验，董事会权力与分析师评估差距的联合调节效应仍然稳健，但机构投资者持股与分析师评估差距的联合调节作用随着时间的推移而有所减弱。

表 7-7　延长滞后效应的稳健性检验结果

代码	模型 1	模型 2	模型 3	模型 4	模型 5	模型 6
$Ngap_{i,t}$		1.706***	1.578***	1.563***	1.607***	1.610***
		(0.15)	(0.16)	(0.18)	(0.14)	(0.15)
$Ngap_{i,t} * Afgap_{i,t}$			0.998	1.624**	1.146	1.177
			(0.77)	(0.77)	(0.89)	(0.75)
$Afgap_{i,t} * Bpwr_{i,t}$			0.0340	0.0140		
			(0.04)	(0.02)		
$Ngap_{i,t} * Bpwr_{i,t}$			0.107	0.832***		
			(0.44)	(0.23)		
$Ngap_{i,t} * Afgap_{i,t} * Bpwr_{i,t}$				-5.316***		
				(0.87)		
$Afgap_{i,t} * Invst_{i,t}$					-0.220	-0.230
					(0.96)	(0.94)
$Ngap_{i,t} * Invst_{i,t}$					18.87	18.20
					(13.41)	(13.97)
$Ngap_{i,t} * Afgap_{i,t} * Invst_{i,t}$						7.886
						(33.47)
$Afgap_{i,t}$	-0.032*	-0.048***	-0.053***	-0.062***	-0.055***	-0.055***
	(0.02)	(0.01)	(0.01)	(0.01)	(0.01)	(0.01)

续表 7-7

代码	模型 1	模型 2	模型 3	模型 4	模型 5	模型 6
$Bpwr_{i,t}$	0.004**	0.004**	0.004**	0.006***	0.005***	0.005***
	(0.00)	(0.00)	(0.00)	(0.00)	(0.00)	(0.00)
$Invst_{i,t}$	-0.087***	-0.0250	-0.0250	-0.0220	-0.0310	-0.0330
	(0.03)	(0.03)	(0.03)	(0.03)	(0.03)	(0.04)
$Shzd_{i,t}$	0.057***	0.055***	0.054***	0.055***	0.056***	0.056***
	(0.01)	(0.01)	(0.01)	(0.01)	(0.01)	(0.01)
$HHI_{i,t}$	2.777***	2.855***	2.854***	2.803***	2.828***	2.824***
	(0.43)	(0.49)	(0.51)	(0.49)	(0.50)	(0.49)
$Size_{i,t}$	0.156***	0.155***	0.155***	0.155***	0.155***	0.155***
	(0.02)	(0.02)	(0.02)	(0.02)	(0.02)	(0.02)
$Age_{i,t}$	9.973***	10.50***	10.36***	10.47***	10.51***	10.45***
	(2.72)	(3.28)	(3.28)	(3.27)	(3.34)	(3.39)
$Soe_{i,t}$	-0.048***	-0.046***	-0.045***	-0.044***	-0.046***	-0.046***
	(0.01)	(0.01)	(0.01)	(0.01)	(0.01)	(0.01)
$Slack_{i,t}$	0.011**	0.00500	0.00500	0.00500	0.00500	0.00500
	(0.01)	(0.01)	(0.01)	(0.01)	(0.01)	(0.01)
$Mktshr_{i,t}$	5.915***	6.221***	6.234***	6.184***	6.253***	6.248***
	(1.05)	(1.07)	(1.08)	(1.06)	(1.09)	(1.07)
$Igrow_{i,t}$	0.209***	0.174**	0.174**	0.160**	0.178***	0.178***
	(0.06)	(0.07)	(0.07)	(0.07)	(0.07)	(0.07)
$IArat_{i,t}$	0.445***	0.343***	0.341***	0.354***	0.339***	0.340***
	(0.12)	(0.12)	(0.12)	(0.11)	(0.12)	(0.11)
$Roe_{i,t}$	-0.0350	0.396***	0.404***	0.419***	0.394***	0.395***
	(0.07)	(0.08)	(0.07)	(0.07)	(0.07)	(0.07)
$Debt_{i,t}$	0.059***	0.041***	0.041***	0.044***	0.040***	0.040***
	(0.02)	(0.01)	(0.01)	(0.01)	(0.01)	(0.01)
$Had_{i,t}$	-0.069*	0.222**	0.206*	0.209	0.207*	0.207*
	(0.04)	(0.10)	(0.12)	(0.15)	(0.12)	(0.12)
$Pgap_{i,t}$		-0.952***	-0.987***	-1.007***	-0.977***	-0.975***
		(0.26)	(0.22)	(0.23)	(0.21)	(0.21)

续表 7-7

代码	模型 1	模型 2	模型 3	模型 4	模型 5	模型 6
$Pgap_{i,t}*Afgap_{i,t}$			0.144	0.843*	0.0860	0.118
			(0.38)	(0.44)	(0.51)	(0.61)
Con	-82.094***	-86.19***	-85.12***	-85.92***	-86.22***	-85.72***
	(20.75)	(25.06)	(24.98)	(24.96)	(25.46)	(25.84)
$Adj.\ R^2$	0.608	0.616	0.616	0.620	0.617	0.617
F	32.84	643.7	1749	312.0	222.3	501.1

注：* $p<0.1$，** $p<0.05$，*** $p<0.01$；$N=1436$；年度、行业、区域控制变量未加列示；括号内为标准误，上述模型是经过 Driscoll-Kraay 标准误调整后的结果。

7.2.4.4 内生性检验

考虑到回归分析中存在内生性问题，例如，业绩反馈会影响企业战略风险承担，而风险承担反过来也会影响反馈结果，同时，业绩反馈结果可能内生于企业自身一些特征，如企业规模、市场份额等，从而出现内生性和自回归问题。为了减轻这种内生性问题的潜在影响，参考前期学者的方法[132]，用两阶段最小二乘法（2SLS）对该模型的内生性问题进行处理。具体检验方法和过程如下：第一阶段，使用逻辑回归方法，用 Probit 模型对组织因素变量，如企业规模、年龄、治理机制等，与消极业绩反馈的虚拟变量进行回归。并且，将企业前一年的专利水平（$Patent_{i,t}$）作为企业研发成果的工具变量，加入第一阶段的模型中进行回归。第二阶段，将第一阶段回归分析中得到的内生性偏差调整项（$Nero_{i,t}$）纳入模型再次进行回归，结果如表 7-8 所示。从表 7-8 的第一阶段（模型 1）的回归结果看，分析师评估差距、股权制衡度、企业规模、组织冗余等均与消极业绩反馈虚拟变量呈现显著正向作用，而专利水平、市场份额、机构投资者持股等与消极业绩反馈虚拟变量呈显著负相关关系，这表明企业内部一些因素会影响业绩反馈结果。第二阶段的回归结果显示，从模型 2 到模型 7，内生性偏差调整项（$Nero_{i,t}$）均不显著。但是从消极业绩反馈系数和两个三维交互项系数来看，均支持研究假设1、假设3和假设4。由是，对于董事会权力和机构投资者持股的调节效应模型，企业内部一些因素会影响业绩反馈结果，即内生性偏差可能存在，但并未影响模型结论，因此假设1、假设3和假设4具有较强稳健性。

表7-8 内生性检验结果

代码	第一阶段	第二阶段					
	模型1	模型2	模型3	模型4	模型5	模型6	模型7
$Patent_{i,t}$	-0.106***						
	(0.03)						
$Ngap_{i,t}$			1.162***	1.115***	1.092***	1.125***	1.154***
			(0.20)	(0.21)	(0.22)	(0.20)	(0.21)
$Ngap_{i,t} * Afgap_{i,t}$				0.254	0.990	0.331	0.355
				(0.74)	(0.71)	(0.82)	(0.77)
$Afgap_{i,t} * Bpwr_{i,t}$				0.0160	-0.00400		
				(0.02)	(0.02)		
$Ngap_{i,t} * Bpwr_{i,t}$				0.132	0.500**		
				(0.14)	(0.22)		
$Ngap_{i,t} * Afgap_{i,t} * Bpwr_{i,t}$					-3.396***		
					(0.27)		
$Afgap_{i,t} * Invst_{i,t}$						0.111	0.0750
						(0.48)	(0.46)
$Ngap_{i,t} * Invst_{i,t}$						7.239	7.120
						(6.65)	(5.08)
$Ngap_{i,t} * Afgap_{i,t} * Invst_{i,t}$							38.380**
							(19.32)
$Afgap_{i,t}$	0.547**	-0.00300	-0.0100	-0.0110	-0.0140	-0.0120	-0.0110
	(0.24)	(0.01)	(0.01)	(0.01)	(0.02)	(0.01)	(0.01)
$Bpwr_{i,t}$	-0.0340	0.004***	0.004***	0.004***	0.006***	0.004***	0.004***
	(0.04)	(0.00)	(0.00)	(0.00)	(0.00)	(0.00)	(0.00)

续表 7-8

代码	第一阶段	第二阶段					
	模型 1	模型 2	模型 3	模型 4	模型 5	模型 6	模型 7
$Invst_{i,t}$	-2.524***	-0.061*	-0.0360	-0.0350	-0.0290	-0.0380	-0.0510
	(0.45)	(0.04)	(0.04)	(0.04)	(0.04)	(0.04)	(0.04)
$Shzd_{i,t}$	0.149**	0.037***	0.036***	0.036***	0.035***	0.036***	0.037***
	(0.07)	(0.01)	(0.00)	(0.00)	(0.00)	(0.01)	(0.01)
$HHI_{i,t}$	-2.722	1.544***	1.618***	1.613***	1.568***	1.613***	1.594***
	(3.50)	(0.26)	(0.30)	(0.30)	(0.28)	(0.30)	(0.31)
$Size_{i,t}$	0.243***	0.137***	0.137***	0.137***	0.137***	0.137***	0.138***
	(0.07)	(0.01)	(0.01)	(0.01)	(0.01)	(0.01)	(0.01)
$Age_{i,t}$	0.518	5.288***	5.405***	5.413***	5.526***	5.481***	5.156***
	(20.43)	(1.41)	(1.69)	(1.68)	(1.71)	(1.73)	(1.69)
$Soe_{i,t}$	-0.119	-0.040***	-0.038***	-0.038***	-0.037***	-0.038***	-0.038***
	(0.10)	(0.01)	(0.01)	(0.01)	(0.01)	(0.01)	(0.01)
$Slack_{i,t}$	0.238***	0.006*	0.00300	0.00300	0.00300	0.00300	0.00300
	(0.04)	(0.00)	(0.00)	(0.00)	(0.00)	(0.00)	(0.00)
$Mktshr_{i,t}$	-14.560***	3.668***	3.862***	3.869***	3.820***	3.866***	3.845***
	(2.65)	(0.70)	(0.72)	(0.71)	(0.69)	(0.71)	(0.71)
$Igrow_{i,t}$	1.140*	0.137***	0.118***	0.116***	0.109***	0.118***	0.119***
	(0.64)	(0.04)	(0.04)	(0.04)	(0.04)	(0.03)	(0.03)
$IArat_{i,t}$	3.903***	0.345***	0.281***	0.280***	0.280***	0.282***	0.291***
	(0.47)	(0.08)	(0.08)	(0.08)	(0.08)	(0.08)	(0.08)
$Roe_{i,t}$	-17.167***	0.0220	0.274***	0.280***	0.297***	0.267***	0.268***
	(0.90)	(0.03)	(0.03)	(0.02)	(0.03)	(0.02)	(0.02)
$Debt_{i,t}$	0.580***	0.061***	0.051***	0.051***	0.052***	0.051***	0.050***
	(0.10)	(0.01)	(0.01)	(0.01)	(0.01)	(0.01)	(0.01)
$Had_{i,t}$	-9.889***	-0.0460	0.138	0.141	0.162	0.132	0.120
	(1.45)	(0.05)	(0.09)	(0.10)	(0.13)	(0.10)	(0.10)
$Pgap_{i,t}$			-0.792***	-0.809***	-0.821***	-0.802***	-0.792***
			(0.23)	(0.22)	(0.22)	(0.22)	(0.22)

续表 7-8

代码	第一阶段	第二阶段					
	模型 1	模型 2	模型 3	模型 4	模型 5	模型 6	模型 7
$Pgap_{i,t}*Afgap_{i,t}$				-0.218	0.00900	-0.260	-0.133
				(0.27)	(0.39)	(0.26)	(0.29)
$Nero_{i,t}$		0.00300	-0.0250	-0.0220	-0.0190	-0.0250	-0.0260
		(0.02)	(0.02)	(0.02)	(0.02)	(0.02)	(0.02)
Con	-5.193	-44.854***	-45.82***	-45.88***	-46.71***	-46.39***	-43.92***
	(155.37)	(10.77)	(12.82)	(12.80)	(13.01)	(13.19)	(12.87)
Adj. R^2		0.617	0.625	0.625	0.628	0.625	0.626
F		3579	598.9	660.9	594.2	154.2	182.5
N	1820	1817	1817	1817	1817	1817	1817

注：* $p<0.1$，** $p<0.05$，*** $p<0.01$；$N=1820$；年度、行业、区域控制变量未加列示；括号内为标准误，上述模型 2 到模型 6 是经过 Driscoll-Kraay 标准误调整后的结果。

7.3 企业战略风险承担对企业成长的作用路径

以 2007—2017 年高科技上市公司为样本，基于组织期望目标的后视性业绩反馈与分析师预测引致的前瞻性业绩反馈相结合的视角，探讨了双重业绩反馈对企业战略风险承担的作用机制，从治理机制视角探究了分析师评估差距对消极业绩反馈作用过程的影响差异，得出以下结论：其一，消极业绩反馈对战略风险承担有显著的推动作用；其二，分析师评估差距并不能显著地增强消极业绩反馈企业开展冒险活动，而分析师评估差距与治理因素的联合调节能显著影响消极业绩反馈对企业战略风险承担的推动作用，即分析师评估差距的实际调节作用依赖于企业治理机制特征；其三，当董事会权力越高时，随着分析师评估差距扩大，董事会的决策参与度提升，同时企业内部不同行为主体之间的利益冲突被放大，以致消极业绩反馈对企业战略风险承担的推动作用被削弱；其四，当机构投资者持股比例越高时，随着分析师评估差距扩大，机构投资者增强了其对企业治理行为的监督控制职能，抑制了企业投机和短视行为，从而推动消极业绩反馈企业提高战略风险承担。

研究的理论贡献在于：其一，将分析师预测纳入业绩反馈决策模型，探究前瞻性与后视性双重业绩反馈对企业战略风险承担的作用机制，深化了资本市场业绩压力对企业战略行为的影响路径，为深入地理解企业战略风险承担行为的驱动力和差异性提供了新视角，丰富了基于多重期望目标的业绩反馈理论研究框架；其二，从董事会权力和机构投资者持股的内外治理机制视角，探究了分析师评估差距与治理机制特征对消极业绩反馈作用过程的联合调节作用机制，揭示了消极业绩反馈的有效作用边界，扩展了消极业绩反馈与战略风险承担之间的权变关系研究，完善了以往业绩反馈决策模型中对治理机制作用研究的不足。

上述研究为中国经济转型背景下高科技上市公司的冒险行为决策提供了有益的管理借鉴启示：

第一，分析师预测作为一种“游戏规则”，是上市企业无法忽视的制度存在，而市值管理对于研发支出占比较高、技术更新迭代较快、收购并购市场调整策略较频繁的高科技企业来说，显得尤为重要和必要。但是，由分析师预测引致的分析师评估差距对企业战略风险承担行为的影响是复杂的。研究认为，分析师预测在推动企业适应与成长过程中的作用具有双重性：基于分析师预测的信号价值，分析师评估差距扩大将警示企业经营面临潜在危机，随着内外消极反馈的增加，企业为追求创新而承担更多战略风险的动机增强，以此满足利益相关者预期、资本市场要求，以及维护企业声誉等目的；然而，由于制度缺陷、分析师主观偏见、管理者自利等因素，分析师评估差距扩大很可能促使企业管理者采用短视或机会主义行为来缓解当前的经营困境，例如通过盈余管理，减轻短期资本市场短期压力，从而抑制企业从事冒险活动，承担更少的战略风险。因此，正视并积极应对分析师预测，是企业实现价值管理与市值管理的有效方式。

第二，本研究发现，多重消极业绩反馈并不一定能同步地、有效地、叠加式地促使企业开展战略冒险活动。在此过程中，决策主体基于不同的权力结构、认知视角和利益基础，表现出不同的因果关系理解和风险偏好，这对业绩反馈的解读及冒险决策的选择，起到关键性作用。

从内部治理机制看，董事会是内部监督机制的代表，通过权力影响在群体决策体系中发挥指导作用。长期以来，中国企业治理往往以股东利益至上，董事会在很大程度上作为股东代理人而行使权力，股东利益成为董事会追求的最大目标。当内外部业绩反馈都出现消极结果时，董事会面临着短期业绩改善活动与长期创新投资的抉择。而追求持续增长的创新战略存在较高的投资成本和失败风险，这与董事会确保股东利益的短期目标存在冲突，以致在决策过程中产生备选方案之争。经过合议共管、多方协商等程序后，对当前经营业绩具有威胁性的冒险策略被暂时搁置，而能显著改善短期业绩的策略被提上议程，这反映了当前我国公司治理中出现的合规性改善而有效性不足的问题。应切实考虑董事会作为群体决策体系在冒险决策过程中可能出现的决策效率、利益倾向、风险选择等问题，在董事会建设中要重视权力分配和结构安排，增强董事的职业化，尤其在追求创新的长期投资决策方面，需强调股东、管理层和董事之间相互协调和影响的作用，降低治理风险与成本。

从外部治理机制看，机构投资者是外部治理机制的代表，通过持股比例在企业决策中发挥影响。虽然学界对机构投资者在公司治理过程中表现为“监督者”还是“投机者”的角色争论不休，但本书对机构投资者在面对双重消极业绩反馈的行为研究发现，机构投资者在识别和监督企业行为、推动企业战略风险承担上具有积极的作用。面对消极业绩反馈，分析师预测也出现的负面反馈加重了机构投资者的压力。在这种经营困境下，深谙资本市场“游戏规则”的机构投资者了解，短期业绩改善措施是“治标不治本”的权益之策，或是“杀鸡取卵”式的恶性补救方法。不同于权力较大的董事会对风险较大的探索式创新战略持谨慎态度，机构投资者更鼓励企业能真正采纳一些长期价值创造导向的、能推动企业冒险创新的行为决策，由此引导企业增强竞争力，营造企业与投资者互动的良好氛围。因此，应鼓励机构投资者在上市公司冒险决策中发挥积极的影响作用，健全业绩反馈机制，并建立合理的治理机制与之相匹配，有效发挥资本市场的支持性功能，推动企业良性健康成长。

当然在研究中还存在一些不足，需在今后的研究中改进和深入：①研究样本都来自上市公司的二手数据，不能更现实地反映企业在行为决策中的战略参考点或期望目标，因而不足以完全证实变量之间的因果关系，后续研究可以尝试用问卷调查方式，获得企业经营实践中的实际数据来对这些变量之间的关系进行分析；②从公司治理机制角度分析经营压力对企业战略冒险行为的影响，而外部环境和决策者个体特征也可能会影响企业对消极反馈的反应，这些因素的作用机制还有待进一步深入探索。

8 结论与展望

面对复杂多变的经济环境，保持增长是企业应对竞争和不确定性的关键，而勇于冒险、持续创新是实现增长的动力。高科技企业是面对竞争和生存压力较大的一群市场参与者，如何在竞争激烈的环境下保持活力并持续成长是学界、实践者和监管机构一直关注的议题。黑天鹅、混沌、动荡、非连续性、不确定性……是高科技企业关于今天和未来的焦虑性描述，在这样的背景下，因循守旧、拒绝变化将被淘汰，而以冒险激活组织、以创新征服未知、以变革提升适应才可能在丛林中生存。然而，什么因素驱动企业冒险？何时冒险？如何冒险？这些是仍在探讨的问题。

本书基于组织期望理论，剖析组织期望在不同维度的特征，采用组织期望-业绩反馈决策模型，以高科技企业为研究对象，探索了企业战略冒险不同方向，例如企业创业投资、企业战略调整方向选择、企业适应性战略变革、企业战略背离以及企业战略风险承担等的动力源，并对影响此关系的情境机制进行研究。研究显示，积极的业绩反馈和消极的业绩反馈对于企业的战略冒险的驱动机制是不同的，而对于来自不同情境的微观、中观与宏观环境中的不同变量，对于企业的战略冒险驱动机制会产生不同方向的增强或弱化作用，然而，将这些研究综合来看，我们可以得出一条清晰的结论，即通过不断承担战略风险而追求创新是企业生存和适应的重要途径，这也从另一个角度验证了高科技企业所倡导的生存法则：颠覆常在、冒险无限、创新永恒。

尤其值得注意的是，对于高科技行业来说，竞争是残酷的，技术发展更新和市场需求变化随时都可以把它推到风口浪尖，特别是企业发展过程中总会遇到一个个技术瓶颈或创新窘境，而资本市场则会做出相应的映射，甚至用脚投票都是不可避免的，导致企业可能迷失发展方向。对企业而言，要保持战略思路严谨清晰，核心优势不丧失，同时还要注重管理“华尔街”，与资本市场和投资者保持沟通，才可能适应环境变化、顺应各方力量，从而实现企业的可持续成长。

研究总是挂一漏万的。在概念内涵的界定、数据样本的选取、测量方法的遴选、模型的选择以及实证检验方法等各方面，都会存在这样或那样的不完善之处，这些都是今后进一步研究的展望之处，此问题在每章的研究主题中都有小结，在此不再赘述。

本书参考文献

[1]BOWMAN E. Risk seeking by troubled firms[J]. Sloan ManagementReview, 1982,23(4):3-42.

[2]WRIGHT P,FERRISS P,SARIN A,AWASTHI V. Impact of corporate insider,blockholder, and institutional equity ownership on firm risk taking[J]. Academy of Management Journal,1996,39(2):441-463.

[3]CHEN W R,MILLER K D. Situational and institutional determinants of firms' r&d search intensity[J]. Strategic Management Journal,2007,28(4):369-381.

[4]RAJAGOPALAN N,SPREITZER G M. Toward a theory of strategic change:a multi-lens perspective and integrative framework[J]. Academy of Management Review,1997,22(1):48-79.

[5]KAHNEMAN D,TVERSKY A. Prospect theory:an analysis of decision under risk[J]. Econometrica,1979,47(2):263-292.

[6]BROMILEY P. Testing a causal model of corporate risk taking and performance[J]. Academy of Management Journal,1991,34(1):37-59.

[7]KETCHEND J,PALMER T B. Strategic responses to poor organizational performance:a test of competing perspectives[J]. Journal of Management,1999, 25(5):683-706.

[8]GREVE H R. A beahavioral theory of r&d expenditures and innovations:evidence from shipbuilding[J]. Academy of Management Journal,2003,46(6):

685-702.

[9]CHEN G,CROSSLAND C,LUO S. Making the same mistake all over again: CEO overconfidence and corporate resistance to corrective feedback[J]. Strategic Management Journal,2015,36(10):1513-1535.

[10]苏依依,周长辉. 企业创新的集群驱动[J]. 管理世界,2008(3):94-104.

[11]CHRISMAN J J,PATEL P C. Variations in R&D investments of family and nonfamily firms: behavioral agency and myopic loss aversion perspectives [J]. Academy of Management Journal,2012,55(4):976-997.

[12]贺小刚,邓浩,吴诗雨,梁鹏. 赶超压力与公司的败德行为——来自中国上市公司的数据分析[J]. 管理世界,2015(9):104-124.

[13]STAW B M,DUTTON J E. Threat-rigidity effects in organizational behavior: a multilevel analysis[J]. Administrative Science Quarterly,1981,26(4):501-524.

[14]WISEMAN R M,BROMILEY P. Toward a model of risk in declining organizations: an empirical examinationof risk,performanceanddecline[J]. Organization Science,1996,7(5):524-543.

[15]MARCH J G,SHAPIRA Z. Managerial perspectives on risk and risk taking [J]. Management Science,1987,33(11):1404-1418.

[16]MARCH J G,SHAPIRA Z. Variable risk preferences and the focus of attention[J]. Psychological Review,1992,99(99):172-183.

[17]AUDIA P G,GREVE H R. Less likely to fail: low performance, firm size, and factory expansion in the shipbuilding industry[J]. Management Science,2006,52(1):83-94.

[18]JOSEPH J,GABA V. The fog of feedback: Ambiguity and firm responses to

multiple aspiration levels[J]. Strategic Management Journal,2015,36(13):1960-1978.

[19]MOLITERNO T P. Knowing your place:social performance feedback in good times and bad times[J]. Organization Science,2014,25(6):1684-1702.

[20]SHINKLE G A. Organizational aspirations,reference points,and goal building on the past and aiming for the future[J]. Journal of Management,2012,38(1):415-455.

[21]CHEN W R. Determinants of firms' backward-and forward-looking r&d search behavior[J]. Organization Science,2008,19(4):609-622.

[22]LABIANCA G,PARZEN M. Striving toward the future:aspiration—performance discrepancies and planned organizational change[J]. Strategic Organization,2009,7(4):433-466.

[23]HU S,HE Z L,BLETTNERD P,BETTIS R A. Conflict inside and outside:social comparisons and attention shifts in multidivisional firms[J]. Strategic Management Journal,2017,38(7):1435-1454.

[24]MARCH J G. A primer on decision making:how decisions happen[M]. New York:Free Press,1994:72-73.

[25]PENROSE E T. The Theory of the Growth of the Firm[M]. Oxford:Basil Blackwell,1959:106-107.

[26]熊彼特. 经济发展理论[M]. 何畏,易家祥,译. 北京:商务印书馆,1990:78-80.

[27]KNIGHT H F. Risk,uncertainty and profit[M]. Boston:Houghton Mifflin Company,1921:682-690.

[28]PALMER T B,WISEMAN R M. Decoupling risk taking from income stream uncertainty:a holistic model of risk[J]. Strategic Management Journal,1999

(20):1037-1062.

[29]CYERT R M,MARCH J G. A behavioral theory of the firm[J]. Social Science Electronic Publishing,1963,17(S2):93-107.

[30]KAHNEMAN D. Aperspective on judgment and choice:mapping bounded rationality[J]. American Psychologist,2003,58(9):697-720.

[31]MILLER K D,CHEN W R. Varible organizational risk preferences:tests of the march-shapira model[J]. Academy of Management Journal,2004,47(1):105-115.

[32]SANDERS W G,HAMBRICK D C. Swinging for the fences:the effects of CEO stock options on company risk taking and performance[J]. Academy of Management Journal,2007,50(5):1055-1078.

[33]BOUBAKRI N,COSSET J C,SAFFAR W. The role of state and foreign owners in corporate risk-taking:evidence from privatization[J]. Journal of Financial Economics,2013,108(3):641-658.

[34]余明桂,李文贵,潘红波. 民营化、产权保护与企业风险承担[J]. 经济研究,2013(9):112-124.

[35]JOHN K,LITOV L,YEUNG B. Corporate governance and risk-taking[J]. The Journal of Finance,2008,63(4):1679-1728.

[36]解维敏,唐清泉. 公司治理与风险承担——来自中国上市公司的经验证据[J]. 财经问题研究,2013(1):91-97.

[37]KIESLER S,SPROULL L. Managerial response to changing environments:perspectives on problem sensing from social cognition[J]. Administrative Science Quarterly,1982,27(4):548-570.

[38]王菁华,茅宁. 企业风险承担研究述评及展望[J]. 外国经济与管理,2015(12):44-58.

[39] FACCIO M, MARCHICA M T, Mura R. CEO gender, corporate risk-taking, and the efficiency of capital allocation[J]. Journal of Corporate Finance, 2016, 39: 193-209.

[40] BHABRA G S, FERRIS S P, SEN N, Peng P Y. Corporate governance in Singapore: the impact of directors' equity ownership[J]. Advances in Financial Economics, 2003(8): 29-46.

[41] LUMPKIN G T, DESS G G. Clarifying the entrepreneurial orientation construct and linking it to performance[J]. Academy of Management Review, 1996, 21(1): 135-172.

[42] KISHGEPHART J J. You don't forget your roots: The influence of CEO social class background on strategic risk taking[J]. Academy of Management Journal. 2015, 58(6): 1614-1636.

[43] MILLER K D, BROMILEY P. Strategic risk and corporate performance: an analysis of alternative risk measures[J]. Academy of Management Journal, 1990, 33(4): 756-779.

[44] ZHU D H, G CHEN. Narcissism, director selection, and risk-taking spending[J]. Strategic Management Journal, 2015, 36(13): 2075-2098.

[45] CHEMMANUR T J. Corporate venture capital, value creation, and innovation [J]. Social Science Electronic Publishing, 2014, 27(8): 2434-2473.

[46] DIMAGGIO P, POWELL W W. The iron cage revisited: institutional isomorphism and collective rationality in organizational fields[J]. American Sociological Review, 1983, 48(2): 143-166.

[47] AMBURGEY T L, KELLY D, BARNETT W P. Resetting the clock: the dynamics of organizational change and failure[J]. Academy of Management Annual Meeting Proceedings, 1993, 38(1): 51-73.

[48] KAMEDA T, DAVIS J H. The function of the reference point in individual and group risk decision making[J]. Organizational Behavior & Human Decision Processes, 1990, 46(1): 55–76.

[49] SCHNEIDER S L. Framing and conflict: aspiration level contingency, the status quo, and current theories of risky choice[J]. Journal of Experimental Psychology Learning Memory & Cognition, 1992, 18(5): 1040–1057.

[50] GREVE H R. Performance, aspirations, and risky organizational change[J]. Administrative Science Quarterly, 1998, 43(1): 58–86.

[51] LEVINTHAL D A. The behavioral theory of the firm: assessment and prospects[J]. Academy of Management Annals, 2012, 6(1): 1–40.

[52] AUDIA P G, BRION S. Reluctant to change: self–enhancing responses to diverging performance measures[J]. Organizational Behavior & Human Decision Processes, 2007, 102(2): 255–269.

[53] RHEE M. Does reputation contribute to reducing organizational errors? A learning approach[J]. Journal of Management Studies, 2009, 46(4): 676–703.

[54] ASKIN N. Status–aspirational pricing[J]. Administrative Science Quarterly, 2016, 61: 217–253.

[55] BAUMJ A, ROWLEYT J, SHIPILOVA V. Dancing with strangers: Aspiration performance and the search for underwriting syndicate partners[J]. Administrative Science Quarterly, 2003, 50(4): 536–575.

[56] HOLMES R M. Management theory applications of prospect theory: accomplishments, challenges, and opportunities[J]. Journal of Management, 2011, 37(4): 1069–1107.

[57] LOPES L L. When time is of the essence: averaging, aspiration, and the short

run[J]. Organizational Behavior & Human Decision Processes, 1996, 65 (3):179–189.

[58]BROMILEY P. Looking at prospect theory[J]. Strategic Management Journal,2010,31(12):1357–1370.

[59]HOSKISSON R,CHIRICO F,ZYUNG J,GAMBETA E. Managerial risk taking:A multi–theoretical review and future research agenda[J]. Journal of Management,2017,43(1):137–169.

[60]FIEGENBAUM A,HART S,SCHENDEL D. Strategic reference point theory [J]. Strategic Management Journal,1996,17(3):219–235.

[61]FIGENBAUM A,THOMAS H. Dynamic and risk measurement perspectives on bowman's risk–return paradox for strategic management: An empirical study[J]. Strategic Management Journal,1986,7(5):395–407.

[62] FIEGENBAUM A, THOMAS H. Strategic groups and performance: The U. S. insurance industry, 1970 – 1984 [J]. Strategic Management Journal, 1990,11(3):197–215.

[63]PANAGIOTOU G. Reference theory:strategic groups and competitive benchmarking[J]. Management Decision,2007,45(10):1595–1621.

[64]LUO X,WANG H,RAITHEL S,ZHENG Q. Corporate social performance, analyst stock recommendations, and firm future returns[J]. Strategic Management Journal,2015,36(1):123–136.

[65]BROMILEY P,WASHBURN M. Cost reduction vs innovative search in R&D [J]. Journal of Strategy and Management,2011,4(3):196–214.

[66]REF O,SHAPIRA Z. Entering new markets:the effect of performance feedback near aspiration and well below and above it[J]. Strategic Management Journal,2017,38(7):1416–1434.

[67]TYLER B B,CANER T. New product introductions below aspirations,slack and R&D alliances: A behavioral perspective[J]. Strategic Management Journal,2016,37(5):896-910.

[68]ARRFELT M. Looking backward instead of forward:aspiration-driven influences on the efficiency of the capital allocation process. [J]. Academy of Management Journal,2012,56(4):1081-1103.

[69]LEHMAN D W,HAHN J. Momentum and organizational risk taking: evidence from the national football league[J]. Management Science,2013,59(4):852-868.

[70]KIM J Y,FINKELSTEIN S,HALEBLIAN J. All aspirations are not created equal:The differential effects of historical and social aspirations on acquisition behavior[J]. Academy of Management Journal,2015,58(5):1361-1388.

[71]AUDIAP G,BRION S,GREVE H R. Self-assessment,self-enhancement, and the choice of comparison organizations for evaluating organizational performance[J]. Advances in Strategic Management,2015,32(8):89-118.

[72]JORDAN A H,AUDIA P G. Self-enhancement and learning from performance feedback[J]. Academy of Management Review,2012,37(2):211-231.

[73]HU S,BLETTNER D,BETTIS R A. Adaptive aspirations:performance consequences of risk preferences at extremes and alternative reference groups [J]. Strategic Management Journal,2011,32(13):1426-1436.

[74]GREVE H R. A behavioral theory of firm growth:sequential attention to size and performance goals[J]. Academy of Management Journal,2008,51(3):476-494.

[75] ANSOFF H I. Strategic management: Classic edition[M]. London: Palgrave Macmillan, 1988: 29-39.

[76] LANTT K, HURLEY A E. A contingency model of response to performance feedbackescalation of commitment and incremental adaptation in resource investment decisions[J]. Group & Organization Management, 1999, 24(4): 421-437.

[77] GOMPERS P A, LERNER J. The determinants of corporate venture capital successes: organizational structure, incentives, and complementarities[J]. Nber Chapters, 2000(6): 17-54.

[78] SIMON H A. A behavioral model of rational choice[J]. Quarterly Journal of Economics, 1955, 69(1): 99-118.

[79] BADGUERAHANIAN L, ABETTI P A. The rise and fall of the Merlin-Gerin foundry business: a case study in french corporate entrepreneurship[J]. Journal of Business Venturing, 1995, 10(6): 477-493.

[80] ANTONCIC B, HISRICH R D. Intrapreneurship: construct refinement and cross-cultural validation[J]. Journal of Business Venturing, 2001, 16(5): 495-527.

[81] NARAYANAN V K, YANG Y, ZAHRA S A. Corporate venturing and value creation: A review and proposed framework [J]. Research Policy, 2009, 38(1): 58-76.

[82] CHESBROUGH H W. Making sense of corporate venture capital[J]. Harvard Business Review, 2002, 80(3): 90-99.

[83] CHESBROUGH H W. Managing open innovation[J]. Research Technology Management, 2003, 47(1): 23-26.

[84] ERNST H, WITT P, BRACHTENDORF G. Corporate venture capital as a

strategy for external innovation: an exploratory empirical study[J]. R&D Management,2005,35(3):233-242.

[85]PARK H D,STEENSMA H K. When does corporate venture capital add value for new ventures? [J]. Strategic Management Journal,2011,33(1):1-22.

[86]GABA V,MEYER A D. Crossing the organizational species barrier: how venture capital practices infiltrated the information technology sector[J]. Academy of Management Journal,2008,51(5):976-998.

[87]SHORT J C,KETCHEN D J,PALMER T B,et al. Firm,strategic group,and industry influences on performance[J]. Strategic Management Journal, 2007,28(2):147-167.

[88]ALLEN S A,HEVERT K T. Venture capital investing by information technology companies:Did it pay? [J]. Journal of Business Venturing,2007,22(2):262-282.

[89]WEBER C,WEBER B. Corporate venture capital organizations in germany: a comparison[J]. Venture Capital,2005,7(1):51-73.

[90]WEBER B,WEBER C. Corporate venture capital as a means of radical innovation:Relational fit, social capital, and knowledge transfer[J]. Journal of Engineering & Technology Management. 2007,24(1-2):11-35.

[91]IYER D N,MILLER K D. Performance feedback,slack,and the timing of acquisitions[J]. Academy of Management Journal,2008,51(4):808-822.

[92]GABA V,BHATTACHARYA S. Aspirations,innovation,and corporate venture capital: a behavioral perspective[J]. Strategic Entrepreneurship Journal,2012,6(2):178-199.

[93]WADHWA A,KOTHA S. Knowledge creation through External Venturing:

Evidence from the Telecommunications equipment manufacturing Industry [J]. Academy of Management Journal,2006,49(4):819-835.

[94]BENSON D,ZIEDONIS R H. Corporate venture capital and the returns to acquiring portfolio companies [J]. Journal of Financial Economics,2010,98(3):478-499.

[95]DUSHNITSKY G,LENOX M J. When do firms undertake R&D by investing in new ventures? [J]. Strategic Management Journal,2005,26(10):947-965.

[96]DESAI V M. The behavioral theory of the(governed)firm:corporate board influences on organizations' responses to performance shortfalls[J]. Academy of Management Journal,2015,59(3):860-879.

[97]DALTON D R,HITT M A,CERTO T S,et al. The fundamental agency problem and its mitigation:independence,equity,and the market for corporate control [J]. Academy of Management Annals,2007,1(1):1-64.

[98]KATILA R,ROSENBERGER J D,EISENHARDT K M. Swimming with sharks:technology ventures,defense mechanisms and corporate relationships [J]. Administrative Science Quarterly,2008,53(2):295-332.

[99]FULGHIERI P,SEVILIR M. Size and focus of a venture capitalist's portfolio [J]. Review of Financial Studies,2009,22(11):4643-4680.

[100]林子尧,李新春. 公司创业投资与上市公司绩效:基于中国数据的实证研究[J]. 南方经济,2012(6):3-14.

[101]孙健,白全民. 我国公司创业投资(CVC)对企业价值影响的实证研究——基于CVC投资者的视角[J]. 中央财经大学学报,2010(9):62-66.

[102]LI J,TANG Y. CEO hubric and firm risk taking in china:the morderating

role of managerial discretion[J]. Academy of Management Journal,2010,53(1):45-68.

[103]DRISCOLL J C,KRAAY A C. Consistent covariance matrix estimation with spatially dependent panel data[J]. Review of Economics & Statistics,1998,80(4):549-560.

[104]BROMILEY P,HARRIS J D. A comparison of alternative measures of organizational aspirations[J]. Strategic Management Journal,2014,35(3):338-357.

[105]郑丹辉,李新春,李孔岳. 相对关系导向与新创企业成长:制度环境的调节作用[J]. 管理学报,2014(4):510-519.

[106]AMIT R,DING Y,VILLALONGA B,et al. The role of institutional development in the prevalence and performance of entrepreneur and family-controlled firms [J]. Journal of Corporate Finance,2015,31(2):284-305.

[107]张远飞,贺小刚,连燕玲."富则思安"吗?——基于中国民营上市公司的实证分析[J]. 管理世界,2013(7):130-144.

[108]BANK W. Governance, investment climate, and harmonious society: competitiveness enhancements for 120 cities in China[R]. Financial and Private Sector Development Unit East Asia and Pacific Region,2006.

[109]SHIMIZU K. Prospect theory, behavioral theory, and the threat-rigidity thesis: combinative effects on organizational decisions to divest formerly acquired units[J]. Academy of Management Journal,2007,50(6):1495-1514.

[110]TEECE D J, PISANO G, SHUEN A. Dynamic capabilities and strategic management[J]. Strategic Management Journal,1997,18(7):509-533.

[111]KUUSELA P, KEIL T, MAULA M. Driven by aspirations, but in what direc-

tion? Performance shortfalls, slack resources and resource-consuming vs. resource-freeing organizational change[J]. Strategic Management Journal, 2017, 38(5): 1101-1120.

[112] DEVERS C E, MCNAMARA G, WISEMAN R M, ARRFELT M. Moving closer to the action: examining compensation design effects on firm risk [J]. Organization Science, 2008, 19(4): 548-566.

[113] MCNAMARA G M, HALEBLIAN J, DYKES B J. The performance implications of participating in an acquisition wave: early mover advantages, bandwagon effects, and the moderating influence of industry characteristics and acquirer tactics[J]. Academy of Management Journal, 2008, 51(1): 113-130.

[114] BERRY H. Why do firms divest? [J]. Organization Science, 2010, 21(21): 380-396.

[115] JENSEN M C, MECKLING W H. Theory of the firm: managerial behavior, agency costs and ownership structure[J]. Journal of Financial Economics, 1976, 3(4): 305-360.

[116] MILLER D, CHEN M J. Sources and consequences of competitive inertia: a study of the U. S. airline industry[J]. Administrative Science Quarterly, 1994, 39(1): 496-497.

[117] 贺小刚,李婧,吕斐斐,邓浩. 绩优企业的投机经营行为分析——来自中国上市公司的数据检验[J]. 中国工业经济,2015(5):110-121.

[118] KACPERCZYK A, BECKMAN C M, MOLITERNO T P. Disentangling risk and change: internal and external social comparison in the mutual fund industry[J]. Administrative Science Quarterly, 2014, 60(2): 228-262.

[119] CORDING M, CHRISTMANN P, BOURGEOIS L J. A Focus on resources

in M&A success: a literature review and research agenda to resolve two paradoxes[J]. Academy of Management,2002(2):12-20.

[120]谢亚涛. 企业并购的绩效分析[J]. 会计研究,2003(12):52-53.

[121]俞铁成. 公司紧缩:资本运营新境界[M]. 上海:上海远东出版社,2001:73-75.

[122]权小锋,吴世农,文芳. 管理层权力、私有收益与薪酬操纵[J]. 经济研究,2010(11):73-87.

[123]LI J,TANG Y I. CEO hubris and firm risk taking in china:the moderating role of managerial discretion[J]. Academy of Management Journal,2010,53(1):45-68.

[124]HARFORD J,KAI L I. Decoupling CEO wealth and firm performance:the case of acquiring CEOs[J]. Social Science Electronic Publishing,2007,62(2):917-949.

[125]MOELLER S,FREDERICK S,RENE S. Do shareholders of acquiring firms gain from acquisitions? [R]. NBER Working Paper No. 9523. 2003. http://www. nber. org/papers/w9523.

[126]GRINSTEIN Y,HRIBAR P. CEO compensation and incentives: evidences from M&A bonuses[J]. Journal of Financial Economics,2004,73(1):119-143.

[127]傅颀,汪祥耀,路军. 管理层权力、高管薪酬变动与公司并购行为分析[J]. 会计研究,2014(11):30-37.

[128]连燕玲,贺小刚,张远飞,周兵. 危机冲击、大股东"管家角色"与企业绩效——基于中国上市公司的实证分析[J]. 管理世界,2012(9):142-155.

[129]张祥建,徐晋,徐龙炳. 高管精英治理模式能够提升企业绩效吗? ——

基于社会连带关系调节效应的研究[J]. 经济研究,2015(3):100-114.

[130]卢锐,魏明海,黎文靖. 管理层权力、在职消费与产权效率——来自中国上市公司的证据[J]. 南开管理评论,2008,11(5):85-92.

[131]AUDIA P G,LOCKE E A,SMITH K G. The Paradox of Success:An Archival and a Laboratory Study of Strategic Persistence Following Radical Environmental Change[J]. Academy of Management Journal,2000,43(5):837-853.

[132]连燕玲,贺小刚,高皓. 业绩期望差距与企业战略调整——基于中国上市公司的实证研究[J]. 管理世界,2014(11):119-132.

[133]李溪,郑馨,张建琦. 制造企业的业绩困境会促进创新吗——基于期望落差维度拓展的分析[J]. 中国工业经济,2018,365(8):174-192.

[134]YE Y,YU W,NASON R. Performance feedback persistence:comparative effects of historical versus peer performance feedback on innovative search[J]. Journal of Management,2021,47(4):1053-1081.

[135]CHO S Y,ARTHURS J D,TOWNSEND D M,et al. Performance deviations and acquisition premiums:the impact of CEO celebrity on managerial risk-taking[J]. Strategic Management Journal,2016,37(13):2677-2694.

[136]王垒,曲晶,赵忠超,丁黎黎. 组织绩效期望差距与异质机构投资者行为选择:双重委托代理视角[J]. 管理世界,2020,36(7):132-153.

[137]FESTINGER L. A theory of social comparison processes[J]. Human relations,1954,7(2):117-140.

[138]贺小刚,连燕玲,吕斐斐. 期望差距与企业家的风险决策偏好——基于中国家族上市公司的数据分析[J]. 管理科学学报,2016,19(8):1-20.

[139]NASON R S,WIKLUND J. An assessment of resource-based theorizing on firm growth andsuggestions for the future[J]. Journal of management,

2018,44(1):32-60.

[140]LAZARUS R S. Progress on a cognitive-motivational-relational theory of emotion[J]. American Psychologist,1991,46(8):819-834.

[141]RAFFERTY A E,GRIFFIN M A. Perceptions of organizational change:a stress and coping perspective[J]. Journal of Applied Psychology,2006,91(5):1154.

[142]詹姆斯·马奇. 决策是如何产生的[M]. 王元歌,章爱民,译. 北京:机械工业出版社,2007:44-45.

[143]SCHIMMER M,BRAUER M. Firm performance and aspiration levels as determinants of a firm's strategic repositioning within strategic group structures[J]. Strategic Organization,2012,10(4):406-435.

[144]BAUM J A. Hits and misses:managers'(MIS)categorization of competitors in the manhattan hotel industry[J]. Advances in Strategic Management,2003,20(6):119-156.

[145]戴维·迈尔斯. 社会心理学[M]. 侯玉波,乐国安,张智勇,等译. 8版. 北京:人民邮电出版社,2013:32-75.

[146]徐小琴,王菁,马洁. 绩优企业会增加企业负面行为吗——基于中国制造业上市公司的数据分析[J]. 南开管理评论,2016,19(2):137-144.

[147]朱丹,周守华. 战略变革、内部控制与企业绩效[J]. 中央财经大学学报,2018(2):53-64.

[148]HALEBLIAN J J,PFARRER M D,KILEY J T. High-reputation firms and their differential acquisition behaviors[J]. Strategic Management Journal,2017,38(11):2237-2254.

[149]杨景岩,鲍睿,卢闯. 高管权力、现金持有及其价值效应[J]. 中央财经大学学报,2012(9):90-96.

[150]杨兴全,张丽平,吴昊旻.市场化进程、管理层权力与公司现金持有[J].南开管理评论,2014,17(2):34-45.

[151]BEBCHUK L,FRIED J M. Pay without Performance:Overview of the issues[J]. Academy of Management Perspectives,2006,2:5-24.

[152]宋淑琴,代淑江.管理者过度自信、并购类型与并购绩效[J].宏观经济研究,2015(5):139-149.

[153]FREDRICKSON J W,HAMBRICK D C,BAUMRIN S. A model of CEO dismissal[J]. Academy of Management Review,1988,13(2):255-270.

[154]赵国宇.控制权获取、CEO 变更与合谋掏空——基于上市公司并购事件的研究[J].证券市场导报,2017(6):30-35.

[155]DENIS D J,DENIA D K. Performance chang following top management dismissals[J]. Journal of Finance,1995,50(4):1029-1057.

[156]刘鑫,薛有志,周杰.国外基于 CEO 变更视角的公司战略变革研究述评[J].外国经济与管理,2013,35(11):37-47.

[157]ZHANG X,BARTOL K M. Linking empowering leadership and employee creativity:The influence of psychological empowerment,intrinsic motivation,and creative process engagement[J]. Academy of management journal,2010,53(1):107-128.

[158]QUIGLEY T J,HAMBRICK D C. When the former ceo stays on as board chair:effects on successor discretion,strategic change,and performance[J]. Social Science Electronic Publishing,2012,33(7):834-859.

[159]黎文靖,池勤伟.高管职务消费对企业业绩影响机理研究——基于产权性质的视角[J].中国工业经济,2015(4):122-134.

[160]SANTOS F M,EISENHARDT K M. Constructing markets and shaping boundaries:entrepreneurial power in nascent fields[J]. Academy of Man-

agement Journal,2009,52(4):643-671.

[161] MARCH J G,OLSEN J P,CHRISTENSEN S. Ambiguity and choice in organizations[M]. Norway:Universitetsforlaget,1979.

[162] KAPLAN S. Framing contests: strategy making under uncertainty[J]. Organization Science,2008,19(5):729-752.

[163] PETKOVA A P,WADHWA A,YAO X,JAIN S. Reputation and decision making under ambiguity:a study of U. S. venture capital firms' investments in the emerging clean energy sector[J]. Academy of Management Journal, 2014,57(2):422-448.

[164] RERUP C. Success,failure and the gray zone:how organizations learn or don't from ambiguous experience[J]. Academy of Management Annual Meeting Proceedings,2006,2006(1):BB1-BB6.

[165] CAMERON K S,WHETTEND A,KIM M U. Organizational dysfunctions of decline[J]. Academy of Management Journal,1987,30(1):126-138.

[166] WEICK K E,SUTCLIFFE K M,OBSTFELD D. Organizing and the process of sensemaking[J]. Organization Science,2005,16(4):409-421.

[167] DENRELL J. Vicarious learning,undersampling of failure,and the myths of management[J]. Organization Science,2003,14(3):227-243.

[168] GREVE H. Organizational learning from performance feedback[M]. Cambridge:Cambridge University Press,2003.

[169] ARGOTE L,GREVE H R. A behavioral theory of the firm-40 years and counting:introduction and impact[J]. Organization Science,2007,18(3):337-349.

[170] MISHINA Y,DYKES B J,BLOCK E S,POLLOCK T G. Why "good" firms do bad things:the effects of high aspirations,high expectations,and promi-

nence on the incidence of corporate illegality[J]. Academy of Management Journal,2010,53(4):701-722.

[171]JOSEPH J,KLINGEBIEL R,WILSON A J. Organizational structure and performance feedback:Centralization,aspirations,and termination decisions [J]. Organization Science,2016,27(5):1065-1083.

[172]MARCH J G,SHAPIRA Z. Variable risk preferences and the focus of attention[J]. Psychological Review,1992,99(99):172-183.

[173]FLEMING L,BROMILEY P. Swinging for the Fences:Aspiration,performance, and technological breakthroughs [M]. Boston: Harvard Business School,2003.

[174]DATTA D K,RAJAGOPALAN N,ZHANG Y. New CEO openness to change and strategic persistence:The moderating role of industry characteristics[J]. British Journal of Management,2003,14(2):101-114.

[175]ZHANG Y. The presence of a separate COO/president and its impact on strategic change and CEO dismissal[J]. Strategic Management Journal, 2006,27(3):283-300.

[176]LIND T J,MEHLUM H. With or Without U? —The appropriate test for a U shaped relationship [J]. Oxford Bulletin of Economics & Statistics, 2007,72(1):109-118.

[177]COHEN J,COHEN P,WESTS G,AIKEN L S. Applied multiple regression/correlation analysis for the behavioral sciences [M]. Mahwah: Lawrence Erlbaum Associates,2003.

[178]HAUSHALTER D,KLASA S,MAXWELLW F. The influence of product market dynamics on a firm's cash holdings and hedging behavior[J]. Journal of Financial Economics,2007,84(3):797-825.

[179] FINKELSTEIN S. Power in top management teams: dimensions, measurement, and validation[J]. Academy of Management Journal, 1992, 35(3): 505.

[180] GOLDEN B R, ZAJAC E J. When will boards influence strategy? inclination×power = strategic change[J]. Strategic Management Journal, 2001, 22(12): 1087–1111.

[181] DOWELL G W S, SHACKELL M B, STUART N V. Boards, CEOs, and surviving a financial crisis: Evidence from the internet shakeout[J]. Strategic Management Journal, 2011, 32(10): 1025–1045.

[182] CROSSLAND C, ZYUNG J, HILLER N J, et al. Ceo career variety: effects on firm-level strategic and social novelty[J]. Academy of Management Journal, 2014, 57(3): 652–674.

[183] MILLER D, AMORE M D, BRETONMILLER I L, et al. Strategic distinctiveness in family firms: firm institutional heterogeneity and configurational multidimensionality[J]. Journal of Family Business Strategy, 2018, 9(1): 16–26.

[184] HAANS R R. What's the value of being different when everyone is? The effects of distinctiveness on performance in homogeneous versus heterogeneous categories[J]. Strategic Management Journal, 2019, 40(1): 3–27.

[185] TANG J, CROSSAN M M, ROWE W G, et al. Dominant CEO, deviant strategy, and extreme performance: the moderating role of a powerful board[J]. Journal of Management Studies, 2011, 48(7): 1479–1503.

[186] 殷治平，张兆国. 管理者任期、内部控制与战略差异[J]. 中国软科学, 2016(12): 132–143.

[187] CARPENTER M A. The price of change: the role of CEO compensation in

strategic variation and deviation from industry strategy norms[J]. Journal of Management,2000,26(6):1179-1198.

[188]连燕玲,贺小刚. CEO开放性特征、战略惯性和组织绩效——基于中国上市公司的实证分析[J]. 管理科学学报,2015,18(1):1-19.

[189]DEEPHOUSE D L. Does isomorphism legitimate? [J]. Academy of Management Journal,1996,39(4):1024-1039.

[190]连燕玲,叶文平,刘依琳. 行业竞争期望与组织战略背离——基于中国制造业上市公司的经验分析[J]. 管理世界,2019,35(8):155-172.

[191]田莉,张玉利,唐贵瑶,魏立群. 遵从压力或理性驱动? 新企业政治行为探析[J]. 管理科学学报,2015,18(3):16-30.

[192]李新春,叶文平,朱沆. 牢笼的束缚与抗争:地区关系文化与创业企业的关系战略[J]. 管理世界,2016(10):88-102,188.

[193]PORTER M E. The contributions of industrial organization to strategic management[J]. Academy of Management Review,1981(4):609-620.

[194]HARRIS M,HOLMSTROM B. A theory of wage dynamics[J]. The Review of Economic Studies,1982,49(3):315-333.

[195]钟熙,宋铁波,陈伟宏,唐元佑. 分析师期望落差会促进战略变革吗? ——来自中国制造业上市公司的经验证据[J]. 管理评论,2020,32(2):266-277.

[196]余明桂,钟慧洁,范蕊. 分析师关注与企业创新——来自中国资本市场的经验证据[J]. 经济管理,2017,39(3):175-192.

[197]谢震,艾春荣. 分析师关注与公司研发投入:基于中国创业板公司的分析[J]. 财经研究,2014,40(2):108-119.

[198]MILLIKEN F J,LANT T K. The effect of an organization's recent performance history on strategic persistence and change[J]. Advances in Strategic

Management,1991,7:129-156.

[199]HAMBRICK D C. Some tests of the effectiveness and functional attributes of miles and snow's strategic types[J]. Acad Manage J,1983,26(1):5-26.

[200]叶康涛,张姗姗,张艺馨.企业战略差异与会计信息的价值相关性[J].会计研究,2014(5):44-51.

[201]FARRELL K A,WHIDBEE D A. Impact of firm performance expectations on CEO turnover and replacement decisions[J]. Journal of Accounting & Economics,2003,36(1-3):165-196.

[202]胡志亮,郑明贵.企业战略差异影响了商业信用融资吗?——基于规模歧视,行业特征的调节效应分析[J].管理评论,2022,34(6):11.

[203]MONTGOMERY C A,SINGH H. Diversification strategy and systematic risk[J]. Strategic Management Journal,1984,5(2):181-191.

[204]GOLL I,JOHNSON N B,RASHEED A A. Knowledge capability,strategic change and firm performance:the moderating role of the environment[J]. Management Decision,2007,45(2):161-179.

[205]HILLER N J,HAMBRICK D C. Conceptualizing executive hubris:the role of(hyper-)core self-evaluations in strategic decision-making[J]. Strategic Management Journal,2005,26(4):297-319.

[206]GENTRY R J,SHEN W. The impacts of performance relative to analyst forecasts and analyst coverage on firm R&D intensity[J]. Strategic Management Journal,2013,34(1):121-130.

[207]CHEN M,MACMILLAN I C. Nonresponse and Delayed Response to Competitive Moves:The Roles of Competitor Dependence and Action Irreversibility[J]. Academy of Management Journal,1992,35(3):539-570.

[208] YU F. Analyst coverage and earnings management[J]. Journal of Financial Economics,2008,88(2):245-271.

[209] 李春涛,宋敏,张璇. 分析师跟踪与企业盈余管理——来自中国上市公司的证据[J]. 金融研究,2014(7):124-139.

[210] GIACCOTTO C,SANTERRE R E,VERNON J A. Drug prices and research and development investment behavior in the pharmaceutical industry[J]. Journal of Law & Economics,2005,48(1):195-214.

[211] BENNER M J. The incumbent discount: stock market categories and response to radical technological change[J]. Academy of Management Review,2007,32(3):703-720.

[212] MCGRATH R G, NERKAR A. Real options reasoning and a new look at the R&D investment strategies of pharmaceutical firms[J]. Strategic Management Journal,2004,25(1):1-21.

[213] GAVETTI G,LEVINTHAL D. Looking forward and looking backward: cognitive and experiential search[J]. Administrative Science Quarterly,2000, 45(1):113-137.

[214] LATHAM S F, BRAUN M. Managerial risk, innovation, and organizational decline[J]. Journal of Management,2008,35(2):258-281.

[215] MARKOVITCH S,REGER R. Learning and exploiting relative weaknesses of opponent agents[J]. Autonomous Agents and Multi-Agent Systems, 2005,10(2):103-130.

[216] HALEBLIAN J,KIM J Y,RAJAGOPALAN N. The influence of acquisition experience and performance on acquisition behavior: evidence from the U. S. commercial banking industry[J]. Academy of Management Journal, 2006,49(2):357-370.

[217] PARK K M. Antecedents of convergence and divergence in strategic positioning: the effects of performance and aspiration on the direction of strategic change[J]. Organization Science, 2007, 18(3): 386-402.

[218] ROWLEY T J, SHIPILOV A V, GREVE H R. Board reform versus profits: the impact of ratings on the adoption of governance practices[J]. Strategic Management Journal, 2016, 38(4): 815-833.

[219] ARGOTE L, MIRON-SPEKTOR E. Organizational learning: from experience to knowledge[J]. Organization Science, 2011, 22(5): 1123-1137.

[220] 陈国权,向姝婷. 基于时间维度的组织学习理论——组织从当前现状中学习的模型[J]. 技术经济, 2016, 35(10): 15-25.

[221] 陈国权. 组织学习的时空理论[J]. 技术经济, 2016, 35(8): 15-23.

[222] COUGHLAN R, CONNOLLY T. Predicting affective responses to unexpected outcomes [J]. Organizational Behavior & Human Decision Processes. 2001, 85(2): 211-225.

[223] 许年行,江轩宇,伊志宏,等. 分析师利益冲突、乐观偏差与股价崩盘风险[J]. 经济研究, 2012(7): 127-140.

[224] WASHBURN M, BROMILEY P. Managers and analysts: an examination of mutual influence[J]. Academy of Management Journal, 2014, 57(3): 849-868.

[225] ZHANG Y, GIMENO J. Earnings pressure and competitive behavior: evidence from the U. S. electricity industry [J]. Academy of Management Journal. 2010, 53(4): 743-768.

[226] BENNER M J, RANGANATHAN R. Offsetting illegitimacy? How pressures from securities analysts influence incumbents in the face of new technologies[J]. Academy of Management Journal, 2012, 55(1): 213-233.

[227]BENNER M J. Securities analysts and incumbent response to radical technological change:evidence from digital photography and internet telephony [J]. Organization Science,2010,21(1):42-62.

[228]ZHANG Y,GIMENO J. Earnings pressure and long-term corporate governance:can long-term-oriented investors and managers reduce the quarterly earnings obsession? [J]. Organization Science,2016,27(2):354-372.

[229]储一昀,仓勇涛. 财务分析师预测的价格可信吗?——来自中国证券市场的经验证据[J]. 管理世界,2008(3):58-69.

[230]方军雄. 我国上市公司信息披露透明度与证券分析师预测[J]. 金融研究,2007(6):136-148.

[231]郭杰,洪洁瑛. 中国证券分析师的盈余预测行为有效性研究[J]. 经济研究,2009(11):55-67.

[232]GOMEZ-MEJIA L R,MAKRI M,KINTANA M L. Diversification decisions in family-controlled firms[J]. Journal of Management Studies,2010,47(2):223-252.

[233]WESTPHAL J D,BEDNAR M K. Pluralistic ignorance in corporate boards and firms' strategic persistence in response to low firm performance[J]. Administrative Science Quarterly,2005,50(2):262-298.

[234]GABA V,JOSEPH J. Corporate structure and performance feedback:aspirations and adaptation in m-form firms[J]. Organization Science,2013,24(4):1102-1119.

[235]JR M J L,SIRMON D G,HITT M A,et al. Creating value in the face of declining performance:firm strategies and organizational recovery[J]. Strategic Management Journal,2007,28(3):271-283.

[236]KRAUSE R,SEMADENI M,CANNELLA A A. CEO Duality:a review and

research agenda[J]. Journal of Management, 2015, 40(1): 252-282.

[237] ZAJAC E J, WESTPHAL J D. Who shall succeed? How CEO/Board preferences and power affect the choice of new CEOs[J]. Academy of Management Journal, 1996, 39(1): 64-90.

[238] 李维安,刘振杰,顾亮,等. 基于风险视角的董事会相对权力与产品市场竞争力关系研究[J]. 管理学报, 2014(11): 1622-1630.

[239] LI D, EDEN L, HITT M A, et al. Friends, acquaintances, or strangers? partner selection in r&d alliances[J]. Academy of Management Journal, 2008, 51(2): 315-334.

[240] RUDY B C. Performance, aspirations, and market versus nonmarket investment[J]. Journal of Management: Official Journal of the Southern Management Association, 2016, 42(4): 936-959.

[241] PUFFER S M, WEINTROP J B. Corporate performance and CEO turnover: the role of performance expectations[J]. Administrative Science Quarterly, 1991, 36(1): 1-19.